Startup-Crowdfunding und Crowdinvesting: Ein Guide für Gründer

Lizenz zum Wissen.

Sichern Sie sich umfassendes Wirtschaftswissen mit Sofortzugriff auf tausende Fachbücher und Fachzeitschriften aus den Bereichen: Management, Finance & Controlling, Business IT, Marketing, Public Relations, Vertrieb und Banking.

Exklusiv für Leser von Springer-Fachbüchern: Testen Sie Springer für Professionals 30 Tage unverbindlich. Nutzen Sie dazu im Bestellverlauf Ihren persönlichen Aktionscode C0005407 auf *www.springerprofessional.de/buchkunden/*

Jetzt 30 Tage testen!

Springer für Professionals.
Digitale Fachbibliothek. Themen-Scout. Knowledge-Manager.

- Zugriff auf tausende von Fachbüchern und Fachzeitschriften
- Selektion, Komprimierung und Verknüpfung relevanter Themen durch Fachredaktionen
- Tools zur persönlichen Wissensorganisation und Vernetzung

www.entschieden-intelligenter.de

Springer für Professionals

Dana Melanie Schramm · Jakob Carstens

Startup-Crowdfunding und Crowdinvesting: Ein Guide für Gründer

Mit Kapital aus der Crowd junge Unternehmen online finanzieren

Dana Melanie Schramm
Dresden, Deutschland

Jakob Carstens
Berlin, Deutschland

ISBN 978-3-658-05925-5   ISBN 978-3-658-05926-2 (eBook)
DOI 10.1007/978-3-658-05926-2

Die Deutsche Nationalbibliothek verzeichnet diese Publikation in der Deutschen Nationalbibliografie; detaillierte bibliografische Daten sind im Internet über http://dnb.d-nb.de abrufbar.

Springer Gabler
© Springer Fachmedien Wiesbaden 2014
Das Werk einschließlich aller seiner Teile ist urheberrechtlich geschützt. Jede Verwertung, die nicht ausdrücklich vom Urheberrechtsgesetz zugelassen ist, bedarf der vorherigen Zustimmung des Verlags. Das gilt insbesondere für Vervielfältigungen, Bearbeitungen, Übersetzungen, Mikroverfilmungen und die Einspeicherung und Verarbeitung in elektronischen Systemen.

Die Wiedergabe von Gebrauchsnamen, Handelsnamen, Warenbezeichnungen usw. in diesem Werk berechtigt auch ohne besondere Kennzeichnung nicht zu der Annahme, dass solche Namen im Sinne der Warenzeichen- und Markenschutz-Gesetzgebung als frei zu betrachten wären und daher von jedermann benutzt werden dürften.

Lektorat: Eva-Maria Fürst

Gedruckt auf säurefreiem und chlorfrei gebleichtem Papier

Springer Gabler ist eine Marke von Springer DE. Springer DE ist Teil der Fachverlagsgruppe Springer Science+Business Media
www.springer-gabler.de

Dank und Disclaimer

Die Autoren danken den zitierten Crowd-Investoren Jörg Diehl, Philipp Düring sowie Prof. Dr. Rüdiger Zarnekow für ihre Interview-Antworten sowie ausführliches Feedback und hilfreiche Anmerkungen. Sie sind Stellvertreter von tausenden Investoren, ohne die es Crowdfunding und dieses Buch gar nicht gäbe.

Weiterhin geht ein Dank an die Verantwortlichen der Startups, die in besonderer Weise in diesem Buch porträtiert werden: Tobias Zumbült sowie Oliver und Béa Beste von TOLLABOX; Thomas Reimers und Philipp Baumgaertel von Protonet, Mateo Freudenthal von Honestly sowie Matthias Höfer von Lottohelden. Ein Dank geht außerdem an alle weiteren zitierten Gründer sowie alle Startups, mit denen wir in der Vergangenheit zusammenarbeiten durften und deren Erfahrungen Grundlage dieses Buches sind.

Ein besonderer Dank gebührt Hendrik Dahlhaus, der für das Buch etliche wertvolle Interviews mit o. g. Personen führte. Jakob Carstens dankt darüber hinaus insbesondere Benjamin Schweiger und Jan Leicht für ihre Freundschaft, ihren Beitrag zum Entstehen dieses Buch und die gemeinsame betriebswirtschaftliche Leidenschaft für das Thema Crowdfunding.

Dieses Buch wäre ohne die Mitarbeit und das kritische Feedback des gesamten Seedmatch-Teams nicht möglich gewesen: Torsten Walbaum, Michael Lippert, Tim Reinsch, Tracy Gehrmann sowie Jens-Uwe Sauer. Unseren Kolleginnen Friederike Lanzsch und Debora Viertel gilt ein Dank für ihre Unterstützung während der Erstellung, ebenso wie Eva-Maria Fürst vom Springer Gabler Verlag.

Disclaimer: Das Werk inklusive aller Inhalte wurde unter größter Sorgfalt erarbeitet. Die Autoren übernehmen jedoch keine Gewähr für die Aktualität, Korrektheit, Vollständigkeit und Qualität der bereitgestellten Informationen. Druckfehler und Falschinformationen können nicht vollständig ausgeschlossen werden. Es wird keine juristische Verantwortung sowie Haftung in irgendeiner Form für fehlerhafte Angaben und die daraus entstandenen Folgen von den Autoren sowie den zitierten Personen übernommen.

Vorwort

Jeder Gründer steht früher oder später vor der Herausforderung, sein Unternehmen finanzieren zu müssen: Selbst mit der bestmöglichen Finanzierung aus selbst erwirtschafteten Umsätzen bzw. Rücklagen braucht es zu Beginn oft Startkapital, meist durch Dritte. Dafür konnte man bis vor kurzem nur Geld von der Bank nutzen oder wohlhabende Einzelpersonen (sog. „Business Angels") oder professionelle Wagniskapital-Gesellschaften („Venture-Capital-Gesellschaften") um Kapital bitten. Auch die als FFF-Financing bezeichnete Finanzierung durch Familiy, Friends und Fools (Familie, Freunde und weitere Bekannte) ist eine Möglichkeit, Anfangskapital einzuwerben.

Alle haben ihre Vor- und Nachteile und manch gute Idee wurde bisher nicht realisiert, weil sich schlichtweg kein Kapitalgeber dafür fand, der die Geschäftsidee für unterstützenswert erachtete.

Dieses Buch stellt eine Möglichkeit vor, die sich seit 2011 langsam im deutschen Kapitalmarkt etabliert hat und heute eine bedeutende Alternative zu den oben genannten Finanzierungsmöglichkeiten darstellt: Crowdfunding für Startups, das Sie womöglich als Crowdinvesting kennen.

Die Autoren des vorliegendes Buchs gehören zu den Pionieren des Crowdfundings in Deutschland und arbeiteten in den vergangenen zwei Jahren für die Startup-Crowdfunding-Plattform Seedmatch, die 2009 in Dresden gegründet wurde und die im November 2011 als erste Crowdfunding für Startups realisierte. Wie Crowdfunding für Startups funktioniert, worauf Gründer zu achten haben und welche Fehler vermieden werden können, wird in diesem Buch beschrieben.

Dana Melanie Schramm leitete von Januar 2013 bis Juli 2014 bei Seedmatch den Bereich Corporate Communications und unterstützte in dieser Rolle Startups, sich und das Funding in den Medien bestmöglich zu kommunizieren. Jakob Carstens arbeitete vom Juni 2012 bis August 2014 als Head of Marketing beim gleichen Unternehmen und gab dabei den Gründern Unterstützung in der Präsentation auf der Plattform: Wie stellt man sich der Crowd vor? Worauf achten die Investoren beim Crowdfunding? Was sind Erfolgsfaktoren für ein erfolgreiches Funding?

Durch die Nähe der Autoren sowohl zu den Startups als auch zu den Investoren haben diese einen einmaligen Einblick in die Funktionsweise des Crowdfundings für Startups gewonnen und lassen Sie als Leser mit diesem Buch daran teilhaben. Dieses Buch soll Gründern ein Leitfaden für ein erfolgreiches Crowdfunding und allen Interessierten ein Einblick in eine dynamische, in enormen Wachstum begriffene Szene sein.

Dieses Buch ist keine wissenschaftliche Abhandlung des Crowdfundings – zwar werden Begriffe mit wissenschaftlichen Definitionen vorgestellt und es kommen verschiedene Personen zu Wort, die sich der Thematik wissenschaftlich genähert haben, das Buch dient jedoch vor allem Menschen, die sich die Frage stellen: Ist mein Unternehmen für ein Crowdfunding geeignet? Wie starte ich meine eigene Crowdfunding-Kampagne? Und wie sammle ich möglichst viel Geld für meine Geschäftsidee ein, um danach mit dem Kapital ein erfolgreiches Unternehmen aufzubauen? Ziel der Autoren ist es, jeden interessierten Gründer auf ein erfolgreiches Funding vorzubereiten.

Lernen Sie von den Erfahrungen der Plattform-Betreiber, lesen Sie Interviews mit anderen Gründern, die ihre eigenen Fehler und Erfolge beleuchten und lernen Sie darüber hinaus auch den Crowd-Investor mit seinen Interessen und Zielen kennen.

Wir wünschen dem Leser viele neue Erkenntnisse und Einblicke in eine spannende neue Welt der Unternehmensfinanzierung – und hoffen, dass dieses Buch Vielen zu einem Erfolg verhilft: nicht nur im Crowdfunding, sondern auch im Startup-Leben danach.

Wir freuen uns über Zuschriften, kritische Kommentare und Hinweise aber auch über Rückfragen unter der E-Mail-Adresse kontakt@crowdfundingbuch.de.

Dresden, im Sommer 2014   Dana Melanie Schramm und Jakob Carstens

Inhaltsverzeichnis

1 Eine kurze Geschichte der Unternehmensfinanzierung 1
  Literatur 4

2 Crowdfunding – Was ist das? 5
  2.1 Begriffe 5
      2.1.1 Crowd 5
      2.1.2 Crowdfunding 6
      2.1.3 Beteiligte 6
  2.2 Arten des Crowdfundings 6
  Literatur 8

3 Crowdfunding für Startups 11
  3.1 Warum Kapital mit der Crowd einsammeln? 11
  3.2 Wieso sprechen alle von Crowdinvesting? 21
  3.3 Marktüberblick: Welche Plattform ist die richtige? . 22
      3.3.1 Das Wachstum der Startup-Crowdfunding-Szene 22
      3.3.2 Startup-Crowdfunding-Plattformen im Vergleich 23
      3.3.3 Exkurs: Interview mit dem Business Angel
            Dr. Denis Jung zu den Unterschieden von Seedmatch
            und Companisto 27
      3.3.4 Ein Blick ins Ausland 30
      3.3.5 Die richtige Plattform für ein Crowdfunding finden 33
      3.3.6 Ausblick: Was tut sich in Zukunft bei den
            Crowdfunding-Plattformen? 34
  3.4 Das partiarische Nachrangdarlehen und andere
      Beteiligungsmodelle 36

IX

3.5	Gute Gründe für ein Crowdfunding	45
3.6	Nachteile des Crowdfundings	47
Literatur		50

4 Crowdfunding-Investoren: Wer investiert in Startups? 53
- 4.1 Charakterisierung 53
- 4.2 Wissenschaftliche Analyse des Crowd-Investors 60
- 4.3 Der Schwarmeffekt 64
- 4.4 Interviews mit Crowd-Investoren 66
- Literatur 82

5 Der Funding-Prozess 83
- 5.1 Vorüberlegung: „Ist mein Unternehmen für ein Crowdfunding geeignet?" 84
  - 5.1.1 Allgemeine Auswahlkriterien der Plattformen 84
  - 5.1.2 Exkurs: B2B-Startups eignen sich nicht für ein Crowdfunding 89
  - 5.1.3 Exkurs: Unternehmen ohne Hauptsitz in Deutschland und länderübergreifendes Crowdfunding 90
- 5.2 Die Bewerbung bei der Plattform 92
  - 5.2.1 Das Pitchdeck 93
  - 5.2.2 Checkliste – weitere Dinge, auf die Sie bei Ihrer Bewerbungen achten sollten 96
- 5.3 Funding-Vorbereitung 97
  - 5.3.1 Das Storytelling 98
  - 5.3.2 Das Video 106
  - 5.3.3 Die Investment-Story 111
  - 5.3.4 Der Businessplan 119
  - 5.3.5 Vertragsdetails und Unternehmensbewertung 124
  - 5.3.6 Presse- und Medienarbeit: Kommunikation für einen gelungenen Crowdfunding-Start 127
  - 5.3.7 Die eigene Crowd aktivieren 139
- 5.4 Während des Fundings: Auf dem Weg zum Limit 141
  - 5.4.1 Der Austausch mit der Crowd: Fragen beantworten 142
  - 5.4.2 Updates – erzählen Sie die Story weiter 143

5.5	Nach dem Funding: Die Crowd einbeziehen		157
	5.5.1	Die Crowd nutzen	157
	5.5.2	Anschlussfinanzierungen kommunizieren	160
	5.5.3	Das Startup scheitert: Der Umgang mit der Crowd	163
5.6	Exit: Der Erfolg für alle		167
Literatur			169

6 Fazit 173
Literatur 175

Glossar 177

Literatur 181

Eine kurze Geschichte der Unternehmensfinanzierung

1

Die Investmentlandschaft des Jahres 2009 war stark von den Auswirkungen der Finanzkrise geprägt: Auf der einen Seite hatte das Image der Banken durch die US-Immobilienkrise und den Niedergang der Investmentbank Lehman Brothers seinen Tiefpunkt erreicht, auf der anderen Seite wurde es für Startups durch das aufkommende Misstrauen am Finanzmarkt noch schwieriger, an frisches Kapital zu kommen. Insbesondere in Deutschland, ohnehin mit einer wenig aktiven Venture-Capital (VC)-Szene und einer noch jungen Business-Angel-Kultur ausgestattet, konnten viele innovative Ideen aufgrund Kapitalmangels weniger gut als etwa in den Vereinigten Staaten verwirklicht werden. Auch aktuell liegt Deutschland hinsichtlich der Verfügbarkeit von Venture-Capital nur im Mittelfeld (vgl. Abb. 1.1). Das Research-Team der Deutschen Bank stellt fest:

> Bei einer Umfrage des World Economic Forum (WEF) wurde die Verfügbarkeit von Bankkrediten und Venture-Capital untersucht. Die Ergebnisse zeigen, dass sich Deutschland eher im Mittelfeld aufhält. Günstigere Finanzierungsbedingungen sind hingegen in den nordischen Ländern sowie in den USA und China zu finden. Genau dieser Mangel bzw. das Bedürfnis nach Frühfinanzierungskapital bietet der Crowdfunding-Bewegung ihre Nischenberechtigung. (Deutsche Bank Research 2014, S. 2)

In den Zeiten der US-Immobilienkrise zeigte die Reward-based Crowdfunding-Plattform Kickstarter, wie es auch ohne die etablierten Finanzinstitute gehen kann: Hier gab es erstmals die Möglichkeit, mit kleinen Beträgen vor allem kreative Projekte zu unterstützen, für deren Realisierung ansonsten keine finanziellen Mittel vorhanden gewesen wären.

Die Geschichte des Crowdfundings für Startups in Deutschland ist in ihren Anfängen eng verbunden mit der Person Jens-Uwe Sauer, dem Gründer von Seed-

© Springer Fachmedien Wiesbaden 2014
D. M. Schramm, J. Carstens, *Startup-Crowdfunding und Crowdinvesting: Ein Guide für Gründer*, DOI 10.1007/978-3-658-05926-2_1

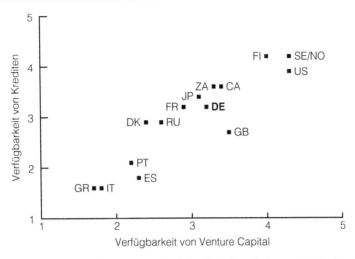

Abb. 1.1 Die Verfügbarkeit von Venture-Capital und Krediten im internationalen Vergleich. In Anlehnung an World Economic Forum (2014)

match, der diese Finanzierungsalternative in Deutschland ins Leben gerufen hat. In seiner Tätigkeit als langjähriger Gründerberater konnte er zum einen die Herausforderungen der Startups bei ihrer Finanzierung in seiner täglichen Arbeit beobachten. Zum anderen verfolgte er die Entwicklung in den USA mit großem Interesse und entdeckte Crowdfunding als eine mögliche Lösung für die chronische Unterfinanzierung deutscher Startups. In Deutschland gab es bis dahin keine Möglichkeit, sich unmittelbar mit kleinen Beträgen an Erfolg versprechenden Startups auf einer öffentlichen Plattform zu beteiligen.

Die Idee, Startups in einer sehr frühen Phase mit zahlreichen Kleininvestoren zusammenzubringen und damit Innovationen in Deutschland zu fördern, war geboren.

Durch den Erfolg des Kickstarter-Projekts TikTok & LunaTik, einem Armband, das den iPod nano zu einer Armbanduhr macht, rückte der Begriff Crowdfunding in das Bewusstsein von Jens-Uwe Sauer. Das Projekt konnte auf der US-amerikanischen Plattform über 900.000 $ einsammeln, obwohl es eigentlich nur 15.000 $ anvisiert hatte (Kickstarter 2014). Als eines der ersten dieser Rekord-Fundings erhielt die Idee Aufmerksamkeit in zahlreichen internationalen Medien.

Der ausschlaggebende Punkt für die Gründung von Seedmatch, der ersten Crowdfunding-Plattform für Startups in Deutschland, war jedoch ein anderer: Jens-Uwe Sauer erlebte im Frühjahr 2009 hautnah, was Crowdfunding leisten kann. So erfuhr er von einem befreundeten Unternehmer, wie dieser 100 Investoren gewinnen konnte, um gemeinsam einen Kletterpark in der Nähe von Dresden zu finanzieren. Nicht nur, dass dieses Projekt mit vielen kleinen Beträgen Wirklichkeit werden konnte – die Investoren kamen mit Freunden und ihrer Familie zur Eröffnung des Klettergartens und hatten ein sehr positives Erlebnis, vom dem sie wiederum ihren Freunden berichteten. So entstand wertvolle Mundpropaganda, die jedem jungen Unternehmen guttut und dem Kletterpark so ohne aufwendige und teure Marketingmaßnahmen erfreuliche erste Besucherzahlen beschert hat. Jens-Uwe Sauer erkannte hier das virale Potenzial und die Begeisterung beim Crowdfunding, die neben der Finanzierung eines Projekts zudem noch eine große Reichweite schaffen.

Diese Multiplikatoreffekte leistet so nur ein Crowdfunding – und aus diesem Grund ist es besonders gut für Startups geeignet. Denn diese können nicht nur ihre Geschäftsidee zahlreichen potenziellen Investoren vorstellen und ein direktes Feedback erfahren, sondern auch an Bekanntheit gewinnen und neue Kunden für sich begeistern. Jens-Uwe Sauer wurde deutlich, dass Crowdfunding viel mehr ist als eine alternative Finanzierungsform – es kann ein echter Innovationstreiber sein! So hat er im Mai 2009 Seedmatch als Crowdfunding-Plattform für Startups gegründet.

> Wir sind mit der Vision gestartet, exzellenten Innovationen aus Deutschland die besten Chancen zu geben, umgesetzt zu werden und zu wachsen. – Jens-Uwe Sauer

Nun galt es, diese spannende Geschäftsidee umzusetzen. Hier stand Seedmatch vor dem gleichen Problem wie viele andere Startups – es fehlte das nötige Startkapital. Jens-Uwe Sauer startete eine eigene kleine Crowdfunding-Kampagne und mobilisierte zunächst die eigene Familie, Freunde und Bekannte. Darüber hinaus stellte er seine Geschäftsidee zahlreichen Business-Angels vor und rief die Aktion „33 für eine Vision" im Blog von Seedmatch ins Leben. Hier konnten First Mover mit einem Beitrag von 3.000 € stille Gesellschafter bei Seedmatch werden. Dieses Offline-Crowdfunding war sehr erfolgreich und hat dem Gründer viel Zuversicht für den Aufbau der Online-Plattform gegeben: „Wenn es uns für Seedmatch gelingt, Investoren über unseren Blog zu finden, dann wird die Crowd auch über die Plattform investieren", so die Gedanken von Jens-Uwe Sauer damals. Die größte Herausforderung dabei war, ein Vertragswerk zu schaffen, das sowohl den Ansprüchen der Startups als auch den Bedürfnissen der Investoren gerecht wurde – zumal es in Deutschland bis dahin noch keine ähnlichen Verträge gegeben hatte, die Online-Investments in Startups regelten.

Im August 2011 war es dann so weit: Der Startschuss für die ersten Fundings auf Seedmatch fiel und die Startups Cosmopol und NeuroNation wurden der deutschen Crowd vorgestellt. Die Cosmopol GmbH & Co. KG präsentierte einen Onlineshop, in dem Weltenbummler und Leute mit Sinn für das Besondere die passenden Angebote und Geschenke für sich oder andere finden sollten. Von diesem Konzept konnten innerhalb von drei Monaten 150 Seedmatch-Nutzer überzeugt werden, die zusammen beachtliche 93.250 € investierten. Ähnlich erfolgreich verlief das Funding für die Gehirnjogging-Plattform NeuroNation. Sie bietet ein innovatives und unterhaltsames Gedächtnistraining in Form eines Bezahl-Abos an und sammelte im selben Zeitraum wie Cosmopol von über 70 Gebern Startkapital in Höhe von 56.000 €. Heute ist das Startup erfolgreicher denn je: So beteiligten sich Anfang 2014 der SPIEGEL-Verlag und XLHEALTH, ein Inkubator und Venture-Capital-Geber, an dem Unternehmen und investierten einen Betrag in Millionenhöhe, um NeuroNation die Expansion in Länder außerhalb des deutschsprachigen Raumes zu ermöglichen.

Im November 2011 startete dann mit der Plattform Innovestment der erste Wettbewerber mit gleich drei Startups: Audiogent (interaktive Hörbücher), Particular (Nanopartikel) und Ludufactur (personalisierte Gesellschaftsspiele). Drei Jahre später hat sich Equity-based Crowdfunding als Finanzierungsform für über 100 erfolgreich finanzierte Startups in Deutschland etabliert.

Literatur

Deutsche Bank Research. (2014). Crowdfunding: Trübt die Euphorie der Crowd das Risikobewusstsein? http://www.dbresearch.de/PROD/DBR_INTERNET_DE-PROD/PROD0000000000333161/Crowdfunding%3A+Tr%C3%BCbt+die+Euphorie+der+Crowd+das+Risikobewusstsein%3F.PDF. Zugegriffen: 18 Mai 2014.
Kickstarter. (2014). TikTok+LunaTik Multi-Touch Watch Kits. http://www.kickstarter.com/projects/1104350651/tiktok-lunatik-multi-touch-watch-kits. Zugegriffen: 16 April 2014.
World Economic Forum. (2014). The global competitiveness report 2013–2014. http://www3.weforum.org/docs/WEF_GlobalCompetitivenessReport_2013-14.pdf. Zugegriffen: 18 Mai 2014.

Crowdfunding – Was ist das? 2

Bevor man in die Materie und die Erfolgsfaktoren besonders erfolgreicher Crowdfunding-Kampagnen einsteigt, ist es nötig, sich mit den Begrifflichkeiten auseinanderzusetzen und ein klares Bild davon zu gewinnen, worum es genau geht. Die Crowdfunding-Welt wächst beständig, neue Plattformen oder ganz neue Ansätze entstehen – doch alle lassen sich in Kategorien einordnen. Dieses Kapitel bietet einen Einstieg in das Phänomen Crowdfunding. Es stellt Akteure, Prozesse und eben jene Kategorien vor. Auf den idealtypischen Ablauf eines Startup-Crowdfundings wird im Kap. 3.1 ausführlich eingegangen.

2.1 Begriffe

2.1.1 Crowd

▶ Der Begriff „Crowd" wird von Kozinets et al. (2008) allgemein als „eine große, organisierte Gruppe definiert, die sich im Internet zusammenfindet oder zusammengebracht wird, um ausdefinierte und lenkbare Projekte zu planen, zu organisieren und durchzuführen". Die Bedeutung des Internets für diese Zusammenkunft von Individuen, die zuvor unabhängig voneinander existierten und agierten, wäre ohne das Aufkommen des „Web 2.0" nicht möglich gewesen (Ordanini et al. 2011).

Im Deutschen wäre der Ausdruck „Schwarm" womöglich der treffendste. In der deutschen Presse, in der es nicht unbedingt üblich ist, zu viele Anglizismen zu verwenden, wird auch gern der Begriff „Schwarmfinanzierung" genutzt. Da es sich sowohl im Finanz- als auch im Startup-Bereich aber um überwiegend englischsprachige Branchen handelt, sind die Originalbegriffe inzwischen akzeptiert und gehören zum Standard.

© Springer Fachmedien Wiesbaden 2014
D. M. Schramm, J. Carstens, *Startup-Crowdfunding und Crowdinvesting:*
Ein Guide für Gründer, DOI 10.1007/978-3-658-05926-2_2

2.1.2 Crowdfunding

Was also tut diese Crowd beim Crowdfunding? Auch hier soll eine wissenschaftliche Quelle als Referenz dienen, die es auf den Punkt bringt:

▶ „Crowdfunding is a collective effort by people who network and pool their money together, usually via the Internet, in order to invest in and support efforts initiated by other people or organizations." (Ordanini et al. 2011, S. 2).

Sinngemäß: Crowdfunding ist ein gemeinsames Streben von Menschen, die sich zusammentun und Geld über das Internet einsammeln, um in Vorhaben anderer Menschen bzw. Organisationen zu investieren oder sie zu unterstützen.

2.1.3 Beteiligte

In ein Crowdfunding sind drei Beteiligte eingebunden:

- Zunächst der **Gründer** als Initiator, der seine Idee oder sein Projekt finanzieren lassen möchte. Sein Ziel ist, die Idee durch Kapital aus fremden Quellen finanzieren zu lassen, weil seine eigenen Mittel nicht ausreichen. Dazu stellt er seine Idee vor und bittet um finanzielle Unterstützung.
- Dazu braucht der Initiator die **Crowd**, also eine Gruppe von Menschen, die die Idee aus ganz verschiedenen Gründen für interessant und unterstützenswert halten: Sie könnten den Initiator persönlich kennen, die Idee an sich für gut halten oder ein finanzielles oder moralisches Interesse verfolgen – immer abhängig vom Projekt. Die Crowd stellt das Kapital bereit.
- Die beiden Beteiligten treffen sich auf einem Marktplatz, der Angebot (Ideen) und Nachfrage (an den Ideen Interessierte) effizient zusammenbringt: einer **Crowdfunding-Plattform**, also einer Plattform im Internet, auf der Initiatoren ihre Ideen vorstellen können und die Crowd ihr Kapital verteilen kann.

2.2 Arten des Crowdfundings

Im Crowdfunding Industry Report 2012 der Branchen-Website Crowdsourcing.org (Massolution 2012) wurden vier Arten von Crowdfunding definiert. Die Unterscheidung der Plattform-Typen basiert u. a. auf der Art der Gegenleistung für Investoren bzw. Unterstützer.

2.2 Arten des Crowdfundings

- **Equity-based Crowdfunding:** Investment mit dem Ziel einer finanziellen Rendite. Die Investoren bekommen einen Anteil („equity") am Unternehmen. Aufgrund der Rahmenbedingungen in Deutschland erhalten die Crowd-Investoren bei den meisten deutschen Plattformen keine „echten" Anteile am Unternehmen, werden also nicht Gesellschafter, sondern partizipieren an dessen potenziellen Wertsteigerungen und Gewinnen. Aufgrund der Nachrangigkeit, die Investoren bei den Vertragsmodellen häufig besitzen, handelt es sich um Investmentkapital mit Eigenkapitalcharakter, genauer, um eine Mezzanine-Finanzierungsform, da die Vertragsmodelle auch typische Eigenschaften des Fremdkapitals ausweisen. Hier sind z. B. Seedmatch oder Companisto einzuordnen. Auf diese Plattformen wird in Kap. 3.3.2 ausführlich eingegangen.
- **Lending-based Crowdfunding:** Investment mit dem Ziel einer finanziellen Rendite. Investoren leihen anderen Menschen oder Unternehmen Kapital, das diese verzinst zurückzahlen müssen. „Der Rückzahlungsanspruch gilt auch in dem Falle, wenn das [vom Investor] mitfinanzierte Projekt oder Unternehmen Verluste auslöst" (Beck 2014, S. 17). Ein bekanntes Beispiel hierfür sind Zencap (Kredite an kleine und mittelständische Unternehmen) und Lendico (Kredite an Privatpersonen), zwei Startups des bekannten „Company-Builders" Rocket Internet, der u. a. auch Zalando gründete. Weitere deutsche Plattformen dieser Art sind smava oder auxmoney. Bei diesem Kreditverhältnis findet ein über Fremdkapital finanziertes Crowdfunding statt.
- **Reward-based Crowdfunding:** Investment mit dem Ziel einer nicht monetären Rendite. Die Unterstützer finanzieren z. B. ein Buch, eine CD oder einen Kinofilm vor deren Produktion und erhalten für ihr Kapital meist einen materiellen Gegenwert. Kommt die für die Vorfinanzierung notwendige Mindestsumme nicht zustande, fließt in der Regel kein Geld und das Produkt wird nicht erstellt oder das Event findet nicht statt. Bekannte Beispiele sind die amerikanische Plattform Kickstarter, die berühmteste und größte Crowdfunding-Plattform weltweit, oder das deutsche Startnext.
- **Donation-based Crowdfunding:** Investment mit dem Ziel, eine Sache zu unterstützen, ohne damit Rendite zu machen oder eine Gegenleistung zu bekommen. Ein Beispiel für diesen „spendenbasierten" Plattform-Typ ist betterplace.org.

Zusätzlich lässt sich die Unterscheidung nicht nur inhaltlich, sondern auch durch den Grad von Unsicherheit und Komplexität der Investmententscheidung erklären, wie Abb. 2.1 zeigt. Im weiteren Verlauf des Buches werden diese Aspekte noch weiter vertieft.

Innerhalb der genannten vier Typen gibt es zudem unterschiedliche inhaltliche Schwerpunkte. Beispielsweise hat Seedmatch im Oktober 2013 die Crowdfunding-Plattform Econeers ins Leben gerufen. Econeers ist eine Plattform für In-

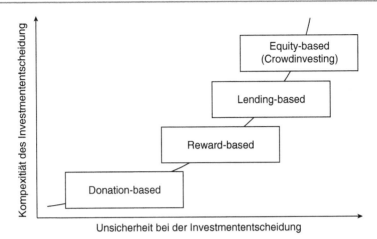

Abb. 2.1 Verschiedene Arten von Crowdfunding-Modellen unterschieden nach Komplexität und Unsicherheit der Investmententscheidung. In Anlehnung an Hemer (2011)

vestments in erneuerbare Energien wie Photovoltaik, Windenergie und Wasserkraft sowie Projekte zur Energieeffizienz. Investoren profitieren von der Energiewende und erhalten von den Projektbetreibern die Chance auf einen Festzins und eine variable Rendite. Auch die Plattform bettervest hat sich auf Energieeffizienz-Projekte spezialisiert.

Die Plattform Bergfürst kündigte an, im Sommer 2014 eine Immobilien-Sparte zu starten, dort können Kleinanleger dann per Genussschein in Wohnimmobilien investieren (Bergfürst 2014). Auf der Crowdfunding-Plattform Sciencestarter werden Projekten aus Wissenschaft, Forschung und Wissenschaftskommunikation finanziert. Glückt die Finanzierung, erhalten die Unterstützer vom Projektstarter ein Dankeschön (Reward-based Crowdfunding) (Sciencestarter 2014).

Crowdfunding mit dem unmittelbaren Bezug zwischen den Projekten und ihren Unterstützern wird noch mehr Lebensbereiche und Themen erobern, um Ideen, die auf diesem demokratischen Prinzip beruhen, umzusetzen.

Literatur

Beck, R. (2014). *Crowdinvesting: Die Investition der Vielen* (2. erweiterte Aufl.). Leipzig: Amazon.
Bergfürst. (2014). Neu bei BERGFÜRST: Immobilien-Beteiligungen ab 250 Euro. https://de.bergfuerst.com/ueber-bergfuerst/immobilien. Zugegriffen: 4. Mai 2014.
Hemer, J. (2011). A snapshot on crowdfunding. Arbeitspapiere „Unternehmen und Region" des Fraunhofer ISI R2.

Kozinets, R. V., Hemetsberger, A., & Schau, H. J. (2008). The wisdom of consumer crowds collective innovation in the age of networked marketing. *Journal of Macromarketing, 28,* 334–354.

Massolution. (2012). Crowdfunding industry report – market trends, composition and crowdfunding platforms. http://www.crowdsourcing.org/document/crowdfunding-industry-report-abridged-version-market-trends-composition-and-crowdfunding-platforms/14277. Zugegriffen: 4. Mai 2014.

Ordanini, A., et al. (2011). Crowdfunding: transforming customers into investors. *Journal of Service Management, 22,* 443–470.

Sciencestarter. (2014). Home. http://www.sciencestarter.de/. Zugegriffen: 4. Mai 2014.

Crowdfunding für Startups 3

3.1 Warum Kapital mit der Crowd einsammeln?

Nachdem der Begriff Crowdfunding im Kap. 2 in aller Kürze definiert und differenziert wurde, soll es im Folgenden um das Crowdfunding für Startups im engeren Sinne gehen: Wieso sollte man und wie kann man als Gründer mit Crowdfunding Kapital einsammeln? Welche Möglichkeiten stehen zur Verfügung?

Es ist hilfreich, die Rahmenbedingungen und Hintergründe dieser neuen Form der Unternehmensfinanzierung zu kennen, denn nur, wenn man als Gründer weiß, auf welchem Feld man sich bewegt und was dieses Feld so besonders macht, kann man dabei erfolgreich sein.

Wir sprechen in der Folge von „Crowdfunding für Startups" und meinen damit eigentlich ein Equity-based Crowdfunding für Startups. Lässt man sich von den Begriffen nicht verwirren, lernt man ein Finanzierungsmodell kennen, das vor einigen Jahren noch unrealistisch, heute aber bereits für viele deutsche Unternehmer ein wertvoller Schritt auf dem Weg zum erfolgreichen Startup war.

▶ Ein Startup ist ein junges, innovatives und noch nicht etabliertes Unternehmen auf der Suche nach einem nachhaltigen, skalierbaren Geschäftsmodell.

Was damit gemeint ist, ist vielen Gründern – und mitunter auch einigen Startup-Investoren – häufig nicht ganz klar, weswegen wir hier ausführlich darauf eingehen wollen.

Diese Definition macht jedoch deutlich, dass ein Unternehmen gewisse Anforderungen erfüllen muss, um überhaupt für ein Crowdfunding infrage zu kommen. Insbesondere der Punkt der Innovation scheint für viele, die sich nur oberflächlich mit dem Thema beschäftigen, nicht eindeutig zu sein. Innovation bedeutet etwas Neues, und so haben Geschäftsvorhaben, die eins zu eins bestehende Konzepte übernehmen, wie etwa die Currywurstbude um die Ecke, Fitnesscenter-Franchises oder der x-te Minigolfplatz, derzeit nur geringe Chancen auf das Kapital aus der Crowd bei den heute bestehenden großen Crowdfunding-Plattformen. Hier werden nur bestimmte Startups finanziert, die in den Fokus der Plattform passen (siehe Abschn. 5.1.1). Welche weiteren Implikationen aus der Definition „Startup" folgen und welche Einflüsse das auf die Erfolgswahrscheinlichkeit einer Bewerbung bei einer Crowdfunding-Plattform hat, wird in Kap. 5.2 genauer beschrieben.

Was aber ist eigentlich ein Geschäftsmodell und wieso sind Startups erst auf der Suche danach? Sollten Gründer nicht spätestens bei der Anmeldung der Gesellschaft im Handelsregister wissen, was sie mit ihrem Unternehmen vorhaben?

▶ „A business model describes the rationale of how an organization creates, delivers, and captures value." (Sinngemäß: Ein Geschäftsmodell beschreibt das Grundprinzip, wie eine Organisation Wert erschafft, liefert und hält.)

So definieren Osterwalder und Pigneur (2010, S. 14), Erfinder des inzwischen berühmt gewordenen Business Model Canvas, ein Geschäftsmodell.

Das Zitat zeigt den Fokus eines Geschäftsmodells, nämlich die Frage, für welchen (Mehr-)**Wert** Kunden bereit sind, Geld zu bezahlen, mit dem man als Gründer Einnahmen generiert. Das Geschäftsmodell beschreibt also nicht den Unternehmensaufbau, eine bestimmte Struktur oder die Preisgestaltung. Das Geschäftsmodell beantwortet die Frage, wie das Geschäft eines Unternehmens funktioniert.

Es gibt im Grunde zwei Arten von Startups: Die, die Innovationen am Markt etablieren wollen (z. B. Facebook oder die über Crowdfunding finanzierten e-volo oder Protonet), oder solche, die mit innovativen Geschäftsmodellen bestehende Produkte besser verkaufen wollen, wie das Startup allbranded, das ebenfalls Kapital aus der Crowd bekam.

---

e-volo: Was macht das Startup?

Der Volocopter von e-volo ist der erste emissionsfreie Privathubschrauber, welcher durch 18 einzelne Elektromotoren angetrieben wird. Es ist ein senkrecht startendes Fluggerät, das Personen tragen kann und bisher in keine bekannte

Luftfahrtklasse einzuordnen ist. Ein wesentlicher Vorteil neben der einfachen Bauweise ohne aufwendige Mechanik und den sehr geringen Wartungskosten ist die Redundanz der Antriebe. So kann selbst beim Ausfall von mehreren Motoren der Volocopter noch sicher landen. Im November 2013 konnte das Unternehmen hinter dem Volocopter, e-volo, 1,2 Mio. € auf der Crowdfunding-Plattform Seedmatch einsammeln.

Protonet: Was macht das Startup?

Das Startup Protonet aus Hamburg bietet einen Server mit einer Software-Komplettlösung zum Datenaustausch und zur projektorientierten Zusammenarbeit auf eigener Hardware in einer Art privater Cloud für kleine und mittelständische Unternehmen. Das Team, das u. a. vom Szene-Blog „deutsche-startups.de" als „Startup des Jahres 2013" ausgezeichnet wurde, sammelte zunächst im November 2012 in nur 48 min 200.000 € Kapital für seine Idee ein. Die Anschlussfinanzierung im Juni 2014 wurde das bisher erfolgreichste Crowdfunding in Deutschland: Das eigentliche Fundingziel von 1,5 Mio. € erreichte das Team in nur 10 h und 8 min. Daraufhin entschloss sich Protonet, das Fundinglimit auf 3 Mio. € anzuheben, überzeugte in zusätzlichen fünf Tagen erneut ausreichend Investoren und sammelte mehr Kapital aus der Crowd ein als je zuvor in der Bundesrepublik. Insgesamt 1.826 Menschen investierten in dieser Finanzierungsrunde in das Startup, das in beiden Crowdfundings Investments ab einem Investment von 2.000 € mit Servern belohnte.

allbranded: Was macht das Startup?

Die Geschäftsidee von allbranded ist es, den Werbeartikelmarkt ins Internet zu übertragen und mit kreativen Ideen aufzufrischen. allbranded bietet in seinem B2B-Online-Shop mehr als 25.000 individualisierbare Artikel für Unternehmen jeder Art, die mittels sog. Dropshippings direkt zum Kunden geliefert werden. allbranded ist dabei schneller und günstiger als die analoge Konkurrenz: Sowohl langwierige Anfrageprozeduren als auch unnötige Kosten durch Lager, Agenturen und Zwischenhändler entfallen – das Geschäftsmodell spart an der Kostenseite und denkt einen lange bestehenden Markt neu.

Jedes Startup ist auf seine eigene Art also mehr oder weniger innovativ und ist mit dieser Innovation auf der Suche nach einem Geschäftsmodell, das in der Folge skaliert werden kann und dabei auch noch nachhaltig ist.

Was aber sind skalierbare Geschäftsmodelle?
Steve Blank, ein amerikanischer Seriengründer, der u. a. Pixar mitgründete und dessen Blog jedem Gründer ans Herz gelegt sei, definiert den Unterschied, indem er zunächst beschreibt, was skalierbare Geschäftsmodelle **nicht** sind: „Small businesses startups (like a plumbing supply store, a restaurant, a consulting firm) have very different objectives than scalable startups. First, their goal is not scale on an industry level. They may want to grower [sic] larger, but they aren't focused on replacing an incumbent in an existing market or creating a new market. Typically the size of their opportunity and company doesn't lend itself to attracting venture capital. They grow their business via profits or traditional bank financing. Their primary goal is a predictable revenue stream for the owner, with reasonable risk and reasonable effort and without the need to bring in world-class engineers and managers." (Blank 2014). Sinngemäß: Kleine Geschäftsgründungen (wie ein Klempner-Bedarf, ein Restaurant, eine Beratungsfirma) haben ein ganz anderes Ziel als Startups. Erstens ist es nicht ihr Ziel, Industrie-Niveau zu erreichen. Sie möchten zwar wachsen, aber sie wollen dabei nicht einen Platzhirsch in einem existierenden Markt ersetzen oder gar einen ganz neuen Markt schaffen. Üblicherweise brauchen diese kleinen Geschäftsgründungen kein Risikokapital, sondern finanzieren sich aus Gewinnen und durch Bankkredite. Ihr Ziel ist es, vorhersagbare Umsätze bei überschaubarem Risiko und Einsatz zu generieren, ohne dafür Weltklasse-Manager und -Ingenieure zu benötigen.

Und dann: „A ‚scalable startup' takes an innovative idea and searches for a scalable and repeatable business model that will turn it into a high growth, profitable company. Not just big but huge. It does that by entering a large market and taking share away from incumbents or by creating a new market and growing it rapidly. A scalable startup typically requires external ‚risk' capital to create market demand and scale. A scalable startup requires incredibly talented people taking unreasonable risks with an unreasonable effort from the founders and employees." (Blank 2014). Sinngemäß: Ein skalierbares Startup nimmt sich einer innovativen Idee an und sucht dafür ein skalierbares und nachhaltiges Geschäftsmodell (der aufmerksame Leser erkennt, woher die o. g. Startup-Definition stammt). Dieses Geschäftsmodell soll in eine stark wachsende und profitable Firma umgewandelt werden – nicht

3.1 Warum Kapital mit der Crowd einsammeln?

nur groß, sondern riesig. Es tut das, indem es in einem großen Markt den Platzhirschen Marktanteile abnimmt oder einen ganz neuen Markt erschafft und ihn schnell wachsen lässt. Ein skalierbares Unternehmen braucht üblicherweise externes Risikokapital, um die Nachfrage anzukurbeln und zu steigern. Ein skalierbares Geschäftsmodell benötigt unglaublich talentierte Menschen, die ein nicht nachvollziehbares Risiko eingehen, und ein hohes Maß an Einsatz von den Gründern und dem Team.

Warum ein Startup nun besser für ein Crowdfunding geeignet ist als die Currywurstbude um die Ecke, zeigt das umfassende Porträt der Crowd-Investoren in Kap. 4. Dort zeigt sich, dass Begeisterung im Crowdfunding mit dem Grad der Innovation einhergeht – und warum deswegen ein Crowdfunding für eine „Copycat"-Idee wie Zalando womöglich nicht allzu erfolgreich gewesen wäre.

Auch wenn hier durchgehend die Rede vom Crowdfunding für Startups ist: In den letzten Monaten hat sich zunehmend gezeigt, dass Investoren „Startups" mit subjektiv niedriger bewertetem Risiko ebenso schätzen – und so auch Wachstumsunternehmen in den Fokus von Crowd-Investoren und -Plattformen rücken, die bereits länger am Markt sind und/oder deren Geschäftsmodell bereits erste Erfolge am Markt zeigen konnte. Eines der bis dato größten Crowdfundings in Deutschland führte das Berliner Wohnaccessoire-Unternehmen Urbanara bei der Plattform Bergfürst durch und sammelte dabei fast drei Millionen Euro für das weitere Wachstum ein. Das Unternehmen hatte bei Funding-Start jedoch auch schon siebenstellige Umsätze vorzuweisen. Dass sich Bergfürst zunächst im Startup-Bereich positionierte, dann jedoch aus (wohl auch marketing-)strategischen Gründen in den Bereich „Crowdinvesting für Wachstumsunternehmen" wechselte, unterstreicht diesen Trend. Auch bei der Crowdfunding-Plattform Seedmatch wurden 2014 erstmals Unternehmen (z. B. KERNenergie, ein Premium-Produzent von Nussmischungen, sowie Ledora, ein Produzent von besonders effizienten LED-Leuchtmitteln), die ihr Geschäftsmodell schon unter Beweis gestellt hatten und zum Teil zum Funding-Start bereits Gewinne vorweisen konnten, in sehr kurzer Zeit finanziert, was auf eine hohe Nachfrage der Crowd schließen lässt. Es bleibt abzuwarten, in welche Richtung sich der Markt weiterentwickelt: Startups bleiben bei hohem Risiko auch die Unternehmen mit der generell höheren Renditechance, da ihre Unternehmensbewertung niedriger ist als die von bereits weiter entwickelten Wachstumsunternehmen.

Dass es überhaupt den Ansatz des Crowdfundings für Startups gibt, liegt an einem Grundproblem, das jedes neue Unternehmen hat: **der Frage der Finanzierung, die schon im ersten Kapitel angerissen wurde.** Die Wissenschaft hat belegt, dass das sogenannte „equity funding gap", also eine Finanzierungslücke (zwischen dem Bedarf und Angebot von Finanzierungen für Startups), tatsächlich existiert (Ley und Weaven 2011) und nicht nur als Ungeheuer im Kopf eines jeden Gründers herumspukt. Zwar ist Kapital in den Märkten vorhanden, es findet aber nur schwerlich den Weg zu den Startups – der Zugang fehlt. Dafür gibt es vor allem eine Ursache: Informations-Asymmetrie und hohe Aufwände, diese Asymmetrie zu beheben.

Was ist damit gemeint? Bei jeder Investmententscheidung muss der Investierende möglichst viele Informationen zum Investmentobjekt zusammentragen, um eine fundierte und möglichst sichere Entscheidung treffen zu können. Je komplexer das Objekt, desto höher die Kosten der Informationsbeschaffung. Asymmetrien bestehen darüber hinaus, weil die Gründer selbst weitaus mehr explizites (z. B. technische Funktionalität, Räumlichkeiten, Verträge etc.) und implizites Wissen (Fähigkeiten, Netzwerke) über ihr Geschäft besitzen – und der Investierende nur, wenn er durch Gespräche, Analysen und eigene Berechnungen Aussagen über das Erfolgspotenzial eines Startups treffen kann. In jedem Fall muss er zunächst in Kontakt mit dem Gründer treten – in der Pre-Crowdfunding-Ära erfolgte dies nur „offline" über persönliche Netzwerke und in echten Meetings. Wer weniger Investoren in seinem Netzwerk hatte, besaß als Gründer weniger Chancen auf eine Finanzierung.

An dieser Stelle treten nun die Crowdfunding-Plattformen auf den Plan. Sie verbinden als Intermediär den kapitalsuchenden Gründer und den kapitalgebenden Investor und versuchen so, das „equity funding gap" zu schließen. Gleichzeitig verringert die Plattform die Informations-Asymmetrie und die Kosten für die Informationsbeschaffung (solange die Kosten für das Crowdfunding niedriger sind als die Alternativen, siehe Kap. 3.3.2 für die Plattformkosten) in dem sie standardisierte Informationen über jedes Startup bereitstellt. Der Investor bekommt so erstmals Zugang zu einer großen Anzahl an Startups, der ihm ohne die Plattform nur mit viel Aufwand möglich gewesen wäre.

Wie in vielen anderen bekannten Beispielen ist auch hier das Internet der Ermöglicher („enabler"): Auch bei der Privatunterkunfts-Vermittlung Airbnb oder bei eBay treffen Angebot und Nachfrage in einer digitalen Form aufeinander. Das Internet senkt die Such- und Angebotskosten und macht es beiden Seiten einfacher, sich zu finden. Damit wird unsere Gesellschaft ein wenig effizienter.

Oliver Beste, selbst Startup-Investor und -Gründer und mit seinem Unternehmen TOLLABOX 2013 erfolgreich bei Seedmatch finanziert, sagt: „Ich bin deswegen ein großer Fan des Crowdfundings für Startups, weil es die Intransparenz in diesem Markt und damit die Transaktionskosten für beide Seiten stark senkt und damit sehr viel mehr Transaktionen, also mehr Geschäft und dadurch letztlich mehr Startups und mehr Innovationen, möglich macht."

3.1 Warum Kapital mit der Crowd einsammeln?

TOLLABOX: Was macht das Startup?

Oliver Beste, Mitgründer von myToys, und Béa Beste, Gründerin der bilingualen Phorms-Schulen, haben die TOLLABOX entwickelt. Die schuhkartongroße Box für Drei- bis Achtjährige liefert Familien monatlich kreative Spiele nach Hause. Die Spiele werden mit Experten entwickelt und von Familien getestet. Die TOLLABOX hat einen fundierten pädagogischen Plan. Zusammen mit renommierten Pädagogen und Spieledesignern hat Béa Beste ein Play-Curriculum entwickelt, um alle relevanten Entwicklungsbereiche eines Kindes wie Wörter, Zahlen, Musik, Körper und Umwelt systematisch zu fördern.

Für Gründer heißt die Etablierung von Crowdfunding unterm Strich: eine Finanzierungsquelle mehr – genau genommen nicht eine, sondern viele Tausende. Stellt man sich vor, man müsste für ein Investment von 250 € (der bei Seedmatch üblichen Minimal-Investmentsumme) durch das Land touren, das eigene Unternehmen jedem Investor vorstellen, immer die gleichen Fragen beantworten, Verträge aufsetzen – und das nicht ein, sondern gleich hunderte Male: Ohne das Internet wäre Crowdfunding niemals so effizient möglich gewesen.

Wie also funktioniert diese neue Form der Unternehmensfinanzierung?
Das Prozedere des Equity-based Crowdfundings ist dem eines Reward-based Crowdfundings in weiten Teilen sehr ähnlich: Interessierte Gründer suchen sich die passende Plattform aus, stellen dort ihr Unternehmen vor und müssen in einer bestimmten Zeit ausreichend Investoren finden, um einen vorher festgelegten Betrag einzusammeln. Als Gegenwert für das Investment überlassen die Gründer den Investoren Anteile an ihrem Unternehmen und dessen finanziellem Erfolg – das geht nur mit einem Vertrag, der die Details dieser Beteiligung genau regelt. Die Investoren gehen damit im Gegensatz zum Reward-based Crowdfunding also eine langfristige Beziehung zu den Initiatoren des Fundings ein, da sich die Vertragsdauer über mehrere Jahre erstreckt.

Ein Investment in ein Startup ist eine langfristige Entscheidung, denn das Kapital ist zunächst gebunden – das muss es der Natur der Sache nach auch, denn die Startups sammeln das Kapital ja mit dem Ziel ein, zu wachsen. Sie wollen ihr Geschäft damit starten oder ausbauen und investieren dazu in Rohstoffe oder Betriebsmittel, Software, Hardware, Personal oder Marketing. Crowd-Investoren begleiten das Startup in dieser Zeit – und hier liegt der besondere Reiz dieser Finanzierungsform: Sie sind viel mehr als Investoren und können, vom Startup richtig motiviert, zu Botschaftern des Startups werden und so kostenfrei und ohne großen Zusatzaufwand für das Unternehmen werben – dem sog. Multiplikatoreffekt. Das ist insbesondere in der frühen Unternehmensphase sehr wertvoll, wenn man am Markt noch vollkommen unbekannt ist und die eigene Zielgruppe noch nicht mal eine Ahnung von der Existenz des Angebots hat. Welche Vorteile dies noch mit sich bringt und wie man als Startup bestmöglich davon profitiert, ist u. a. Gegenstand der folgenden Kapitel.

Wie beim Reward-based Crowdfunding versuchen die Betreiber der vermittelnden Plattformen, die eigene Rolle in diesem Prozess möglichst gering zu halten.

Beck (2014) beschreibt fünf ökonomische Ziele von Startup-Crowdfunding-Plattformen, die unabhängig von den ideellen Werten, wie der Förderung von Entrepreneurship, der Stärkung der Volkswirtschaft oder der Schaffung von Arbeitsplätzen, in unterschiedlichen Ausprägungen existieren:

1. zahlreiche erfolgreiche Crowdfunding-Projekte mit hohem Kapitalvolumen realisieren,
2. hohe Provisionssummen bzw. Einnahmen erhalten,
3. rechtliche Risiken minimieren,
4. wenig Aufwand haben,
5. ein gutes Image am Markt besitzen.

Im Hinblick auf den vierten Punkt ist anzumerken, dass dies vor allem mit automatisierten Sotware-Lösungen umsetzbar ist, die in der technologischen Entwicklung jedoch sehr aufwendig und kostspielig sind. Der Aufwand der Plattform pro Crowdfunding ist zudem nur in einem gewissen Umfang standardisierbar, da jedes Startup andere Voraussetzungen z. B. im Hinblick auf existierende Gesellschafter mit sich bringt, die ggf. vertragliche Anpassungen nach sich ziehen.

Beck betont im Zusammenhang mit der Rolle von Startup-Crowdfunding-Plattformen (2014, S. 85): „Die präzise Vorbereitung der Kapitalvermittlung ist eine ganz wesentliche Aufgabe der Plattformbetreiber. Dazu müssen langfristig tragfähige Strukturen und Vertragswerke her."

Anders als beim Reward-based Crowdunding, bei dem man oft nur die Allgemeinen Geschäftsbedingungen der Plattform bestätigen muss, schließen Startups vor dem Funding-Start einen Vertrag mit der Plattform, der die Rahmendaten des Fundings (also Funding-Limits, Startzeitpunkt, Laufzeit, siehe dazu Kap. 5.3.5) ebenso regelt wie etwa die Erfolgsvergütung. Als Gründer ist man damit vertraglich an die Plattform gebunden. Einzelne Teile des Vertragswerks reichen auch über das Funding hinaus. So wird z. B. im Vertrag der Plattform Seedmatch geregelt, dass die Kommunikation mit den Investoren nach Funding-Ende im Investor-Relations-Bereich auf der Plattform effizient abgewickelt wird.

3.1 Warum Kapital mit der Crowd einsammeln?

Idealtypischer Ablauf eines Startup-Crowdfundings
Beck (2014) beschreibt vier Schritte, wie eine Crowdfunding-Kampagne idealerweise abläuft:

1. Bewerbung;
2. Auswahl vonseiten der Crowdfunding-Plattform und Vertragsgestaltung;
3. Präsentation des Projektes auf der Plattform und Durchführung des Crowdfundings;
4. Kapitalauszahlung an das Startup, Mittelverwendung durch das Startup, Information über Geschäftsverlauf an Investoren, ggf. Gewinnausschüttung an Investoren.

Diesen vorgeschlagenen Ablauf haben wir aus unserer Erfahrung um einige Punkte ergänzt bzw. spezifiziert (vgl. Abb. 3.1). Bevor Sie als Gründer die Unterlagen über Ihr Projekt an eine Plattform senden, sollten Sie sich zunächst darüber informieren, welche Startup-Crowdfunding-Plattform überhaupt für Sie infrage kommt. Die Plattformen haben unterschiedliche Auswahlkriterien, (Investoren-)Zielgruppen oder Investmentschwerpunkte (s. Kap. 3.3.2). Achten Sie beim Einreichen Ihrer Bewerbung zudem darauf, was die Plattformbetreiber genau von Ihnen fordern, ein fertiges Video von Ihnen und Ihrer Geschäftsidee sowie ein umfangreicher Businessplan sind im ersten Schritt oft gar nicht notwendig (für Tipps zur Bewerbung siehe Kap. 5.2).

Nachdem Sie eine Zusage von der Plattform erhalten haben, Ihr Projekt präsentieren zu können, ist die nächste Phase die Funding-Vorbereitung. Die beinhaltet je nach Plattform u. a. die Erstellung Ihrer Investment-Story, des Businessplans, eines Videos, der Pressematerialien sowie die Abstimmung der Vertragsdetails mit der Plattform (s. Kap. 5.3).

Das Investmentangebot wird dann auf der Plattform eingestellt. Häufig gibt es eine Vorschau- oder Preview-Phase, die wenige Tage dauert, und in der die Investoren in Ruhe das Startup entdecken sowie Fragen an die Gründer stellen können (s. Kap. 5.3.3).

Nach dem Funding-Start gilt es zunächst, die Funding-Schwelle (die Mindestsumme, damit Ihr Funding erfolgreich ist) zu erreichen und darüber hinaus Kapital bis zu dem von Ihnen festgelegten Funding-Limit (Maximalbetrag) einzusammeln. Dies kann je nach Startup und Funding-Höhe von wenigen Stunden bis zu vielen Wochen dauern.

Um auch während des Crowdfundings immer wieder die Aufmerksamkeit auf Ihre Geschäftsidee zu lenken, gibt es unterschiedliche Maßnahmen (s. Kap. 5.4). Ist Ihr Crowdfunding erfolgreich, gibt es auch nach der Kapitalausschüttung noch

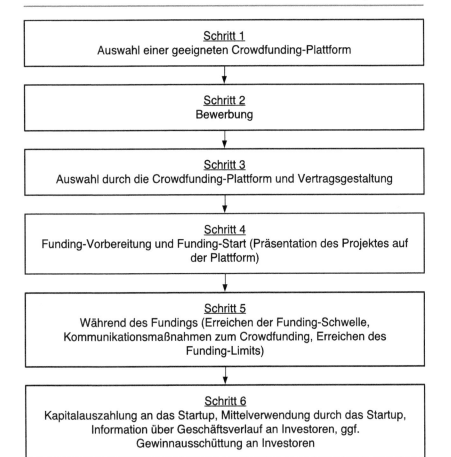

Abb. 3.1 Idealtypische Schritte eines Startup-Crowdfundings. Eigene Darstellung in Anlehnung an Beck (2014)

einige Dinge zu beachten – ggf. ist man als Gründer vertraglich geregelte Informationspflichten gegenüber den Investoren eingegangen, die nun eingehalten werden müssen. Die Investoren wollen schließlich über den Geschäftsverlauf bzw. den Erfolg ihres Investments informiert werden.

Mit den Investoren erhalten Startups einen unschätzbaren Schatz, den es nun zu heben und zu pflegen gilt: eine eigene Investoren-Crowd. Wie wir in Kap. 3.5 ausführlich beleuchten werden, ist dies der große Vorteil des Crowdfundings für Startups und der Grund, warum immer mehr Gründer diese Form der Finanzierung für sich entdecken. Wie man die Crowd am besten einbindet und nutzt, lesen Sie in Kap. 5.5. Wenn das Unternehmen erfolgreich ist, möchten Investoren natürlich ihre Rendite erhalten. Wie sie sich bemisst, ist abhängig vom Vertragsmodell, was wiederum von der Plattform abhängt, denn es gibt derzeit nicht eine, sondern viele verschiedene rechtliche Ausgestaltungen des Crowdfundings für Startups. Die verschiedenen Möglichkeiten sowie einige Rechenbeispiele für die Rendite zeigen wir in Kap. 3.4.

3.2 Wieso sprechen alle von Crowdinvesting?

Mit dem Wort Crowdinvesting, welches sich in der deutschen Medienlandschaft zu den Themen Startups und Gründung verbreitet hat, wird die Sichtweise der Investoren fokussiert, nicht jedoch die Seite der kapitalsuchenden Startups: Die Crowd investiert – Crowdinvesting.

Als die Plattform Seedmatch gegründet wurde, existierte das Wort Crowdinvesting noch nicht. Der Begriff Crowdfunding war jedoch durch die große amerikanische Reward-based Plattform Kickstarter, die 2009 in den USA online ging und im März 2014 die unglaubliche Grenze von einer Milliarde vermitteltem Kapital überschritten hat, bereits sehr bekannt. Seitdem spricht man rund um den Globus von Crowdfunding in den zuvor dargestellten Differenzierungen: Reward-, Lending-, Donation- und eben Equity-based Crowdfunding. Aus diesem Grund verwendete Seedmatch zum Start im Jahr 2011 den Begriff auch für diese Form der Startup-Finanzierung in der Öffentlichkeit und hat ihn bis heute beibehalten, auch wenn man damit inzwischen in Deutschland auf verlorenem Posten steht (weswegen das vorliegende Buch das Wort Crowdinvesting gleichwohl im Titel führt).

Auch die Wissenschaft hat den Begriff des Crowdinvestings inzwischen für sich entdeckt und die Wortschöpfung in den wissenschaftlichen Diskurs eingeführt: Klöhn und Hornuf (2012, S. 239) definieren den Begriff wiefolgt:

▶ „Eine Form von Crowdfunding, bei dem Emittenten Eigenkapital oder hybride Finanzierungsinstrumente über das Internet an Kleinanleger ausgeben."

Da sich dieses Buch aber an Gründer richtet, passt der Begriff Crowdfunding für Startups nach wie vor gut – schließlich will der Gründer mit der Crowd sein Unternehmen „funden", also finanzieren. Wenn dennoch mal der Begriff Crowdinvesting verwendet wird, ist damit lediglich das Equity-based Crowdfunding für Startups gemeint – man kann beide Begriffe verwenden, obwohl es inzwischen Crowdinvesting auch in anderen Branchen als der Startup-Finanzierung gibt, wie Kap. 2.2 kurz erwähnt wird.

3.3 Marktüberblick: Welche Plattform ist die richtige?

3.3.1 Das Wachstum der Startup-Crowdfunding-Szene

In Deutschland haben sich bisher fünf Startup-Crowdfunding-Plattformen etabliert und größere Summen eingesammelt. Seit dem beinahe gleichzeitigen Start der Pioniere Seedmatch und Innovestment im Jahr 2011 ist Crowdfunding für Startups kontinuierlich gewachsen: Im Jahr 2012 konnten Startups auf diesem Weg der Finanzierung 4,3 Mio. € einsammeln, 2011 waren es gerade mal 0,45 Mio. €. Es gibt damit eine Handvoll Optionen, die für ein Crowdfunding für Startups ernsthaft in Betracht kommen. Gründer haben daher die Möglichkeit, sich bei mehreren Plattformen parallel zu bewerben und sich dann die passende auszuwählen. Tabellen 3.1 gibt einen Marktüberblick und stellt die wichtigsten Plattformen vor.

Wie Abb. 3.2 zeigt, hat das Wachstum dieser Finanzierungsform in Deutschland 2013 deutlich angezogen und mit 15 Mio. € exponentiell zugenommen (Für-Gründer.de, Crowdinvesting-Monitor 2014).

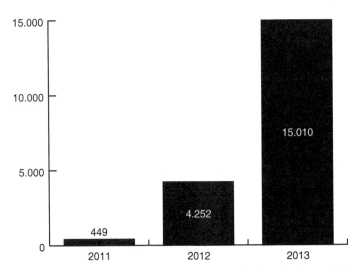

Abb. 3.2 Eingesammeltes Kapital auf Equity-based Crowdfunding-Plattformen in Deutschland 2011 bis 2013. (Quelle: Für-Gründer.de (2014))

3.3.2 Startup-Crowdfunding-Plattformen im Vergleich

Zwischen den Equity-based Crowdfunding-Plattformen gibt es zahlreiche Unterschiede, angefangen vom Vertragsmodell sowie den Mindestinvestitionssummen für Investoren bis hin zur Crowdfunding-Laufzeit der jungen Unternehmen auf der Plattform. In Tab. 3.1 finden Sie die fünf größten deutschen Crowdfunding-Plattformen und ihre Spezifika im Überblick. In Abb. 3.3 ist der Marktanteil der Plattformen in Bezug auf das vermittelte Kapital im Jahr 2013 aufgeführt.

Die Plattform **Seedmatch**, bei der die beiden Verfasser dieses Buchs tätig waren, ist Marktführer für das Startup-Crowdfunding in Deutschland, wie der Branchenüberblick von Für-Gründer.de regelmäßig feststellt. Die Plattform aus Dresden verfügt aktuell über die größte Online-Investoren-Crowd Deutschlands und hat unter allen Plattformen die meisten Startups finanziert. In diesem Zusammenhang lässt sich eine Kausalität erkennen: Startups wollen sich vor möglichst vielen Investoren präsentieren und Investoren wollen dort investieren, wo sie die spannendsten Startups und die größte Auswahl finden. Daher bewerben sich viele Startups zunächst beim Marktführer, weswegen Seedmatch nach eigener Marketingaussage die „spannendsten Startups" präsentiert, was natürlich Geschmackssache und von Startup zu Startup immer wieder neu zu bewerten ist.

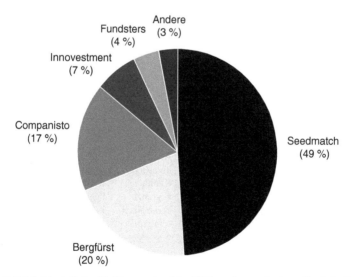

Abb. 3.3 Marktanteil der Plattformen im Jahr 2013 nach vermitteltem Kapital. (Quelle: Für-Gründer.de (2013))

Tab. 3.1 Überblick über die größten Startup-Crowdfunding-Plattformen in Deutschland. (Quellen: Doberstein (2013a, b), FUNDSTERS (2014), Companisto (2014) und Für-Gründer.de (2013))

	Seedmatch	Companisto	Innovestment	Bergfürst	FUNDSTERS
Start	August 2011	Juni 2012	November 2011	Mai 2012	November 2012
Fokus	Startups	Startups	Startups	Wachstumsunternehmen	Startups
Vertragsmodell	Partiarisches Nachrangdarlehen	Partiarisches Nachrangdarlehen	Atypische stille Beteiligung	Aktie	Typische stille Beteiligung indirekt
Rechtsform der Unternehmen	GmbH oder UG	GmbH oder UG	GmbH oder UG	AG	GmbH oder UG
Mindestbetrag eines Investments	250 €	5 €	500 €	250 €	1 €
Maximalbetrag eines Investments je Startup und Investor	10.000 €	25.000 €	Auktionsmechanismus (abhängig von Startup und Investoren)	–	Nicht limitiert
Mindestbeteiligungsdauer (Laufzeit eines Investments)	5 bis 8 Jahre	8 Jahre	3 Jahre bis 7 Jahre	Keine, Verkauf über Handelsplattform	5 Jahre, Kündigung nur wirksam, wenn Investoren zustimmen ($\geq 75\%$ der abgegebenen Stimmen)
Verlustbegrenzung	Auf das investierte Kapital begrenzt, keine Nachschusspflicht	Auf das investierte Kapital begrenzt, keine Nachschusspflicht	Auf das investierte Kapital begrenzt, keine Nachschusspflicht	Auf das investierte Kapital begrenzt, keine Nachschusspflicht	Auf das investierte Kapital begrenzt, keine Nachschusspflicht

3.3 Marktüberblick: Welche Plattform ist die richtige?

Tab. 3.1 (Fortsetzung)

	Seedmatch	Companisto	Innovestment	Bergfürst	FUND-STERS
Renditepotenzial	(Endfällige) Basisverzinsung von 1,0 % p.a. + gewinnabhängiger jährlicher Bonuszins + einmaliger Bonuszins nach Kündigung oder Exit	(Endfällige) Basisverzinsung von 1,0 % p.a. + gewinnabhängiger jährlicher Bonuszins, Bonuszins nach Exit, anteiliger Unternehmenswert	Gewinnabhängige jährliche Beteiligung, „Auseinandersetzungsguthaben" anteilig Unternehmenswert nach Kündigung, Verkaufserlös im Umfang der Beteiligungsquote	Rendite bei Verkauf der Aktie über Handelsplattform	(Endfällig) Nominalbetrag +90 % aller darüber hinausgehenden Gewinne (inkl. Gewinne aus Unternehmenswert) Bei Exit: Partizipation am Exit, Vorveräußerungsrecht; (Doberstein 2013)
Maximale Laufzeit des Crowdfundings	60 Tage plus einmaliger Verlängerung um weitere 60 Tage	2 Monate plus einmalige Verlängerung um weitere 2 Monate	4 bis 6 Wochen	3 Wochen, Verlängerung möglich	Individuell (von Projekt zu Projekt unterschiedlich)
Plattformgebühren für das Unternehmen	Erfolgsabhängig, 5 bis 10 % degressiv ausgestaltet	Erfolgsabhängig, 10 %	Erfolgsabhängig, 8 %	Erfolgsabhängig, ca. 8 %	Erfolgsabhängig, 9 %
Marktanteil 2013 (in vermitteltem Kapital)	49 %	17 %	7 %	20 %	4 %
Erfolgreich finanzierte Projekte 2013	21	15	11	1	4

Companisto aus Berlin ist momentan die zweitgrößte Equity-based Crowdfunding-Plattform für Startups in Deutschland. 2012 gestartet, verstanden es die Companisto-Gründer, David Rhotert und Tamo Zwinge, mit einer interessanten Auswahl an Startups und dem Alleinstellungsmerkmal von extrem niedrigen Mindestinvestmentsummen eine ebenfalls beachtliche Größe zu erreichen: Companisto bietet im Vergleich zu Seedmatch Investments bereits ab 5 € an und versucht so, den Rückstand in der Größe der Crowd aufzuholen und mehr Menschen die Möglichkeit zu geben, mit wenig Kapital in Startups zu investieren. Um zusätzlich weiter zu wachsen, kündigte die Plattform Anfang 2014 die Internationalisierung an und eröffnete im April 2014 ein weiteres Büro in Zürich. Perspektivisch wird Companisto Seedmatch damit in der Zahl der Investoren überholen, da die Einstiegshürde von 5 € niedriger liegt als die bei Seedmatch derzeit angesetzten 250 €. Wie sich die beiden größten Plattformen unterscheiden, erklärt ein externer Beobachter, der mit beiden Plattformen zusammengearbeitet hat, in einem kurzen Interview in Abschn. 3.3.3.

Die Plattform **Bergfürst** verfügt über eine BaFin-Lizenz, die zur Emission und zum Handel von Aktien berechtigt. Das ist notwendig, da sich Bergfürst gezielt an Wachstumsunternehmen (und nicht an Startups) richtet und für diese eine Aktienemission durchführt. Investoren erhalten damit „echte" Beteiligungen (Beck 2014) und können ihre Anteile auch wieder verkaufen. Bergfürst hat damit die Investmentklasse der Startup-Finanzierung mit einem Sekundärmarkt ausgestattet, der für die Investments bei den anderen Plattformen fehlt. Eine Handelbarkeit von Startup-Investments ist jedoch generell unüblich, da diese Art von Investment in der Regel zu den langfristig orientierten Anlagen zählt. Bergfürst hat bis zum Mai 2014 nur ein Unternehmen für seine Plattform gewinnen können: Das Berliner Wohnaccessoire-Unternehmen Urbanara sammelte im Herbst 2013 fast drei Millionen Euro ein, ist nun aber gezwungen – da regelmäßig neue Investoren gewonnen werden müssen, um einen funktionierenden Sekundärmarkt mit Angebot und Nachfrage zu realisieren –, eine für Startups ungewohnte Transparenz an den Tag zu legen: „Der Aufwand und der Professionalisierungsgrad hinsichtlich Reporting und Governance-Pflichten, den wir jetzt haben, sind natürlich nicht zu unterschätzen. Diese neuen Pflichten sind aber gar nicht so schlecht: Wir sind erwachsener geworden", berichtet Urbanara-CEO Benjamin Esser im Interview mit dem Startup-Portal Gründerszene.de (Räth 2014). Urbanara muss so auch nicht investierten Bergfürst-Nutzern seine Quartalsergebnisse zur Verfügung stellen. Bei allen anderen Plattformen ist dieses Informationsrecht ausschließlich den (bestehenden) Investoren des jeweiligen Startups vorbehalten.

Dass ein Funding dieser Größenordnung auch Vorteile hat, soll aber nicht unerwähnt bleiben. Und der Urbanara-Gründer Esser verrät: „Sicherlich war die Emission via Bergfürst nicht ohne Aufwand und eine Menge Arbeit zu bewältigen, aber wir sind mit dem Ergebnis auf jeden Fall zufrieden und die Vorteile heben das intensive Arbeitspensum wieder auf. Seit dem Abschluss der Emission haben wir viel Feedback von den neuen Gesellschaftern erhalten und wir verzeichneten auch ein klares Umsatzplus. Wir hatten viel PR und Mund-zu-Mund-Propaganda, die uns noch bekannter gemacht hat und sich letztendlich auch in den Verkaufszahlen widergespiegelt hat." (Räth 2014). Bergfürst richtet sich gezielt an Unternehmen, deren Proof-of-Market bereits stattgefunden hat und die einen siebenstelligen Umsatz vorweisen können. Damit fällt diese Option für viele Gründer in der Frühphase weg. Bergfürst spielt im Markt für Startup-Crowdfunding in der Frühphase keine Rolle.

Ist es möglich, sich auf mehreren Plattformen gleichzeitig zu finanzieren?
Falls Sie sich für ein Reward-based Crowdfunding *und* ein Equity-based Crowdfunding entscheiden, und das ggf. auf verschiedenen internationalen Märkten, ist dies grundsätzlich möglich. Jedoch wird dies im Hinblick auf Ihre personellen Ressourcen sicher sehr aufwendig. Achten Sie jedoch darauf, dass man bei manchen ausländischen Reward-based Plattformen, z. B. bei Kickstarter, auch von Deutschland aus bzw. als deutscher Staatsbürger investieren kann. Sie würden sich sozusagen eigene Konkurrenz mit Ihrer Crowdfunding-Kampagne machen. Warum sollte ein Investor, wenn er sich dazu entschlossen hat, einen relativ hohen Betrag in Ihr Unternehmen zu investieren, sich nicht dafür entscheiden, auch noch direkt an Ihrem Wachstumspotenzial der ersten Jahre beteiligt zu sein? Zumal Investoren bei vielen Crowdfunding-Kampagnen ebenfalls „Goodies" bzw. Gegenleistungen in Form von ersten Produktexemplaren, Rabattaktionen oder Beta-Versionen bekommen. So haben Investoren mit einem Investment von 10.000 € z. B. von dem Karlsruher Startup e-volo einen Optionsschein für den Kauf einer der 40 ersten Volocopter (der weltweit erste bemannte „Elektro-Hubschrauber") erhalten, der auch weiterveräußert werden konnte.

Bei einem Reward-based und Equity-based Crowdfunding zur gleichen Zeit sorgen Sie mit einer hohen Wahrscheinlichkeit für Verwirrung, da z. B. im Zuge der Berichterstattung über Ihre Crowdfunding-Kampagne unterschiedliche Vorteile für Ihre potentiellen Investoren und ein anderes Vertragsmodell kommuniziert werden. Es ist vielleicht ratsamer, Reward-based Crowdfunding- und Equity-based Crowdfunding-Kampagnen in einem gewissen zeitlichen Abstand (mindestens drei Monate) durchzuführen.

3.3.3 Exkurs: Interview mit dem Business Angel Dr. Denis Jung zu den Unterschieden von Seedmatch und Companisto

Um einen objektiven Vergleich der führenden Equity-based Crowdfunding-Plattformen in Deutschland zu erhalten, haben sich die (früher bei Seedmatch angestellten) Autoren dazu entschieden, einen Experten zu Wort kommen zu lassen: Business Angel und Startup-Berater im Bereich Crowdfunding Dr. Denis Jung hat in dieser Rolle sowohl Startups bei Seedmatch als auch bei Companisto begleitet und kann so beide Plattformen gut einschätzen.

Wie haben Sie aus Ihrer externen Perspektive den Auswahlprozess bei Seedmatch und bei Companisto empfunden?
Der Ablauf bei der Auswahl und in der Vorbereitung des Fundings unterscheidet sich meiner Meinung nach nicht großartig. Beide Plattformen sind sehr professionell in der Abwicklung und geben wertvolles, qualitativ hochwertiges Feedback zum Geschäftsmodell, zur Unternehmensstrategie sowie zum Außenauftritt des Startups. Das Spektrum an Projekten erscheint mir bei Seedmatch etwas weiter als bei Companisto.

Bei Seedmatch sehe ich tendenziell den Aspekt des Renditepotenzials bei der Auswahl etwas stärker gewichtet. Companisto scheint hier etwas mehr Wert auf die Interessen der Crowd als Konsumenten zu legen. Soll bedeuten, die Crowd soll nicht nur in ein Projekt investieren, sondern vor allem auch Kunde werden. Viele Companisten scheinen jedoch auch bei Seedmatch registriert zu sein und umgekehrt. Entsprechend groß ist die Übereinstimmung zwischen der Investorenbasis bei diesen beiden Plattformen.

Wo liegen Ihrer Meinung nach die größten Unterschiede zwischen den Plattformen? Wo sehen Sie bestimmte Vorteile und Nachteile?
Ein wesentlicher Unterschied zwischen Seedmatch und Companisto liegt in der Strukturierung des Investments. Bei Companisto werden die partiarischen Darlehen der Investoren in Bezug auf Abstimmungsrechte (zum Beispiel bei nachträglichen Vertragsänderungen) in einer Companisto gehörenden Beteiligungsgesellschaft gebündelt. Diese investiert das Geld dann, über einen Pooling-Vertrag geregelt, in das Zielunternehmen, sodass bei Erfordernis Abstimmungen nur zwischen der Beteiligungsgesellschaft und dem Startup notwendig sind. Die Abstimmung mit den Crowd-Investoren regelt Companisto dann intern. Bei Seedmatch hingegen wird das partiarische Darlehen der Crowd-Investoren direkt in das Startup investiert.

Ein weiterer Unterschied zwischen den Plattformen liegt in der Vergütung für die Vermittlungsleistung zwischen Investoren und Startup. Companisto verlangt vom Startup für eine erfolgreiche Finanzierung pauschal 10 % des eingesammelten Kapitals. Zusätzlich werden die Investoren nach Beendigung der Beteiligung, zum Beispiel durch Kündigung oder Exit, mit 10 % des Gewinns zur Kasse gebeten. Bei Seedmatch liegt die Vermittlungsgebühr für die Kapitalvermittlung zwischen 5 bis 10 % des Finanzierungsvolumens. Diese Kosten sind durch das Startup zu tragen. Insofern erscheint Seedmatch bei den Gebühren sowohl für Startups als auch Crowd-Investoren etwas günstiger.

3.3 Marktüberblick: Welche Plattform ist die richtige?

Gerade bei geringen Funding-Volumina sind die Kapital-Akquisekosten jedoch bei beiden Plattformen relativ hoch, da zu den Vermittlungsgebühren auch noch Kosten für die Vorbereitung des Fundings hinzukommen und gegebenenfalls externe Dienstleister beauftragt werden müssen. Hauptkostenfaktoren sind hier die Erstellung des Unternehmensvideos, Kosten für Rechtsberatung und Controlling sowie gegebenenfalls für Crowdfunding-Berater und Kreativdienstleister wie Grafiker, Fotografen etc. Aus meiner Sicht macht Crowdfunding als Finanzierungsform daher erst richtig Sinn bei Beträgen ab deutlich über 100.000 €. Alternativ ist man mit Business Angels bei niedrigen Investitionssummen oft besser bedient. Crowdfunding ist jedoch auch eine effektive Form des Crowdsourcings und des Marketings, sodass die Beurteilung hier im Einzelfall auch ganz anders ausfallen kann.

Gibt es Geschäftsmodelle, die Sie eher bei Seedmatch sehen, und welche, die eher bei Companisto realisiert werden können? Warum sind Sie dieser Meinung?
Ich sehe bei Seedmatch vermehrt Tech-Themen und vor allem nachhaltige Geschäftsmodelle mit hohem Renditepotenzial. Diese Aussage ist aber nur als Tendenz zum derzeitigen Augenblick zu verstehen. Sowohl Seedmatch als auch Companisto haben sich sehr stark entwickelt. Companisto stemmt mittlerweile ähnlich souverän wie Seedmatch hohe Investitionssummen und Folgefinanzierungen. Seedmatch hingegen experimentiert vermehrt mit Geschäftsmodellen, die ich noch bis vor Kurzem nur bei Companisto gesehen hätte. Während sich Seedmatch vor allem auf der Produktseite diversifiziert, zum Beispiel mit der Tochter-Plattform Econeers für erprobte grüne Technologien, macht Companisto mit der Internationalisierung die Plattform für einen erweiterten Nutzerkreis verfügbar. Mit Ausnahme der unter der zweiten Frage genannten Kriterien gibt es aus meiner Sicht jedoch kaum Gründe für Startup-Projekte, einer Plattform den Vorzug zu geben. Da bei Weitem nicht jedes Projekt durch die Plattformen angenommen wird und allgemein Kapital in der Startup-Phase knapp ist, sehe ich eine parallele Bewerbung aus Startup-Sicht für sinnvoll an.

Wie sieht es nach dem Crowdfunding aus? Welche Möglichkeiten bieten die Plattformen für Investoren, um sich auszutauschen?
Hier sehe ich keine große Differenzierung zwischen Seedmatch und Companisto. Beide Plattformen verfügen über einen geschlossenen Investor-Relations-Bereich, über den mit den Portfolio-Unternehmen sowie mit anderen Investoren kommuniziert werden kann. Investoren erhalten hier auch wichtige Updates zum Unternehmen sowie ein jährliches (Companisto) bzw. quartalsweises Reporting (Seedmatch).

Welche Tipps haben Sie für Gründer, die richtige Crowdfunding-Plattform zu finden?
Es gibt eine Vielzahl von Kriterien, die im Einzelfall mehr oder weniger entscheidend sind für eine erfolgreiche Crowdfunding-Kampagne. Auch ist der Crowdfunding-Markt derzeit noch sehr fragmentiert und es gibt viele kleine Anbieter, die jedoch bisher wenig Projekte abwickeln. Der Markt ist in schnellem Wandel, eine pauschale Antwort ist daher schwierig. Einige Hinweise zur Orientierung kann ich dennoch geben:

Wer in der Startup-Phase einen hohen Finanzierungsbedarf für sein Unternehmen hat, kommt derzeit um Seedmatch bzw. Companisto in Deutschland nicht herum. Unternehmen mit technologischem Hintergrund, einer Folgefinanzierungssituation und extrem hohem Kapitalbedarf sollten sich tendenziell eher an Seedmatch wenden. Unternehmen, die internationale Kunden und Unterstützer haben, die sie in das Crowdfunding einbinden wollen, sind bei Companisto etwas besser aufgehoben, ebenso wie Unternehmen die im Lifestyle- und Konsumerprodukte-Bereich aktiv sind.

Mögliche Alternativen für etwas kleinere Fundings sind evtl. auch FUNDSTERS und Innovestment. Besonders FUNDSTERS scheint sich zunehmend zu entwickeln und verfügt über Plattformbetreiber mit hoher Investment-Expertise und Erfahrung.

KMU mit etwas konservativeren und nachhaltig orientierten Geschäftsmodellen, die Crowdfunding begleitend zu einer VC- oder Angel-Finanzierung durchführen wollen, können sich auch an Spezialanbieter wie Lightfin wenden.

3.3.4 Ein Blick ins Ausland

USA
„In den USA ist ein Crowdinvesting im eigentlichen Sinne aller Voraussicht nach noch bis [zur zweiten Hälfte] des Jahres 2014 faktisch nicht umsetzbar, weil in den USA bis dahin höchst restriktive gesetzliche Regelungen gelten, die den Anlegerschutz übertrieben in den Mittelpunkt stellen. Nur akkreditierte Investoren (i. d. R Millionäre) durften in den USA bislang an einem Crowdinvesting teilhaben. Dies führte dazu, dass ein Crowdinvesting primär in Ländern außerhalb der USA, u. a. in Deutschland entstand", schreibt Beck (2014, S. 27).

Frankreich
Die erfolgreichsten Crowdfunding-Plattformen Frankreichs, WiSEED und Smart-Angels, richten sich nach den Regularien der AMF (Autorité des Marchés Financiers), die der deutschen BaFin ähnelt. So ist die Summe, die ein Unternehmen via

3.3 Marktüberblick: Welche Plattform ist die richtige?

Equity-based Crowdfunding in Frankreich einsammeln darf, auf eine Million Euro beschränkt (Root 2014). Private Investoren unterliegen keiner Bestimmung und können über die maximale Summe, die sie investieren möchten, selbst entscheiden. Bei WiSEED kann man bereits ab 100 € Investor werden, bei SmartAngels liegt das Minimum bei 1.000 € (Crowdcube Ventures Limited 2014). Im Gegensatz zu WiSEED müssen bei SmartAngels die Startups zunächst von der Crowd „gewählt" werden (Y CAPITAL SAS 2014), um dann eine Crowdfunding-Kampagne eröffnen zu können. Als Pionier und Marktführer hat WiSEED durch seine aktiven Mikroinvestoren seit 2008 bereits ca. 7,8 Mio. € an Startups und junge Unternehmen vermitteln können. Beide Plattformen sprechen momentan ausschließlich französische Startups an. Bei WiSEED können Investoren, wenn sie sich authentifizieren, aus der ganzen Welt investieren. „Investors have just to be able to present identity papers and legal documents justifying where they live", so die Antwort von WiSEED auf eine E-Mail-Anfrage (WiSEED 2014).

Großbritannien

Die wohl bekanntesten Crowdfunding-Plattformen für junge Unternehmen in Großbritannien sind SEEDRS und crowdcube. Sowohl bei SEEDRS als auch bei crowdcube erhalten Investoren eine Aktienbeteiligung. Der Mindestbetrag der Beteiligung liegt bei beiden Plattformen bei 10 Pfund, der Maximalbetrag bei 150.000 Pfund. SEEDRS und crowdcube unterliegen der Regulierung der britischen Finanzaufsicht FCA (Financial Conduct Authority), die vergleichbar mit der BaFin in Deutschland ist. SEEDRS konnte auf der eigenen Plattform schon Millionen-Finanzierungen verwirklichen, u. a. mit einer Crowdfunding-Kampagne für sich selbst, bei der die Plattform 2,58 Mio. Pfund einsammeln konnte. Die Equity-based Crowdfunding-Plattform finanziert sich mit 7,5 % der Funding-Summe von erfolgreich finanzierten Projekten und 7,5 % der Ausschüttung an die Investoren, wenn ein Exit aus dem Investment entsteht. SEEDRS poolt die Anteile der Investoren und handelt als Treuhänder. Bei SEEDRS können Investoren aus ganz Europa investieren (Seedrs Limited 2014b). Auf der SEEDRS-Website heißt es dazu: „Seedrs has now opened its doors to both investors and entrepreneurs throughout Europe, making us the first widely cross-border equity crowdfunding platform in the world."Es ist also möglich, als deutsches Startup über SEEDRS gefundet zu werden (Seedrs Limited 2014a). Derzeit sind aber nur europäische Startups und Investoren ohne Einschränkung zugelassen. Auf eine Anfrage im Hinblick auf die Möglichkeit, sich als deutsches Startup bei SEEDRS finanzieren zu lassen, schreibt die Plattform:

> We would use a slightly different structure to close the deal (most typically a UK holding company above the current German operating company), but it is certainly possible for startups all across Europe to use Seedrs.

Crowdcube erhält bei einem erfolgreich finanzierten Funding 5 % der eingesammelten Summe. Zusätzliche erhebt die Plattform eine Verwaltungsgebühr von 1.750 Pfund. Auf der Plattform sind bisher nur britische Startups zugelassen (Crowdcube Ventures Limited 2014). Das Unternehmen plant jedoch Expansionen in andere Länder und hat bereits ein Joint Venture in Schweden. Plattformen in Brasilien, Polen und Dubai sollen noch 2014 gelauncht werden.

Österreich
Die zwei größten Plattformen in Österreich sind momentan CONDA und 1000×1000. Bei CONDA können Investoren 100 bis 3.000 € in ein Startup investieren (CONDA Unternehmensberatungs GmbH 2014c). Auf der Plattform konnten ebenfalls schon Millionenbeträge eingesammelt werden. Der Minimalbetrag bei 1000×1000 liegt ebenfalls bei 100 € – das Maximum jedoch bei 5.000 €. Eine Besonderheit hier ist, dass die Plattform „auf Nummer sicher geht" und eine maximale Projektsumme von 250.000 € zulässt, da bei einer höheren Summe laut österreichischem Kapitalmarktgesetz Kosten für die Erstellung eines sogenannten Prospekts entstehen, die sich erst ab einer bestimmten Summe sinnvoll decken lassen (Innovation Service Network GmbH 2014). Sowohl CONDA als auch 1000×1000 treffen eine Vorauswahl und präsentieren den potenziellen Investoren nur Projekte, die sie überzeugen.

Bei 1000×1000 werden Investoren „entsprechend der Höhe ihres Investments mittels Genussrecht prozentuell am laufenden Ertragswert (jährlicher Gewinn) sowie am Substanzwert im Falle des Unternehmensverkaufs beteiligt" (Innovation Service Network GmbH 2014). Bei CONDA werden ebenfalls Genussrechte ausgegeben (CONDA Unternehmensberatungs GmbH 2014a). CONDA lässt ausländische Investoren zu, diese müssen jedoch über einen sogenannten „Zeichnungsschein" investieren (CONDA Unternehmensberatungs GmbH 2014b).

Schweiz
Die Schweizer Plattform investiere.ch vermittelt ebenfalls Aktien. Wer sich an den Startups bei investiere beteiligen möchte, muss einen Mindestbetrag von 6.000 bis 10.000 Schweizer Franken investieren. Im Unterschied zu Bergfürst hat investiere jedoch keinen Sekundärmarkt aufgebaut, auf dem die Aktien weiterveräußert bzw. gehandelt werden können. Investoren müssen sich bei dieser Plattform allerdings bewerben und nachweisen, dass sie mit den Risiken eines Startup-Investments vertraut sind und auch über eine fundierte Erfahrung in der Startup-Branche verfügen. Investiere nimmt eine Erfolgsquote von 4,5 % (Verve Capital Partners AG 2014).

Kann man sich als deutsches Startup im Ausland finanzieren lassen?
Zunächst sollten Sie sich an dieser Stelle fragen, warum Sie sich über eine ausländische Plattform finanzieren lassen wollen (z. B. Internationalisierung, größerer Investorenpool). Denn es ist naheliegend, dass diese Entscheidung auch mit zahlreichen rechtlichen Aspekten verbunden ist, die nicht einfach zu überblicken sind und für die Sie sich anwaltliche Unterstützung suchen sollten.

Einige Plattformen verlangen, dass Sie Ihren Hauptsitz im jeweiligen Land der Plattform haben, um ein möglichst unkompliziertes direktes Investment in das Unternehmen zu ermöglichen. Andere Plattformen nutzen als Investmentvehikel eine Holding, sodass die Crowd-Investoren indirekt in das ausländische Unternehmen investieren.

Wenn Sie über ein Crowdfunding im Ausland nachdenken, achten Sie auf die Sprachbarriere. Sind Sie selbst in der Lage, Ihre Kernkompetenzen und die Faszination für Ihr Geschäftsmodell in einer anderen Sprache als Ihrer Muttersprache zu vermitteln? Neben der Sprache sollten Sie vor allem recherchieren, ob die von Ihnen gewählte Plattform deutsche Unternehmen oder auch Investoren zulässt – und unter welchen Bedingungen. Wahrscheinlich ist es für Sie sehr schwer, die rechtlichen Rahmenbedingungen im Hinblick auf das Verhältnis zwischen Ihnen und der jeweiligen Crowdfunding-Plattform und zwischen Ihnen und den zahlreichen Investoren einschätzen zu können. Diese Rahmenbedingungen sollten Sie vorher genauestens prüfen, denn nur so können Sie sich sicher sein, die verschiedenen rechtlichen Rahmenbedingungen für öffentliche Investmentangebote der einzelnen Länder, in denen Investoren angesprochen werden, zu erfüllen.

Mehr Informationen dazu finden sich auch im Kap. 5.1.3 im Exkurs: Unternehmen ohne Hauptsitz in Deutschland und länderübergreifendes Crowdfunding.

3.3.5 Die richtige Plattform für ein Crowdfunding finden

Laut Beck (2014) sollte man bei der Auswahl der Plattform auf folgende Punkte achten:

1. Gibt es Einschränkungen der Plattform? Hat diese zum Beispiel einen bestimmten Investmentfokus, wie z. B. Food-Startups oder Hightech-Startups? Im Moment gibt es hier wenig Einschränkungen (von der Plattform Bergfürst mal abgesehen). Ein Beispiel für Auswahlkriterien zeigt Kap. 5.1.1.
2. Wie viel Kapital benötige ich? Ist es realistisch, dieses Kapital auf der Plattform einzusammeln? Wie hoch sind die durchschnittlichen Summen, die Startups einsammeln konnten?

3. Findet eine werbliche (und mediale) Unterstützung der Plattform statt? Oder müssen Sie ggf. im Alleingang auf Ihr Crowdfunding aufmerksam machen und Investoren gewinnen?
4. Welchen Erfahrungshorizont hat die Plattform? Wie viele Projekte wurden auf der Plattform schon finanziert?
5. Wie hoch sind die Gebühren der Plattform? Wann müssen diese gezahlt werden? Sind diese „nur" erfolgsabhängig – d. h. nur wenn Ihr Crowdfunding erfolgreich ist, erhält auch die Plattform ihren Anteil?
6. Wie lang ist die Laufzeit der Verträge zwischen Ihnen und den Investoren? Was passiert bei der Kündigung, was bei einem Exit?
7. Wie sind die Anteile und Konditionen für die Investoren?
8. Welche Art der Investoren gehört zum Nutzerkreis der Plattform? Was macht einen Durchschnittsinvestor aus?
9. Wie sind die Berichtspflichten und die Kommunikation nach dem Funding gegenüber den Investoren und der Plattform? Welche Informationen muss ich nach dem Crowdfunding liefern? Sind diese Informationen mit ohnehin für das Unternehmen aufzubereitenden Informationen vereinbar (z. B. Jahresabschlüsse)?
10. Welches Vertragsmodell liegt der Plattform zugrunde? Wieviel Einfluss haben Investoren auf mein Geschäftsmodell bzw. meine Geschäftstätigkeit?

Neben diesen Punkten sollten Sie zudem das Renommee bzw. die Seriosität der Plattform beachten. Dazu schreibt Beck (2014, S. 85): „Der typische Mikroinvestor ist sicherlich kein Fachmann im Hinblick auf die Renditeberechnung. Er wird erwarten können und müssen, dass ihm ein sauberes Angebot ohne Fallstricke gemacht wird. Macht er schlechte Erfahrungen, dann behält er sein Geld künftig zurück […]. Auch die Gründer werden keine Finanzexperten sein. […] [Für ein seriöses Crowdfunding] müssen langfristig tragfähige Strukturen und Vertragswerke her. […] Das bedeutet für den Kapitalgeber, der die vertraglichen Details nicht durchschaut, ersatzweise einen Blick auf die Personen zu werfen, die die Plattform betreiben. Also: Ein wenig (Internet-)Recherche, welche Lebensläufe dahinterstehen und ob es sich bei den Hinterleuten der Plattform um gut ausgebildete, erfahrene und seriöse Personen handelt, wäre von Vorteil."

3.3.6 Ausblick: Was tut sich in Zukunft bei den Crowdfunding-Plattformen?

So sehr man sich bei einer Analyse und einem Marktüberblick auch bemüht, diese Übersicht wird in wenigen Jahren bereits veraltet sein, denn alle Plattformen sind (noch) selbst Startups und werden erst noch beweisen müssen, dass das Geschäftsmodell Crowdfunding für Startups auch wirklich langfristig funktioniert – vor allem, wenn der erste Hype um Startup-Investments abgeebbt und die ersten real entstandenen Renditen der Investoren mit den Verlusten gescheiterter Startups verglichen werden.

Ralf Beck skizziert folgendes Szenario (2014, S. 9): „Weisen zu viele Projekte eine geringe Qualität auf und gibt es übermäßig viele Nachrichten über gescheiterte Projektverläufe, dann wird der Ruf [des Crowdfundings für Startups] womöglich stark leiden. [...] Jedoch nicht nur gescheiterte Projekte allein könnten problematisch sein, sondern auch Crowdinvesting-Plattformen, die es an Seriosität vermissen lassen." Beck nennt in diesem Zusammenhang zwei elementare Herausforderungen, die für die Zukunft der jungen und trotz allen Hypes überschaubaren Branche von großer Bedeutung sind:

1. **Die Startup-Auswahl jeder einzelnen Plattform:** Auch wenn sich die vermittelnden Plattformen sehr auf diese Rolle beschränken und rein rechtlich mit der weiteren Entwicklung der Startups nach dem erfolgreichen Funding häufig nichts mehr zu tun haben, sind sie äußerst eng mit dem Erfolg und Misserfolg der bei ihnen finanzierten Startups verbunden. Jeder Investor wird seine Rendite aus Startup-Investments bei Plattform A mit ggf. getätigten Investments bei Plattform B in Verbindung bringen. Zwar achten – vor allem die größeren Plattformen – peinlich genau darauf, den Investor über seine Risiken und die Tragweite seiner eigenen Entscheidung aufzuklären, aber im Kopf des Investors bleibt die Verbindung von Startup und Plattform bestehen. Dies wird durch die Vorab-Selektion der Plattformbetreiber natürlich zusätzlich unterstützt. Gründer sollten daher bei der Plattformwahl auch berücksichtigen, welche Startups dort bereits vorher finanziert wurden und ob diese sich erfolgreich entwickelt haben. Eine große Crowd mag auf den ersten Blick ein gutes Argument sein, nützt aber nichts, wenn alle diese Investoren bei den bisherigen Investments enttäuscht wurden. Allerdings sollte man auch hier keine verfrühten Rückschlüsse ziehen – einen realistischen Vergleich kann man frühestens in fünf bis sieben Jahren nach Start der Plattform ziehen. Startup-Investments sind eben langfristig orientiert. Allenfalls von den unter PR-Gesichtspunkten vermutlich sehr wirksamen ersten Exits werden die Plattformen schon vor Ende dieser Zeit profitieren. Davon wird es spätestens 2015 vermutlich die ersten Meldungen geben, und die großen Plattformen werden im Wettbewerb untereinander stehen, diese bestmöglich in den Medien zu platzieren.

2. **Die Gesamt-Performance und damit verbundene Wahrnehmung der Branche:** Im bis dato unregulierten Crowdfunding-Markt gibt es neben den großen und professionell geführten Plattformen auch einige schwarze Schafe, deren

Geschäftstätigkeiten fragwürdig und deren Startup-Auswahl ominös erscheinen. Sollte hier im großen Stil Betrug am Investor aufgedeckt werden, würden sicher auch die Medien auf diesen Fall aufmerksam werden und sich sehr negativ auf das sonst so beliebte Thema Crowdfunding stürzen: Wer hoch steigt, fällt tief, heißt es im Volksmund – da macht auch dieses Finanzierungsmodell keine Ausnahme. Es liegt nahe, dass die Wahrnehmung der Öffentlichkeit dabei mit hoher Wahrscheinlichkeit undifferenziert erfolgen wird: Das bedeutet konkret, dass nicht eine Plattform allein zur Verantwortung gezogen wird, sondern ein schlechtes Bild auf alle Startup-Investment-Plattformen fällt. Das sieht man auch sehr gut am Beispiel des Neuen Marktes um die Jahrtausendwende: Weil damals viele Glücksritter mit nicht ausgereiften Geschäftsmodellen Milliarden verbrannten, sind innovative Online-Geschäftsmodelle in Deutschland lange nicht investitionswürdig gewesen.

3.4 Das partiarische Nachrangdarlehen und andere Beteiligungsmodelle

Das Wall Street Journal Deutschland (Dörner 2013) nennt es „Exoten-Darlehen", und in der Tat hat das partiarische Nachrangdarlehen vor allem durch das Crowdfunding für Startups Verbreitung gefunden. Seit November 2012 gibt es den Investmentvertrag für das Startup-Crowdfunding in Form des partiarischen Nachrangdarlehens nun schon, zunächst bei der Plattform Seedmatch, kurz darauf auch bei der zweitgrößten deutschen Plattform Companisto. Der Wechsel des Vertragswerks von stillen Beteiligungen zum partiarischen Nachrangdarlehen war damals eine Premiere am deutschen Markt für Startup-Crowdfunding: Das erste Mal konnte die lange Zeit limitierende „100.000-Euro-Marke" der stillen Beteiligungen geknackt werden. Das Hamburger Startup Protonet, das den nach eigenen Angaben „einfachsten Server der Welt" produziert, sammelte im Herbst 2012 innerhalb von nur 48 min 200.000 € ein.

Das öffentliche Einwerben von Kapital über 100.000 € ist nach dem deutschem Wertpapierprospektgesetz (WpPG) bzw. dem Vermögensanlagegesetz (VermAnlG) in Verbindung mit der Vermögensanlagen-Verkaufsprospektverordnung (VermVerkProspV) vor allem bei Aktien, Schuldverschreibungen und Genussrechten aus rechtlicher Sicht nur mit einem erheblichen Mehraufwand möglich: Wer in Deutschland Investmentangebote dieser Form und jenseits der Summe von 100.000 € öffentlich macht, muss einen Wertpapierprospekt bei der Bundesanstalt für Finanzdienstleistungsaufsicht (BaFin) einreichen, in dem das Investmentangebot sehr detailliert vorgestellt wird, Risiken diskutiert werden und der Anleger

3.4 Das partiarische Nachrangdarlehen und andere Beteiligungsmodelle

über alle möglichen positiven wie negativen Folgen informiert wird. Da aber die Erstellung eines Verkaufsprospekts in der Regel mehrere Zehntausend Euro und – ebenso wertvoll in der Gründungsphase – sehr viel Zeit kostet, lohnt sich dies für junge Unternehmen, die sich über die Crowd finanzieren wollen, nicht.

Warum braucht man nun für das partiarische Nachrangdarlehen keinen Wertpapierprospekt? Und wieso müssen die Startup-Crowdfunding-Plattformen, die das Vertragswerk entwickelt haben, nicht von der Bundesanstalt für Finanzdienstleistungsaufsicht, kurz BaFin, geprüft und überwacht werden? Das Finanzaufsichtsrecht in Deutschland ist komplex und je nach Geschäftstätigkeit kann sich eine Erlaubnispflicht u. a. aus dem Kreditwesengesetz (KWG), dem Zahlungsdiensteaufsichtsgesetz (ZAG) oder dem Vermögensanlagengesetz (VermAnlG) ergeben. Bei den führenden Plattformen, die dieses Vertragsmodell nutzen, ist das aus den folgenden Gründen nicht der Fall: Der Gesetzgeber hat bewusst festgelegt, dass das partiarische Nachrangdarlehen nicht als Vermögensanlage im Sinne des VermAnlG gilt. Dies wurde zuletzt zum 1. Juni 2012 mit dem Inkrafttreten des Vermögensanlagengesetzes erneut bestätigt. Das partiarische Nachrangdarlehen ist dadurch im Moment noch von der sogenannten Prospektpflicht ausgenommen und kann von Startups, die in diesem Prozess die Emittenten darstellen, ohne Verkaufsprospekt öffentlich angeboten werden.

Des Weiteren erscheinen Prospekte in ihrer derzeitigen Form für Startups nicht sinnvoll, da sie zu aufwendig und teuer in der Erstellung sind und inhaltlich dem Frühphasencharakter von Startups und damit deren hohem Risikocharakter nicht gerecht werden. Stephan Dörner, Journalist beim Wall Street Journal Deutschland (2013), schrieb in diesem Zusammenhang:

‚Ein Prospekt koste mindestens 20.000 bis 30.000 €, oder es ist Schrott – das ist nicht proportional', sagt Bartels [ein promovierter Jurist]. ‚Ein Prospekt soll Anleger schützen – tatsächlich wird er von Anwälten gelesen, nachdem eine Anlage nicht erfolgreich war', sagt er. Die hohen Kosten fielen an, damit das Prospekt juristisch wasserfest gemacht wird.

Mit einem von der BaFin abgesegneten Prospekt würde sich absolut nichts an dem hohen Risiko eines Startups ändern; die Erfolgschancen eines Startups würden dadurch in keinster Weise gesteigert. Lediglich ein spezialgesetzlicher Rahmen für Crowdfunding in Deutschland und Europa, in dem die Besonderheiten der Startup-Finanzierung berücksichtigt werden, könnte hier Abhilfe schaffen. Seit dem Frühjahr 2014 laufen sowohl auf Ebene der EU-Kommission als auch bei der deutschen Bundesregierung erste Bestrebungen, diesen Rahmen genauer zu definieren: Die Europäische Kommission (2014) tut dies zunächst damit, ein Expertenforum mit

Branchenvertretern einzuberufen. Das Bundesfinanzministerium (2014) unter Minister Schäuble stellte im Mai 2014 vor dem Hintergrund der vieldiskutierten Pleite des Windkraft-Finanziers PROKON einen „Aktionsplan zum Verbraucherschutz im Finanzmarkt" vor. Dort heißt es u. a., dass die Befreiung von der Prospektpflicht auch für nachrangige Darlehen aufgehoben werden soll, aber auch: „Soweit hiervon Crowd-Finanzierungen betroffen sind, sollen Lösungen gefunden werden, die den Anliegen der mit Crowd-Investitionen finanzierten jungen Unternehmen unter Berücksichtigung der Belange des Anlegerschutzes gerecht werden." Es ist bemerkenswert, dass die Bundesregierung der noch jungen und vergleichsweise irrelevanten Crowdfunding-Branche eine solche Sonderbehandlung zukommen lässt. Nun bleibt abzuwarten, wie genau der Gesetzgeber das Crowdfunding von den Pflichten befreien möchte. Mit einem konkreten Gesetzesentwurf ist wohl erst 2015 zu rechnen.

An dieser Stelle ist es auch angebracht, darauf hinzuweisen, dass derzeit eine Bankerlaubnis für die vermittelnden Plattformen nach dem KWG nicht benötigt wird. Da die partiarischen Darlehen mit einem qualifizierten Nachrang ausgestattet sind liegt kein Einlagengeschäft vor.

Das partiarische Nachrangdarlehen zeichnet sich in seiner ursprünglichen Konzeption vor allem dadurch aus, dass Investoren im Erfolgsfall am Gewinn beteiligt werden („partiarisch"), Geldgeber durch den Darlehenscharakter eine feste Verzinsung erhalten und der Darlehensgeber gegenüber anderen Gläubigern nachrangig bedient wird. Um das Vertragsmodell auf die Finanzierungsform des Crowdfundings für Startups anzupassen, wurden u. a. noch zwei grundlegende Kriterien hinzugefügt: eine Exit-Klausel und eine Auszahlung bei Kündigung.

Hinzu kommen noch zahlreiche, von Plattform zu Plattform verschiedene Spezifika des Vertragsmodells. Im Folgenden wird dieses Modell vor allem in der Ausgestaltung der Plattform Seedmatch beleuchtet, das Vertragsmodell ist bei den meisten Plattformen jedoch zumindest ähnlich. Alle Musterverträge können bei den jeweiligen Anbietern eingesehen und intensiv studiert werden.

Im Vergleich zum alten Vertragsmodell (der stillen Beteiligung, die bis November 2012 eingesetzt wurde) brachte das partiarische Nachrangdarlehen für die Plattformen, Startups und Investoren einige weitere Veränderungen:

- Ein **breiteres Startup-Angebot für die Investoren**: Auch Startups mit einem höheren Kapitalbedarf bekamen nun die Möglichkeit, sich zu präsentieren, auf der anderen Seite konnten Investoren aus der Crowd fortan auch in kapitalintensivere Ideen wie Tech-Startups investieren. Mit dem partiarischen Nachrangdarlehen kann mit einem einzigen Crowdfunding genug **Kapital für eine längere Zeitspanne** eingesammelt werden. Das erleichtert das Tagesgeschäft der Startups, deren Liquidität für eine längere Zeit gesichert ist.

3.4 Das partiarische Nachrangdarlehen und andere Beteiligungsmodelle

- Eine **Exit-Regelung für Investoren**: Wenn ein Großinvestor die Mehrheitsanteile des Startups übernimmt, ist die Beteiligung der Investoren an diesem meist monetär außergewöhnlichen Erfolg nun auch für Crowd-Investoren genau geregelt. Das Frühphasenrisiko wird mit dieser Optimierung besser ausgeglichen. Sobald ein neuer Investor die Mehrheit des Startups übernimmt, endet auch für die Crowd-Investoren der Investmentvertrag. Sie partizipieren mit ihrer Beteiligungsquote wirtschaftlich am Exit des Unternehmens. Somit profitieren am Ende alle Seiten.
- **Mehrere Funding-Runden** für ein Startup: Die Crowd ist als Frühphaseninvestor ein gewisses Risiko eingegangen. Entwickelt sich ein Startup in der Folge gut und braucht in einer weiteren Finanzierungsrunde neues Kapital, kann die Crowd nun auch die Zweit- und Drittrunde finanzieren. Für Startups entfällt das ggf. langwierige Verhandeln mit Venture-Capital-Gesellschaften und deren harten Vertragswerken oder das „Betteln" bei der Bank – die Praxis einiger professioneller Investoren, kurz vor Vertragsabschluss (und vor der drohenden Illiquidität des Startups) maßgebliche Vertragsdetails wie die Unternehmensbewertung noch einmal neu zu verhandeln, ist bei der Crowd ausgeschlossen: Diese kann im Vorfeld bereits befragt und aus dem Stimmungsbild abgeleitet werden, inwieweit ein Interesse an weiteren Investmentrunden besteht.
- Eine **größere Crowd**: Die Crowd wächst mit der Funding-Summe mit und Startups können nun noch mehr von den Multiplikatoreneffekten (s. Kap. 3.5) profitieren.
- Das Modell ist **Venture-Capital-orientiert**: Mit dem Vertragsmodell sind die Crowd-Investoren kein Hindernis mehr für eine Anschlussfinanzierung auf dem „klassischen", also dem VC-Weg. Die Anteile der Crowd verwässern bei späteren Investmentrunden, so wie es marktüblich ist. Zahlreiche Anschlussfinanzierungen durch Venture-Capital-Gesellschaften für Crowdfunding-Startups zeigen das. Dr. Denis Jung, Business Angel und Startup-Berater, meint dazu:

> Bei Business Angels und Venture Capitalists, die meist für die Finanzierung eines Startup-Unternehmens ebenfalls eine wichtige Rolle spielen, besteht bei dem Thema Crowdfunding oft die Sorge, dass die Crowd die Komplexität bei der internen Entscheidungsfindung im Unternehmen und beim Reporting enorm erhöht. Sowohl bei Seedmatch als auch bei Companisto sind diese Befürchtungen meiner Einschätzung nach jedoch weitgehend unbegründet.

Viele Gründer haben Vorurteile über Crowdfunding und das Vertragswerk. Dass diese jedoch häufig unbegründet sind, zeigt dieses Zitat von Tobias Zumbült, CFO und CMO in Personalunion bei TOLLABOX:

Eigentlich kam Crowdfunding für uns nicht infrage. Das Vorurteil ist, dass Crowdfunding nur etwas für Teams ist, die weniger erfolgreich sind. Also Teams, die keine Venture-Capital-Gelder bekommen haben und die auch nur 100.000 € brauchen. Und das waren wir nicht, als wir über Crowdfunding das erste Mal nachdachten. Deswegen haben wir das gar nicht als wirklich relevante Finanzierungsquelle angesehen. Dann aber haben wir die Thematik wirklich durchdrungen, haben mit vielen Kapitalgebern, auch Venture Capitalists aus unserem Netzwerk gesprochen, die alle immer meinten ‚Nein, auf keinen Fall'.

Diese Aussage zeigt: Die Meinung dazu ist im Markt noch sehr differenziert. Natürlich wäre es für VC-Gesellschaften einfacher, Startups zu finanzieren, die kein Crowdfunding durchgeführt haben. Allerdings würden damit immer mehr Startups aus dem Raster fallen. Nachdem es in den ersten Phasen des Modells hin und wieder zu Herausforderungen bei VC-Anschlussfinanzierungen kam, zeigt sich nun anhand der zu Gewohnheit gewordenen Meldungen über erfolgreiche Zweit- oder Drittrunden mit VC-Gesellschaften, dass Crowdfunding inzwischen eine Relevanz am Markt hat, die die Bedenken nicht länger rechtfertigt. Der Blog Crowdstreet führt unter http://bit.ly/Anschlussfin eine Übersicht aller Anschlussfinanzierungen von durch die Crowd finanzierten Startups. Und auch Tobias Zumbült berichtet weiter:

Wir haben die Struktur dann wirklich selbst mal durchdacht und haben festgestellt, dass es mit dieser Fremdkapital- bzw. dieser Mezzanine-Struktur eigentlich gut funktioniert, da wir mit dem partiarischen Nachrangdarlehen gar keine Mitbestimmung an die Investoren abgeben, sondern uns nur verschulden – das aber mit Rangrücktritt. Daher wurde ein Crowdfunding immer attraktiver für uns.

Ein weiterer Punkt, der essenziell für Startups ist, ist zudem, dass Liquiditätsprobleme aufgrund von vertraglichen Zahlungsansprüchen, z. B. nach Ablauf der Vertragslaufzeit, seitens der Investoren in der Regel ausgeschlossen sind. Viele Vertragsmodelle sind mit einer qualifizierten Nachrangklausel ausgestattet. Diese verhindert, dass Startups durch Auszahlungsansprüche von Investoren in existenzbedrohende Liquiditätsprobleme geraten. Eine Streckungsklausel in einigen Verträgen soll zusätzlich sicherstellen, dass auch das Wachstum durch den Abfluss der Liquidität nicht gefährdet wird. Die vertraglichen Ansprüche der Investoren bleiben natürlich bestehen, wenn diese Ansprüche nicht fristgerecht erfüllt werden können. Diese Regelungen sind nur konsequent und im langfristigen Interesse aller Beteiligten.

Wie setzt sich die potenzielle Rendite für einen Investor beim partiarischen Nachrangdarlehen zusammen?
Wichtig zu wissen ist, dass jedes Startup-Investment für Investoren sehr riskant ist. Ein Startup ohne hohes Risiko ist kein Startup, wie man der Definition in Kap. 3.1

3.4 Das partiarische Nachrangdarlehen und andere Beteiligungsmodelle

entnehmen kann. Dort hieß es: „Ein Startup ist ein junges, innovatives und noch nicht etabliertes Unternehmen auf der Suche nach einem nachhaltigen, skalierbaren Geschäftsmodell." Diese Suche kann freilich scheitern und das Unternehmen muss liquidiert werden.

Ein hohes Risiko bedeutet natürlich eine entsprechend hohe Renditeerwartung. Dieses Renditepotenzial ist wohlgemerkt nicht auf ein Jahr zu beziehen, sondern betrifft einen Zeitraum von in der Regel mindestens fünf Jahren, der entsprechenden Mindestvertragslaufzeit des jeweiligen Vertragsmodells der Plattform. Startup-Investments haben einen langfristigen Zeithorizont.

Grundsätzlich erhält der Investor eine kleine Basisverzinsung, die das Startup endfällig auszahlt. Dieser Basiszins ist nur ein „symbolischer" Zins, der das Vertragswerk zum Darlehen macht. Dass Investoren damit keine Rendite erwirtschaften, ist selbstredend, er ist jedoch aus rechtlichen Gründen für das Konstrukt des partiarischen Nachrangdarlehens notwendig.

Darüber hinaus hat der Investor entsprechend seiner Investmentquote Anspruch auf eine prozentuale Gewinnbeteiligung. Viele Startups sind in einer frühen Phase jedoch noch nicht profitabel. Das ist vollkommen normal. Schließlich soll erst ein tragfähiges Geschäftsmodell entwickelt und anschließend skaliert werden, was mit entsprechenden Aufwendungen in den ersten Jahren verbunden ist.

Die jährliche Gewinnbeteiligung in Form des sog. „gewinnabhängigen, jährlichen Bonuszinses" stellt deshalb nur einen weiteren Teil des Renditepotenzials dar. Weitaus gewichtiger ist das Renditepotenzial, das sich dem Investor entweder im Rahmen eines Exit-Ereignisses des Startups („Bonuszins nach Exit") oder bei Kündigung des Vertrags nach Ablauf einer Mindestlaufzeit von in der Regel fünf Jahren („Bonuszins nach Kündigung") bietet. Im ersten Fall wird der Investor anteilig am Exit-Erlös beteiligt.

Im zweiten Fall muss der aktuelle Wert des Unternehmens bzw. des Investments bestimmt werden. Dazu werden üblicherweise sogenannte Multiples herangezogen, die vor dem Crowdfunding im Investmentvertrag zwischen Investor und Startup fixiert werden. Multiples beschreiben das Verhältnis zwischen dem Unternehmenswert und einer Finanzkennzahl. Gängig sind u. a. Umsatz- oder EBIT- (Gewinn vor Abzug von Zinsen und Steuern oder auch operatives Ergebnis) Multiples. Ein Beispiel: Hat ein Unternehmen einen Wert von 10 Mio. € und einen Umsatz von 5 Mio. €, entspricht das einem Umsatz-Multiple von 2 (10 Mio./5 Mio.). Aus der Multiplikation des im Vertrag festgelegten Umsatz-Multiples und des aktuellen Umsatzes des Startups lässt sich also ein Unternehmenswert und somit auch der Wert des Investments (aktuelle Investmentquote multipliziert mit Unternehmenswert) bestimmen. Eine Auszahlung findet also auf Grundlage dieser Multiples statt; beides natürlich abzüglich etwaiger späterer Verwässerungen, wie sie bei Startup-Finanzierungsrunden üblich sind.

Beim Investieren in Startups wird die wesentliche Rendite somit in der Regel erst am Ende des Investments, also durch Exit oder Kündigung, erzielt.

Beispiel 1: Exit durch Veräußerung

Investor A hat in Startup B 2.000 € investiert und bei einer Bewertung von 2,0 Mio. € ein partiarisches Darlehen mit einem Anteil in Höhe von 0,1 % erworben.

Ein strategischer Investor erwirbt nach vier Jahren für 8,0 Mio. € alle Anteile an Startup B. Durch die Übernahme der Anteile tritt für Investor A das Exit-Ereignis ein. Er erhält – sofern es zwischenzeitlich nicht zu einer weiteren Verwässerung der Anteile gekommen ist – eine einmalige

$$Auszahlung\ bei\ K\ddot{u}ndigung = 8\ Mio.\ \text{\euro} * 0,1\ \% = 8.000\ \text{\euro}.$$

Sein Vertrag über das partiarische Darlehen endet damit.

$$Rendite = \frac{Auszahlung - eingesetztes\ Kapital}{eingesetztes\ Kapital} = \frac{8.000\ \text{\euro} - 2.000\ \text{\euro}}{2.000\ \text{\euro}} = 300\ \%$$

Beispiel 2: Kündigung des partiarischen Darlehens

Investor C hat in Startup D 2.500 € investiert und bei einer Bewertung von 2,5 Mio. € ein partiarisches Darlehen mit einem Anteil in Höhe von 0,1 % erworben. Die für Startup D individuell festgelegten Multiples betragen 1,0 für Umsatz und 6,0 für EBIT.

Nach Ablauf der Mindestbeteiligungsdauer von fünf Jahren kündigt der Investor C seinen Vertrag über das partiarische Darlehen. Im Jahr der Kündigung erzielt das Startup D einen Umsatz in Höhe von 7,5 Mio. € und ein EBIT in Höhe von 1,1 Mio. €.

Der Umsatz mutlipliziert mit dem Umsatz-Multiple ergibt die

$$Umsatzbemessungsgr\ddot{o}\beta e = 7,5\ Mio.\ \text{\euro} * 1,0 = 7,5\ Mio.\ \text{\euro}.$$

Das EBIT multipliziert mit dem EBIT-Multiple ergibt die

$$EBIT\text{-}Bemessungsgr\ddot{o}\beta e = 1,1\ Mio.\ \text{\euro} * 6,0 = 6,6\ Mio.\ \text{\euro}.$$

Da

$$7,5\ Mio.\ \text{\euro} > 6,6\ Mio.\ \text{\euro}$$

3.4 Das partiarische Nachrangdarlehen und andere Beteiligungsmodelle

wird zur Ermittlung des „Bonuszinses nach Kündigung" der Umsatz herangezogen. Investor A erhält – sofern es zwischenzeitlich nicht zu einer Verwässerung der Anteile gekommen ist – eine

Auszahlung bei Kündigung $= 7{,}5 \text{ Mio. } € * 0{,}1 \% = 7.500 \text{ €}$.

Seine Rendite beträgt:

$$Rendite = \frac{Auszahlung - eingesetztes\ Kapital}{eingesetztes\ Kapital} = \frac{7.500\ € - 2.500\ €}{2.500\ €} = 200\ \%.$$

Wichtig für das Risikoverständnis ist, dass das Investment nachrangig gegenüber anderen Gläubigern ist. Die Crowd-Investoren bekommen ihr Geld bei einer **Insolvenz** des Startups erst, wenn alle anderen Gläubiger bedient sind. Es handelt sich um Mezzanine-Kapital. Die Investoren sind jedoch nicht am Verlust des Unternehmens beteiligt, der Kapitalverlust ist auf das investierte Kapital begrenzt – eine Nachschlusspflicht besteht nicht. Grundsätzlich gilt: Je riskanter ein Investment in ein Startup, desto höher die Renditeerwartung des Investors.

Das Startup hat in der Regel die Möglichkeit, alle oben aufgeführten Auszahlungen an die Crowd-Investoren zu strecken, wenn das Fortbestehen oder das Wachstum des Startups durch die Auszahlung nachhaltig gefährdet werden würden. Auf diese „nachhaltige Gefährdung des Wachstums" darf sich das Startup aber höchstens für einen Zeitraum von zwei Jahren berufen. Ein solventes Startup ist natürlich ganz im Sinne des Investors, eine verzögerte Rückzahlung soll aber für diesen nicht zum Nachteil werden. Deswegen wird der ausstehende Rückzahlungsbetrag im Vertragsmodell bei Seedmatch zusätzlich mit 6 % p.a. verzinst.

In Tab. 3.2 sind die vier typischsten Vertragsmodelle der deutschen Startup-Crowdfunding-Szene aufgeführt.

Vertragsmodelle am deutschen Startup-Crowdfunding-Markt
Die atypische Beteiligung ist dadurch gekennzeichnet, dass ein Investor nicht nur am Gewinn und Verlust der Gesellschaft, sondern auch am Vermögen dieser beteiligt ist. Bei Auflösung des Vertrages mit der Gesellschaft hat ein Investor nicht nur einen Anspruch auf die Rückzahlung seines Einsatzes, sondern auch an der Wertsteigerung des Unternehmens. Ob Mitspracherechte eingeräumt werden ist bei dieser Vertragsform individuell ausgestaltbar. Im Bezug auf die Nutzung dieser Vertragsform für Startup-Crowdfunding werden diese Rechte mit hoher Wahrscheinlichkeit jedoch kaum Anwendung finden, da das Startup und andere Gesellschafter

Tab. 3.2 Vertragsmodelle im deutschen Crowdfunding-Markt. Eigene Darstellung in Anlehnung an Beck (2014, S. 107)

	Partiarisches Nachrangdarlehen	Atypische stille Beteiligung	Genussrecht	Aktienemissionen
Mitsprache-/ Stimmrecht	i. d.R nein	Individuell ausgestaltbar	Nein	Ja (geschützt durch das Aktienrecht)
Gewinnbeteiligung	Ja (in Form eines jährlichen Bonuszinses)	Ja (prozentual am ausgewiesenen Bilanzgewinn oder -verlust)	Ja (plus gewinnabhängige Grunddividende)	Ja
Beteilgung am Verlust	Auf das investierte Kapital begrenzt, keine Nachschusspflicht	Vertraglich geregelt	Auf das investierte Kapital begrenzt, keine Nachschusspflicht	Auf das investierte Kapital begrenzt, keine Nachschusspflicht
Plattformen	Seedmatch, Companisto, u. v. m.	Innovestment	Bankless24	Bergfürst

nicht daran interessiert sind, dass Hunderte Crowd-Investoren an den Entscheidungen beteiligt sind (Beck 2014, S. 109). Bei Auflösung des Beteiligungsvertrages kann es zudem dazu kommen, dass stillen Gesellschaftern ein Anteil an den stillen Reserven bzw. dem Verkehrswert des Startups zusteht.

Genussrechte sind ähnlich der atypischen Beteiligung so gestaltet, „dass die Kapitalgeber einen Rückzahlungsanspruch haben und am Erfolg des von ihnen mitfinanzierten Unternehmens teilnehmen, jedoch über keine Mitsprache- bzw. Stimmrechte verfügen" (Beck 2014, S. 111). Diese Erfolgsteilnahme kann dabei unterschiedlich gestaltet sein wie z. B. als Gewinnbeteiligung, als Beteiligung am Liquidationserlös oder als Prämie am Ende der Vertragslaufzeit. Diese Ausgestaltung kann von den Vertragspartnern ebenfalls individuell gestaltet werden. Das Genussrecht ist dem des partiarischen Nachrangdarlehens sehr ähnlich, die Grenzen sind fließend (Beck 2014).

Beim Erwerb von Aktien erhält der Investor Stimmrechte und eine Beteiligung in Form von Eigenkapital am Vermögen und am Ergebnis der Gesellschaft. Der Aktionär hat somit Mitspracherechte, z. B. im Hinblick auf die Unternehmensstrategie. Eine Aktiengesellschaft muss zahlreichen Veröffentlichungspflichten im Zuge des Wertpapierhandelsgesetzes nachkommen. Auch Veränderungen im Aktienbestand müssen veröffentlicht werden. Vor allem für junge Unternehmen führen diese Aspekte zu einem hohen Aufwand und einer hohen Transparenzpflicht, weshalb sich ein Startup genau überlegen sollte, ob es den Schritt der Umwandlung in eine Aktiengesellschaft als Unternehmensform durchführt.

3.5 Gute Gründe für ein Crowdfunding

Nun haben wir eine ganze Menge gelernt über das neue Finanzierungskonstrukt Crowdfunding. Wir kennen die Begriffe, den Ablauf, Verträge und die wichtigsten und größten Plattformen. Wieso aber ist Crowdfunding überhaupt so erfolgreich und unter Deutschlands Gründern immer beliebter? Einige Punkte wurden bereits diskutiert. An dieser Stelle wollen wir sie noch einmal in einem Überblick zusammenfassen, natürlich nicht, ohne im folgenden Kapitel auch auf die Nachteile einzugehen. Jeder Gründer muss für sich entscheiden, ob die Nachteile oder die Vorteile überwiegen.

- **Eine Alternative zur Bank ...**: Ein klassischer Bankkredit ist in der Regel keine Option für Startups in der Frühphase ohne bestehende Umsätze, da Banken das Risiko neuartiger Geschäftskonzepte schlecht abschätzen können und sich daher oftmals vor deren Finanzierung scheuen – insbesondere in den frühen Unternehmensphasen. Außerdem ist die Zinsbelastung in einer so frühen Phase oft ein Problem für junge Unternehmen.
- **... und zum klassischen Venture-Capital:** Die Welt des Venture-Capital ist eine besondere: VC-Gesellschaften wollen mit ihrem Risikokapital eine Rendite erwirtschaften und müssen mit den erfolgreichen Unternehmen die Ausfälle im Portfolio ausgleichen – wie die Crowd-Investoren ja auch. Das erfordert bei den finanzierten Startups hohe Wachstumszahlen, klare Vorgaben und eine enge Bindung. Klassische VC-Investoren haben daher häufig nicht nur ein hohes Maß an Mitspracherechten, sie sind auch nur bedingt gewillt,

... in Experimente zu investieren. Wenn ein Startup noch keine große Entwicklung genommen hat, ist es schwer, einen VC von einem frühen Investment zu überzeugen. Beim Crowdfunding bist du nicht abhängig von der Denke des VCs, die durch sein Geschäftsmodell mit dessen zeitlichen Limits beeinflusst wird: Ein VC weiß immer heute schon, dass er in drei bis sieben Jahren wieder aussteigen muss, um eine Rendite zu erwirtschaften. Das ist beim Crowdfunding nicht so zwanghaft. Die Crowd investiert auch eher in eine coole Idee, weil sie daran glaubt, unabhängig davon, wie die bisherige Entwicklung des Startups ist und wie konkret es weitergeht. Man bekommt einfach etwas mehr Vertrauensvorschuss beim Crowdfunding,

sagt Philipp Baumgaertel vom Hamburger Startup Protonet. Ein weiterer, wichtiger Unterschied: Während die Crowd beim partiarischen Nachrangdarlehen ihre Rendite auch mit einer Kündigung am Ende der Vertragslaufzeit erzielen kann, ist der VC auf einen Exit angewiesen.
- **Marketingeffekt 1: Die Aufmerksamkeit von potenziellen Kunden:** Für Startups ist es zu Beginn aufwendig und teuer, Aufmerksamkeit bei der poten-

ziellen Zielgruppe zu gewinnen. Durch ein Crowdfunding gewinnt man nicht nur Investoren, sondern auch Kunden. Der Effekt ist umso größer, je mehr die Crowd der eigenen Zielgruppe ähnelt. Es gibt Crowdfunding-Kampagnen, die hauptsächlich den Abverkauf und die Kundengewinnung zum Ziel haben.

- **Marketingeffekt 2: Die Gewinnung von Multiplikatoren:** Selbst wenn die Investoren nicht zu eigenen Kunden werden, haben sie das Potenzial, die Idee des Startups als begeisterte Botschafter in die Welt zu tragen und aktiv dafür zu werben. Das entstehende Netzwerk wächst exponentiell mit jedem Investor. Startups können dieses Potenzial nutzen, indem Mundpropaganda der Investoren gezielt gefördert und belohnt wird. Auch in kritischen Zeiten kann der Rückhalt einer starken Crowd einen Mehrwert ausmachen.
- **Aufmerksamkeit der Medien:** Journalisten und Blogger lieben Neuigkeiten. Und innovative, junge Unternehmen sind immer eine gern gesehene Story: Sie sind unverfänglich, positiv und zeigen die deutsche Volkswirtschaft als dynamisch und im Wachstum begriffen. Daher ist ein Crowdfunding, wenn es zeitlich richtig positioniert wird, eine Story, die mit hoher Wahrscheinlichkeit Medienaufmerksamkeit nach sich zieht, welche wiederum in einer (noch) erfolgreicheren Crowdfunding-Kampagne und einer gesteigerten Bekanntheit für das Startup mündet. Die großen Plattformen haben es verstanden, die Geschäftsideen dabei zu unterstützen.
- **Aufmerksamkeit von potenziellen Investoren:** Es investieren beim Crowdfunding nicht nur kleine Privatanleger, sondern auch Business Angels und VC-Partner als Privatpersonen, also Menschen, die durchaus mehr Kapital in der Rückhand haben, falls nötig. Allein die Präsenz des Crowdfundings auf den bekannten Plattformen, verbunden mit der Pressearbeit, sorgt für eine Aufmerksamkeit in allen Investorenkreisen. Ein erfolgreiches Crowdfunding kann dort sogar noch einmal für eine zusätzliche Wertschätzung sorgen. „Durch unsere Crowdfunding-Kampagne haben wir das Interesse von einem Business Angel gewonnen, der der beste strategische Investor in unserer Unternehmens-Geschichte ist – ja, der war super wertvoll", berichtet etwa Mateo Freudenthal von Honestly.
- **Market-Proof:** Was eben schon anklang, soll hier noch einmal explizit Erwähnung finden. „Wer im Crowdfunding erfolgreich ist, der wird auch viele Kunden finden", lautet eine gängige Annahme, die in Kap. 4.4 in Interviews mit einigen Crowd-Investoren noch einmal belegt wird. In jedem Fall ist der Erfolg mit der Crowd ein Vetrauenssignal: für weitere (professionelle) Investoren wie auch für Kunden, ähnlich den aus dem E-Commerce bekannten Reputations-Portalen.

- **Wertvolles Feedback zu Geschäftsmodell und Produkt:** Das Feedback der Crowd, beispielsweise im Hinblick auf Produkte oder die Usability einer Website oder App, ist nicht zu unterschätzen. Bei Crowdfunding für Startups handelt es sich bei vielen Investoren um ein sehr leidenschaftliches Investment. Das bedeutet konkret, dass zahlreiche Investoren auch alles daran setzen, „ihrem Startup" zum Erfolg zu verhelfen, indem sie dem Team Einschätzungen von außen geben. Vor allem zu Beginn, wenn das eigene Team noch klein und Kundenzahlen überschaubar sind, kann das eine wichtige Quelle sein.
- **Hoheit über das eigene Geschäft:** Die Crowd erhält üblicherweise keine Mitbestimmungsrechte und so bleiben die Gründer unabhängig. Tobias Zumbült vom Startup TOLLABOX erklärt den Unterschied zur Alternative des VC: „Bei dieser Kapitalstruktur ist es natürlich völlig ungewöhnlich, dass ein Einzelner so einen enormen Betrag an Kapital gibt, ohne dafür die geringste Mitbestimmung zu bekommen. Sollte sich das Thema Crowdfunding auf Dauer durchsetzen, wäre das wirklich ein Befreiungsschlag für Gründer."
- **Motivation fürs Team,** ebenfalls erklärt von Tobias Zumbült:

> Das Gefühl während des eigenen Crowdfundings ist so wie eBay, nur 1.000 Mal nur 1.000 höher wenn du siehst, dass da innerhalb von drei oder vier Stunden einfach mal 300 Leute 300.000 € investieren. Das ist natürlich ein tolles Gefühl. Das ist auch etwas anderes, als wenn man sich lange mit einem professionellen Investor herumschlägt und man eigentlich weiß „Ja, der macht es eh, es geht jetzt nur noch um die Konditionen', und dann haust du dir die Nächte um die Ohren dafür. Unser Crowdfunding war schon eine sehr nette Sache, wirklich spannend und auch so ein echtes ‚Social Event' in unserer Firma." Dass damit auch eine Verantwortung einhergeht, betont Mateo Freudenthal: „Unser Team hatte auf einmal 300 Menschen, die hinter unserer Geschäftsidee, hinter dem Team standen – das hat uns immer motiviert. Es ist halt eine enorme Verantwortung, dass du womöglich Fehler machst mit dem Geld, das Privatpersonen verdient und dir anvertraut haben – im Vergleich zu Kapital aus einem VC-Fonds, der jedes Jahr 100 Mio. € investiert. Das ist eine große Motivation und auch ein positiver Druck, denn wir wollen jedem Mikroinvestor einen hohen ROI liefern in den nächsten Jahren.

3.6 Nachteile des Crowdfundings

Jede Medaille hat zwei Seiten, so auch das Crowdfunding. Wir haben versucht, die gängigsten davon hier zusammenzutragen. Bei einigen gibt es valide Argumente dafür, bei einigen haben wir auch entkräftende Fakten hinzugefügt.

- **Fehlender Know-how-Zufluss:** Die Crowd ist ein immer wieder neu zusammengewürfelter Haufen von Menschen, die als Privatpersonen investiert haben, nicht jedoch als Experten für typische Startup-Herausforderungen. Zwar kann sie bei konkreten Problemen mit (mehr) Rat und (weniger) Tat aushelfen, darauf verlassen kann man sich aber nicht. Dies unterscheidet die Crowd vom VC, wie Tobias Zumbült erklärt:

> Die Crowd ist kein VC, der eben ständig zum Startup kommt und sich die Probleme vor Ort angucken kann. Wenn man den VC richtig wählt und er beispielsweise ein E-Commerce-Professional ist, dann bringt er nur Vorteile, d. h., er setzt sich z. B. hier hin und macht ein strukturiertes Marketingkanäle-Testing mit dem Team oder schickt drei Tage lang in der Woche einen Professional als Verstärkung ins Büro, dann läuft dein Laden. Solche Chancen hast du beim Crowdfunding einfach nicht. Deswegen ist Crowd-Kapital im Vergleich zum sog. ‚smart money' leider eher ‚dumb money'.

Dies bezieht sich leider auch auf den Wissensstand einiger Investoren im Bezug auf Startup-Investments. Nicht jeder kennt sich in der Investmentklasse so gut aus, dass er die typischen Entwicklungen wie Plan-Verfehlung oder -Anpassungen sofort nachvollzieht oder bestimmte Annahmen im Plan sofort versteht.
- **Unsicherheit über Funding-Erfolg:** Anders als beim VC, bei dem es nach erfolgreichen Anbahnungsgesprächen am Ende meist nur noch um die Konditionen geht, ist die Zusage einer Crowdfunding-Plattform noch keine Garantie für die Wunschsumme. Die Crowd ist nicht berechenbar. Wie erfolgreich man wirklich ist, hängt von vielen Faktoren ab, die wir im weiteren Verlauf diskutieren werden. Man kann alles perfekt vorbereiten: Am Ende entscheidet aber die Crowd. Wie bei allen Finanzierungsformen lohnt es sich daher, eine Alternative zu haben, falls das Funding scheitert.
- **Ungewollte Transparenz durch das Offenlegen der Geschäftsstrategie und -zahlen, etwa im Businessplan:** Immer wieder hören wir auf Veranstaltungen die Frage, ob man nicht durch die hohe (und nötige) Transparenz im Crowdfunding von Nachahmern oder Wettbewerbern ausspioniert werden könne. Dazu passt wohl am besten ein Zitat aus dem Blog Venture Hacks (2014) von der größten amerikanischen Business-Angel-Plattform, AngelList: „Focus on executing your idea so you can make it public instead of focusing on how to keep it private." Sinngemäß: Fokussieren Sie sich auf das Ausführen Ihrer Idee, damit Sie mit ihr an die Öffentlichkeit gehen können, anstatt sich darauf zu fokussieren, die Idee geheimzuhalten.
- **Aufwand für Vorbereitung und Durchführung des Fundings:** Im weiteren Verlauf des Buches werden die einzelnen Schritte für die Vorbereitung und Durchführung eines Crowdfundings genauer vorgestellt. Spätestens dann wird deutlich, dass Crowdfunding für Startups eine Mammutaufgabe ist, die neben

3.6 Nachteile des Crowdfundings

dem Tagesgeschäft zu absolvieren ist. Mindestens vier, besser acht Wochen intensive Vorbereitung und dann abhängig von der Investorennachfrage ein stunden- bis wochenlanges Funding sollte man einplanen. Dafür braucht man die Kraft und das nötige Durchhaltevermögen.

- **Aufwand für das Management der Crowd und Investor-Relations:** Die Investoren wollen bei den von ihnen finanzierten Unternehmen nah am Geschehen bleiben und daher möglichst viele Informationen darüber erhalten, wie sich die Geschäfte entwickeln – denn der Erfolg des Startups macht ja den Erfolg ihres Investments aus.
- **Mögliche Unvereinbarkeit des Vertragsmodells mit potenziellen Anschlussinvestoren:** Diesen Punkt haben wir bereits in Kap. 3.4 diskutiert. Die bisherigen zahlreichen Anschlussfinanzierungen von Crowd-finanzierten Startups zeigen, dass Crowdfunding kein Hindernis, sondern eine sinnvolle Ergänzung zu anderen Finanzierungsmodellen sein kann. Die deutsche VC-Branche hat Crowdfunding unseres Erachtens inzwischen als ernstzunehmende Alternative akzeptiert. Uns ist kein Fall bekannt, bei dem eine Anschlussfinanzierung daran scheiterte, dass zuvor die Crowd investiert hatte, auch wenn dies eine rein subjektive Einschätzung ist. Die AoTerra GmbH (jetzt Cloud&Heat) oder die Lottohelden GmbH haben sogar vor ihrem Crowdfunding schon Venture-Capital-Gesellschaften an Bord gehabt, welche einer Finanzierungsrunde durch den Schwarm zugestimmt haben. Es bleibt jedem Gründer überlassen, sich mit seinem Netzwerk eine eigene Meinung dazu zu bilden.

AoTerra (jetzt Cloud&Heat): Was macht das Startup?

AoTerra versorgt Immobilien mit Heizenergie und Warmwasser durch die Nutzung der Abwärme von Servern und baut so eine leistungsstarke, dezentrale, grüne Cloud-Lösung, also ein klassisches B2B-Angebot. Das Dresdner Unternehmen sammelte als erstes deutsches Unternehmen über ein Crowdfunding bei Seedmatch eine Million Euro Kapital ein.

Lottohelden: Was macht das Startup?

Lottohelden ist ein Online-Vermittler von staatlichen Lotterien. Das Hamburger Startup hat als einer der ersten privaten Lottovermittler eine behördliche Erlaubnis für den bundesweiten Vertrieb deutscher staatlicher Lotterieprodukte im Internet erhalten. Der Webanbieter setzt dabei auf einen deutschlandweit einheitlichen Preis – Nutzer spielen die offiziellen Lotterien günstiger als bei allen Lottoannahmestellen in Deutschland. Im Spätherbst 2013 investierten 539 Crowd-Investoren 459.000 € in das Unternehmen. Das Funding lief etwas länger als zehn Wochen.

Literatur

Beck, R. (2014). Crowdinvesting: Die Investition der Vielen (2. erweiterte Aufl.). Leipzig: Amazon.
Blank, S. (2010). Make no little plans – Defining the scalable startup. http://steveblank.com/2010/01/04/make-no-little-plans-%E2%80%93-defining-the-scalable-startup/. Zugegriffen: 5. März 2014.
Bundesministerium der Finanzen. (2014). Maßnahmenpaket zur Verbesserung des Schutzes von Kleinanlegern. http://www.bundesfinanzministerium.de/Content/DE/Downloads/Finanzmarktpolitik/Ma%C3%9Fnahmenpaket-Kleinanleger.pdf?__blob=publicationFile&v=1. Zugegriffen: 28. Mai 2014.
Companisto GmbH. (2014). Beteiligungsvertrag in Form eines partiarischen Nachrangdarlehens. https://www.companisto.com/de/assets/1394209680_Beteiligungsvertrag.pdf. Zugegriffen: 7. März 2014.
CONDA Unternehmensberatungs GmbH. (2014a). Genussrechtsvertrag. http://support.conda.at/wp-content/uploads/Substanzgenussrecht_02–2014_MUSTER.pdf. Zugegriffen: 4. April 2014.
CONDA Unternehmensberatungs GmbH. (2014b). Kategorie: für Investoren. http://support.conda.at/category/conda-investoren/page/2/. Zugegriffen: 4. April 2014.
CONDA Unternehmensberatungs GmbH. (2014c). Wer kann auf Conda investieren? http://support.conda.at/wer-kann-auf-conda-investieren/. Zugegriffen: 4. April 2014.
Crowdcube Ventures Limited. (2014). Frequently asked questions. http://www.crowdcube.com/pg/crowdcube-faq-20. Zugegriffen: 4. April 2014.
Doberstein, S. (2013a). 6 Crowdinvesting-Plattformen im Vergleich. http://www.deutsche-startups.de/2013/01/10/crowdinvesting-vergleich/. Zugegriffen: 7. März 2014.
Doberstein, S. (2013b). 5 weitere Crowdinvesting-Plattformen im Vergleich. http://www.deutsche-startups.de/wp-content/uploads/2013/09/Crowdfundingvergleich2.pdf. Zugegriffen: 7. März 2014.
Dörner, S. (2013). Crowdinvesting: Der sonderbare Aufstieg eines Exoten-Darlehens. Wallstreet Journal Deutschland. http://blogs.wsj.de/wsj-tech/2013/12/05/crowdinvesting/. Zugegriffen: 1. April 2014.
Europäische Kommission. (2014). Crowdfunding. http://ec.europa.eu/internal_market/finances/crowdfunding/index_de.htm. Zugegriffen: 28. Mai 2014.
FUNDSTERS AG. (2014). Crowdinvesting: beteiligen Sie sich an jungen und innovativen Unternehmen. https://www.fundsters.de/so-funktionierts/detail/#q2. Zugegriffen: 7. März 2014.
Für-Gründer.de GmbH. (2013). Crowdinvesting-Monitor 2013. http://www.fuer-gruender.de/fileadmin/mediapool/Unsere_Studien/Crowd_funding_2013/Crowdinvesting-Monitor_2013_F%C3%BCr-Gr%C3%BCnder.de.pdf. Zugegriffen: 3. Feb. 2014.
Innovation Service Network GmbH. (2014). Informationsseite. https://1000×1000.at/info. Zugegriffen: 4. April 2014.
Klöhn, L., & Hornuf, L. (2012). Crowdinvesting in Deutschland – Markt, Rechtslage und Regulierungsperspektiven. *Zeitschrift für Bankrecht und Bankwirtschaft, 24,* 237–266.
Ley, A., & Weaven, S. (2011). Exploring Agency Dynamics of Crowdfunding in Start-Up Capital Financing. Academy of Entrepreneurship Journal, 85–110.
Osterwalder, A., & Pigneur, Y. (2010). *Business model generation.* New York: Wiley.

Literatur

Räth, M. (2014). Urbanara-Gründer „Ich habe mit zehn Jahren nicht davon geträumt, Bettwäsche zu verkaufen". http://www.gruenderszene.de/allgemein/urbanara-benjamin-esser-startup-helden. Zugegriffen: 14. Mai 2014.

Root, A. (2014). French crowdfunding regulation: An overview. http://www.crowdsourcing.org/editorial/french-crowdfunding-regulation-an-overview/30712. Zugegriffen: 4. April 2014.

Seedrs Limited. (2014a). Seedrs and Crowdfunding FAQs. http://www.seedrs.com/faq/1-investors. Zugegriffen: 4. April 2014.

Seedrs Limited. (2014b). Post-investment. https://www.seedrs.com/post_investment/11453. Zugegriffen: 4. April 2014.

Venture Hacks. (2014). High concept pitches for startups. http://venturehacks.com/topics/pitching/page/3. Zugegriffen: 5. Mai 2014.

Verve Capital Partners AG. (2014). For investors. https://www.investiere.ch/content/for-investors. Zugegriffen: 4. April 2014.

WiSEED SAS. (2014). Become an investor. https://www.wiseed.com/en/devenir-investisseur/quid-du-crowdfunding. Zugegriffen: 4. April 2014.

Y CAPITAL SAS. (2014). Investisseurs mode d'emploi. https://www.smartangels.fr/investir-et-optimiser-votre-patrimoine. Zugegriffen: 4. April 2014.

Crowdfunding-Investoren: Wer investiert in Startups?

4

Ob man es nun „Crowdinvesting" oder „Crowdfunding" nennt: Das Wort „Crowd" kommt darin in jedem Fall vor. Ohne „Crowd", also „die Menge" oder Gruppe an Menschen, könnten junge Unternehmen kein Kapital einsammeln. Doch wer ist eigentlich „die Crowd"? Was für Menschen investieren in Startups? Was charakterisiert sie? Das vierte Kapitel stellt sie Ihnen vor: Lernen Sie den Crowd-Investor kennen!

4.1 Charakterisierung

Das Feld des Equity-based Crowdfundings ist, wie im ersten Kapitel erwähnt, noch jung und daher befindet sich auch die Zielgruppe in einem stetigen Wachstum. Ständig entdecken neue Investoren das Feld des Crowdfundings für sich und holen sich diese außergewöhnliche Renditechance mit hohem Risiko ins Portfolio. Häufig ist die Formulierung, Startups seien das i-Tüpfelchen unter den Investments, zu hören.

Wie bei allen neu aufkommenden Trends, sei es in der Mode oder eben in der Finanzwelt, gibt es eine Gruppe der sogenannten „Early Adopter", die mit besonderem Engagement und starker Überzeugung für eine neue Idee den Schritt wagen und etwas nie zuvor Dagewesenes ausprobieren. Crowdfunding-Investoren der ersten Stunde haben mit ihrem Investment eine Entscheidung getroffen, deren Erfolg sich erst in einigen Jahren zeigen wird, denn Startup-Investments sind langfristig orientiert: Der Markt für hochriskante Unternehmensanteile ist nicht liquide, da hierfür kein Sekundärmarkt besteht. Der theoretisch problemlose Aufbau eines liquiden Sekundärmarktes scheitert zurzeit wiederum an einer nötigen, aber nicht im Interesse der Startups liegenden Informationstransparenz auf diesem Sekundärmarkt.

Während die Entscheidung, Kapital in Aktien oder Anleihen zu stecken, zumindest mit jeweiligen Erfahrungswerten wie Kursentwicklungen des jeweiligen Wertpapiers in der Vergangenheit unterstützt wird, haben die Early Adopter mit einem Startup-Investment vollkommenes Neuland betreten: Zum einen ist bei der deutschen Rechtslage Crowdfunding für Startups weder explizit gesetzlich geregelt noch staatlich reglementiert oder beaufsichtigt. Das heißt nicht, Crowdfunding sei gesetzeswidrig – ganz im Gegenteil. Es bedeutet, dass in Deutschland heute noch kein vom Staat vorgegebenes Vertragswerk existiert, das etwa Publizitätspflicht oder Anlegerschutz regelt, wie bereits in Kap. 3.4 diskutiert wurde. Dort wurde auch erwähnt, dass die deutsche Bundesregierung seit Mai 2014 eine Anpassung der Regelungen vorbereitet.

Neben dieser rechtlichen Unsicherheit war vor der Gründung der ersten Crowdfunding-Plattformen keinesfalls offensichtlich, dass es ausreichend Menschen geben wird, die online, ohne direkten Kontakt zum Gründerteam, Geld in eine Idee investieren, deren Erfolg von unendlich vielen Faktoren abhängt, die man als Laie (und als professioneller Investor ebenso) wenig bis gar nicht überschauen und noch weniger beeinflussen kann.

Anders als bei anderen Anlageformen paart sich beim Startup-Investment die derzeit weitgehend bestehende Nichthandelbarkeit der Anteile (die für VC und Business Angels ebenso existiert) mit einer Eigenschaft, die das Verhalten der Investoren maßgeblich beeinflusst: die hohe Unsicherheit über die Erfolgschancen des Investments. Kapital für Startups ist Risikokapital. Es gibt unzählige Gründe, wieso Startups scheitern können und sie sind für den Investor, ob nun professionell oder aus der Crowd, im Vorhinein sehr schwer abschätzbar. Selbst große Venture-Capital-Gesellschaften kalkulieren mit bis zu 70 % Ausfällen im Portfolio, und das, nachdem sie eine ausgiebige Due Diligence durchgeführt haben und intensive Auseinandersetzung mit den Gründerpersönlichkeiten führen.

Im Unterschied zu alternativen Anlagemöglichkeiten, etwa zur Aktie, kann der Crowd-Investor nur schwer einen Abnehmer für seinen Anteil am Unternehmen finden, da heute bis auf den Anbieter Bergfürst, der allerdings nur ein einziges Unternehmen bei seiner Finanzierung begleitet hat, kein Sekundärmarkt für Startup-Investments besteht. Auch im positiven Fall, wenn also das Startup die geplanten Ziele erreicht und der Unternehmenswert steigt, lässt sich die damit verbundene Wertsteigerung nicht ohne Weiteres sofort in bares Geld ummünzen. Es zeigt sich zwar, dass vereinzelt Startup-Anteile zwischen Privatpersonen gehandelt werden, dies basiert aber auf hohem Vertrauen zwischen Käufer und Verkäufer (und muss i. d. R. zudem vom Startup freigegeben werden): Da der ursprüngliche Investor vertraglich einer Schweigepflicht über den finanziellen Zustand des Startups, dessen Anteil er verkaufen möchte, unterliegt, darf er im Grunde keine Aussagen über die aktuelle Geschäftsentwicklung treffen.

Dies ist im Übrigen ein Hauptgrund, wieso es derzeit keinen Anbieter eines Sekundärmarktes für Startup-Anteile gibt: Wäre der Handel der Startup-Anteile offen, wären auch die geheimen und wettbewerbsrelevanten Geschäftsinformationen wie Jahres- und Quartalsberichte offenzulegen, um neue Investoren seriös und ausreichend über den Zustand des Startups zu informieren. Nur wenige Startups wären darüber erfreut, sind doch die Wachstumszahlen gerade in der frühen Phase, in der Konkurrenten noch mit wenig Aufwand nachziehen oder aufholen können, extrem erfolgskritisch und daher geheim.

Wer also nimmt das zweifache Risiko der Unsicherheit auf sich? Und wie treffen die Investoren ihre Entscheidungen, was treibt sie an? Worauf achten sie bei der Entscheidungsfindung und welche Argumente sind ausschlaggebend für oder gegen eine Investmententscheidung?

Eine umfassende und vor allem wissenschaftlich fundierte Übersicht über die Crowd-Investoren war bisher nicht vorhanden. Zum einen ist der Markt selbst erst noch im Entstehen und hat nach drei Jahren Wachstum sein Frühstadium noch lange nicht verlassen. Zum anderen war und ist es für die durchführenden Crowdfunding-Plattformen ebenfalls ein Wettbewerbsnachteil, allzu viele Informationen über die wertvollste Ressource, nämlich eben jene Investoren, preiszugeben.

Das Feld der Investmententscheidung eines Crowd-Investors ist für Wissenschaftler ganz besonders spannend, da hier psychologische Aspekte auf eine rationale Entscheidungsfindung treffen und die daraus resultierende Dynamik eines Crowdfundings einfach nachzuvollziehen ist. Seedmatch hat aufgrund eines nicht stoppenden Ansturms von Forscheranfragen aus ganz Europa die Fragen von einigen wenigen Wissenschaftlern und Absolventen ausgewählter Hochschulen wie der renommierten WHU Otto Beisheim School of Management (Vallendar) oder der Handelshochschule Leipzig zusammengefasst und gemeinsam mit den Forschern in einer umfangreichen Umfrage im Sommer 2013 das erste Mal das Bild des Crowd-Investors in Deutschland gezeichnet. Die daraus entstandenen Arbeiten und Analysen sind Grundlage dieses Kapitels. Es entstehen beinahe monatlich neue Plattformen, die neue Arten von Investoren ansprechen. Diese Analyse ist daher ein erster Ansatz. In einigen Jahren wird der Crowd-Investor womöglich schon wieder ganz anders definiert werden.

Was zeichnet den Crowd-Investor aus und beeinflusst bzw. charakterisiert sein Verhalten?

Warum ist das so wichtig? Wer im Crowdfunding als Startup erfolgreich sein will, muss die Menschen verstehen, die dort investieren. Einen Teil werden die Startups womöglich selbst aus ihrem Netzwerk rekrutieren können, aber spätestens wenn es um hohe sechsstellige Kapitalrunden geht, werden die persönlichen Kontakte allein mit hoher Wahrscheinlichkeit nicht mehr ausreichen. Circa 80 % der Investoren am Ende einer Crowdfunding-Runde kannten weder das Unternehmen noch die Gründer vor dem Funding.

Als Gründer werden Sie demnach Menschen, die Sie niemals persönlich kennengelernt haben, davon überzeugen müssen, Ihnen Kapital anzuvertrauen. Es gilt, Privatpersonen mit dem Wissen, dass sie im Fall eines Misserfolgs all ihr eingesetztes Kapital verlieren können, davon zu überzeugen, dass ein Investment in Ihr Startup eine sinnvolle und richtige Entscheidung ist.

Gründer müssen beim Crowdfunding zwei Dinge vollbringen

1. **Begeisterung für ihre Idee hervorrufen:** In besagter Nutzerumfrage gaben im Jahr 2013 mehr als 90 % der Befragten an, zu investieren, weil sie das Produkt bzw. den Service des Startups toll fänden. Zwar spielt die Gewinnerzielungsabsicht bzw. die Erwartung einer Rendite eine vergleichbar große Rolle, 89 % der Befragten stimmten folgender Aussage zu: „Ich sehe mein Kapital vorrangig als Investment und möchte Gewinne generieren."

Diese Absicht paart sich mit dem Ziel, diese Gewinne mit einem Sinn zu verbinden, nämlich Innovationen zu unterstützen, die man selbst für erstrebenswert hält oder bei denen man sich denkt: „Da wäre ich selbst gern draufgekommen." Crowdfunding bietet dem Investor erstmals die Chance, von der richtigen „Spürnase" für die Trends von morgen zu profitieren. In Kap 3.1 wurde ausgiebig dargestellt, wieso derzeit besonders innovative Startups für Crowdfunding geeignet sind: Die Leidenschaft der Crowd für Neues ist der Grund dafür.

2. **Das Vertrauen zu Ihnen als Gründerpersönlichkeit/-team gewinnen**
„Most investors are pretty good at reading people." (Sinngemäß: Die meisten [professionellen] Investoren sind ziemlich gut darin, Menschen zu lesen.) – Paul Graham (2013)

Oliver Beste, Gründer von TOLLABOX: „Letztendlich ist ja mittels Crowdfunding in Startups zu investieren und überhaupt das Investieren an sich ein sehr starkes Vertrauensthema. Ich investiere in ein großes Risiko, also versuche ich, die Unsicherheit zu minimieren und wenn wenigstens die Macher dahinter auf mich den Eindruck von erfahrenen und seriös auftretenden Menschen machen, dann reduziert sich schon mal ein Risikofaktor."

Es gilt daher, in allen Berührungspunkten mit dem Investor (die wir später Schritt für Schritt abarbeiten) seriös und vertrauenserweckend herüberzukommen. Viele Gründer unterschätzen diesen wichtigen und psychologischen Aspekt: Am Ende investiert die Crowd (wie jeder andere Startup-Investor auch) in die Menschen, die eine Idee umsetzen. Und zu diesen Menschen muss man

4.1 Charakterisierung

als Investor eine Beziehung aufbauen können, die auf dem Vertrauen basiert, dass diese Menschen mit dem investierten Kapital alles dafür tun werden, die Idee auch erfolgreich umzusetzen. Man darf daher nicht nur seine Idee vorstellen, man muss sich im Crowdfunding auch als Erfolg versprechender Gründer präsentieren.

Über Business Angels und Venture-Capital-Gesellschaften hat die Forschung bereits ausreichend Erkenntnisse und Analysen vorgelegt. Spannend ist, wie sich der Crowd-Investor in der Landschaft von diesen Investorengruppen unterscheidet, was in den nächsten Absätzen kurz diskutiert werden soll.

Investmentvolumen: Wie viel investiert er selbst (absolut) und welchen Wert hat dieses Investment im Vergleich zum Markt (relativ)? Je nach Plattform und Startup ist das Durchschnittsinvestment jedes einzelnen Investors unterschiedlich. Unbestritten ist aber, dass der einzelne Crowd-Investor deutlich weniger als ein Business Angel oder gar eine ganze Venture-Capital-Gesellschaft investiert – denn diese Summen kommen ja erst über die Menge an Investoren zusammen.

Bei Seedmatch zeigt sich, dass im Durchschnitt zwischen 700 und 1.000 € pro Startup und Investor investiert werden. Ist das Startup noch in einer frühen Phase und/oder wird das Unternehmen (deswegen) als sehr riskant wahrgenommen, nimmt der Durchschnittsbetrag ab. Das Median-Investment beträgt jedoch 250 €, der niedrigste mögliche Betrag. Viele Investoren versuchen natürlich, ihr Risiko mit möglichst vielen Investments und jeweils kleinen Beträgen zu diversifizieren. Companisto legt seine Zahlen nicht offen. Da der Mindestinvestmentbetrag bei Companisto nur 5 € beträgt, dürfte der Durchschnitt jedoch deutlich unter dem bei Seedmatch liegen.

Es ist zu erwarten, dass mit einer positiven Entwicklung der Investmentklasse Startup die Durchschnittsinvestments moderat steigen werden: Wenn die ersten Investoren mit ihren Startup-Portfolios erfolgreiche Renditen erreicht haben, werden die „Follower" auf den Zug aufspringen und nach positiven Medienberichten oder Mundpropaganda der Early Adopter mit eigenen Investments starten. Offen bleibt dabei, inwieweit der Erfolg der jeweiligen Plattform attestiert wird, ob also die Rendite mit dem Angebot der Plattform in Verbindung gebracht wird („bei Plattform A habe ich Rendite X, bei Plattform B nur Rendite Y realisiert"). Dies könnte es nach sich ziehen, dass prominente Misserfolge in den Angeboten der Plattformen deren Image am Markt nachhaltig zerstören, selbst wenn eine Plattform nur der Platz der Investmentscheidung war und sie sich im weiteren Verlauf nicht aktiv in die Entwicklung der Startups einbringt.

Für das einzelne Startup nur sekundär von Interesse ist die Portfolio-Tätigkeit der Crowd-Investoren. Sie bauen ihre Portfolios häufig über die Plattformen hinweg auf, d. h. dass für viele die Plattform kein Ausschlusskriterium bei der Entscheidung ist. Was zählt ist das Startup. Bei Seedmatch haben die inzwischen mehr als 5.500 Investoren im Durchschnitt je 2,8 Investments im durchschnittlichen Gesamtwert von 2.196 € getätigt (Stand 31. März 2014). Die Plattform Companisto legt seine Zahlen nicht offen. Die Portfolios wachsen natürlich mit der Zeit, wenn weitere Startups hinzugefügt werden. Außerdem werden die Durchschnitte von neuen Investoren beeinflusst.

Investmentphase und -horizont: In welcher Unternehmensphase investiert der Investor? Je nach Plattform bekommt der Investor üblicherweise Zugang zu Startups in der Seed-Phase (daher übrigens der Name „Seedmatch") oder in den folgenden frühen Startup-Phasen. Die Plattform Bergfürst bietet Crowdfunding für Wachstumsunternehmen mit Umsätzen im siebenstelligen Bereich an. Gründer sollten sich vor Augen führen, dass das vom Investor wahrgenommene *subjektive* Risiko in späteren Unternehmensphasen abnimmt, wenn KPIs oder Bekanntheit suggerieren, dass sich das Unternehmen bereits in ruhigerem Fahrwasser befindet. Hier können Startups meist schon mehr als nur eine Idee und den dazu passenden Businessplan vorweisen – bei Seedmatch ist etwa ein funktionierender Prototyp Pflicht. Nur mit der Idee allein haben Sie im Crowdfunding für Startups keine Chance. Bei den frühen Phasen konkurriert die Crowd daher mit Kapital von Business Angels und aus privaten Quellen, in späteren Phasen ist Kapital von VC-Gesellschaften die Alternative.

Investmentinformation: Welche Informationen standen dem Nutzer vor seinem Investment zur Verfügung? Die oben erläuterte Informations-Asymmetrie herrscht auch – oder erst recht – beim Crowdfunding: Können Business Angels vor ihrem Investment ganz selbstverständlich den Gründern persönlich auf den Zahn fühlen und Fragen stellen, ist der Einblick eines einzelnen Crowd-Investors eingeschränkt. Ihm stehen lediglich die Informationen zur Verfügung, die er über die Crowdfunding-Plattform oder durch eigene Recherche erhalten kann.

Eine besondere Rolle spielt hier die Möglichkeit, als potenzieller Investor während und vor dem laufenden Funding Fragen an das Startup zu stellen: Diese Möglichkeit nahm laut besagter Seedmatch-Umfrage fast die Hälfte der befragten Investoren aktiv wahr. Drei von vier Investoren hielten die dort verfassten Informationen für kritisch im Bezug auf ihre Investmententscheidung. Das heißt: Hier kann der Gründer viel Potenzial nutzen – und Vertrauen aufbauen.

Die Fragen in den bisherigen Seedmatch-Fundings zeigen ein sehr unterschiedliches Bild an Interessen: Einige Investoren wollen bestimmte Punkte der Investment-Story oder des Businessplans diskutieren und haben einzelne Aspekte nicht verstanden. Andere besprechen die Unternehmensbewertung oder die Finanzplanung. Es hat aber auch schon Fragen zur privaten Situation der Gründer gegeben, ebenso wie zur Gesundheit und Abhängigkeit von einzelnen Teammitgliedern.

4.1 Charakterisierung

Auch beim Crowdfunding kann man von der vom Dänen Jakob Nielsen (2014) vorgestellten und inzwischen populär gewordenen „1-Prozent-Regel" ausgehen: 90 % der Nutzer lesen und schauen nur zu, 9 % der Nutzer beteiligen sich von Zeit zu Zeit, und nur 1 % der Nutzer trägt aktiv Inhalte bei. Eine einzelne Frage, Meinung oder Kritik repräsentiert also immer eine Mehrzahl von Personen mit dem gleichen Gedanken, der von diesen Personen aus Bequemlichkeit oder Zeitmangel jedoch nicht mitgeteilt wird. Gründer sollten sich den Fragen der Crowd also mit genügend Zeit widmen und auch seltsame oder wenig sachkundige Fragen mit ausreichender Seriosität beantworten. Im Gespräch mit Crowd-Investoren hört man immer wieder, dass der Mehrwert der Crowdfunding-Plattform für Investoren auch sei, dass andere – vermeintlich anspruchsvollere oder gebildetere – Investoren „kluge" oder interessante Fragen stellen. Hier erhält man einen ersten Hinweis auf die sog. „Schwarmintelligenz", die der Crowd attestiert wird.

Die Investoren verlassen sich natürlich nicht auf die Angaben der Startups bei den Plattformen allein. Sie recherchieren selbst, mehr als 70 % besuchten mindestens die Website des Startups, bevor sie investierten. Über 60 % gaben an, eine eigene Internetrecherche angestellt zu haben, bei der vor allem das berufliche Netzwerk und der Werdegang bei Plattformen wie XING in Augenschein genommen wurde.

Investoreneinfluss: Welche Rolle spielt der Investor beim Startup? Ist er aktiv oder passiv? Im Vergleich zum VC oder Business Angel spielt der einzelne Crowd-Investor eine untergeordnete Rolle. Vertraglich ist er meist relativ passiv gestellt und verfügt über keinerlei Mitsprache- oder Entscheidungsrechte. Er hat keinen Zugang zu Board-Sitzungen oder regelmäßigen Gesellschafterversammlungen.

Wie wir bereits in Kap. 3.6 gesehen haben, wird die Crowd nicht das branchenübliche „smart money" bereitstellen können, mit dem der Know-how-Input der VC-Gesellschaften oder investierten Business Angels beschrieben wird. Diese suchen sich meist Startups in einer bestimmten Branche oder mit einem bestimmten Geschäftsmodell und bringen diese Portfolio-Unternehmen dann mit gezieltem Wissenstransfer voran. Sie erhalten demnach nicht nur Kapital, sondern auch Know-how. Dass die Crowd den Mehrwert der Multiplikator- und Werbewirkung mit sich bringt, haben wir in Kap. 3.5 diskutiert.

Der durchschnittliche Investor bei Seedmatch hat ein Alter von etwa 39 Jahren. In der Umfrage gab die Hälfte der Befragten an, als Angestellter in einem Unternehmen zu arbeiten; zwei Drittel hatten zumindest einen ersten Hochschulabschluss, die meisten in Betriebs- oder Volkswirtschaft. Bemerkenswert viele Crowd-Investoren sind Selbstständige oder Geschäftsführer eines eigenen Unternehmens (27 % der Befragten im Vergleich zu etwa 1,5 % in der deutschen Gesamtbevölkerung). Dies liegt nahe, sind diese Menschen offener für Entrepreneurship als die übliche Bevölkerung und verfügen in der Regel über mehr finanzielle Mittel, die nötig sind, um Investments in Startups zu ermöglichen. 60 % der Befragten hatten zumindest einen Universitäts- oder Fachhochschulabschluss oder haben sogar promoviert. Das monatliche Netto-Durchschnittseinkommen eines Crowd-Investors beträgt etwa 2.900 €. In einer zusätzlichen – im April 2014 durchgeführten – Umfrage gab fast die Hälfte von 456 befragten Seedmatch-Nutzern an, jährlich zwischen 1.000 und 5.000 € in Startups investieren zu wollen.

Bei der Frage nach einer konkreten Erwartung gaben 54 % der Befragten eine Rendite von 27 % als realistisch an, auf die Frage, welche Rendite sie mindestens erwarten, antworteten drei von vier Investoren: „um die 10 %". So gut wie jeder Investor (97 %) war sich des Risikos bewusst, dass er mit einem Startup-Investment eingeht: Im Falle eines Misserfolgs bleibt dem Nutzer keine Rendite und er verliert sein investiertes Kapital in Höhe des Betrags, den er dem Startup zur Verfügung stellte.

Die befragten Nutzer gaben dabei an, dass 50 % der auf deutschen Crowdfunding-Plattformen finanzierten Startups nach zwei Jahren Geschäftstätigkeit noch am Markt seien, was wiederum ihre Renditeerwartung beeinflusst: Die gescheiterten Investments mit einer Rendite von minus 100 % müssen von den erfolgreichen Investments ausgeglichen werden, um überhaupt in den positiven Renditebereich zu kommen.

4.2 Wissenschaftliche Analyse des Crowd-Investors

Ein Gastkapitel von Jan Leicht. Dieser hat sich intensiv mit der wissenschaftlichen Analyse der Crowd-Investoren befasst und war 2013 einer der Hauptbeteiligten bei der Studie unter den Seedmatch-Investoren und schrieb auf Grundlage der Daten seine Abschlussarbeit mit dem Thema „An Investor Analysis in Crowdinvesting: Finding Crowdinvestors, Crowdinvestment Process and Underlying Motivation" am Lehrstuhl für Unternehmertum und Existenzgründung an der renommierten WHU Otto Beisheim School of Management in Vallendar. Seine Arbeit, die bis dato leider noch nicht öffentlich zugänglich ist, wurde als herausragend bewertet und kann als erste umfassende wissenschaftliche Analyse der Crowd-Investoren angesehen werden.

Was ist überhaupt ein Crowd-Investor – und was unterscheidet ihn von VC und Business Angel?
Im wissenschaftlichen Diskurs hat der Crowd-Investor bislang kaum eine gesonderte Betrachtung gefunden. Diese akademische Lücke ist vor dem Hintergrund der Neuartigkeit des Phänomens und des relativ gesehen geringen Funding-Volumens im gesamten Risikokapitalmarkt durchaus verständlich. Dabei lässt er sich

4.2 Wissenschaftliche Analyse des Crowd-Investors

durch Abgrenzung zu anderen Risikokapitalgebern klar als eigenständiger Investor-Typus identifizieren.

So übernimmt der Crowd-Investor im Kontrast zum formalen VC-Investor beispielsweise die vollständige „Ownership" über das Investment – eine bei diesem Investor beobachtbare „fundamental agency difference" (Haines et al. 2003) in Bezug auf den externen Eigentumscharakter der Investition ist nicht gegeben: Der Crowd-Investor investiert sein eigenes Kapital und nicht im Auftrag Dritter.

Nicht nur damit teilt der Crowd-Investor viele Eigenschaften mit einem typischen Angel-Investor, also einem informellen Risikokapitalgeber. Wo aber sind dann die klassifizierenden Unterschiede? Des „Pudels Kern" liegt in der akademischen Definition eines Angel-Investments: Einerseits übersteigt die Summe eines solchen Investments in den bekannten Empiriken die eines Crowd-Investments um das 100- bis 1000-Fache (z. B. Mason und Stark 2004; Madill et al. 2005; Timmons und Spinelli 2009, S.448 f.). Außerdem liegt ein Großteil ihrer Wertschöpfung in der Post-Investmentphase. Diese ist beim Startup-Crowdfunding in Deutschland durch das beigesteuerte Mezzanine-Kapital in Form des partiarischen Nachrangdarlehens zumindest stark reglementiert und reduziert. Darüber hinaus gilt für den Crowd-Investor als Nutzer einer Internet-Plattform auch die hinlänglich belegte räumliche Nähe eines Angels zu seinem Investmentobjekt – Ausdruck der mit der Distanz steigenden Informationskosten – nicht (DeGenaro 2010).

▶ Um den Begriff des Crowd-Investors aus dieser Empirik konklusiv positiv zu formulieren: Er ist ein semiprofessioneller, passiver informeller Investor, welcher ein geringes, aber bewusst riskantes Early-Stage-Investment in einem asymmetrischen Informationsumfeld über Dienstleistungs-Plattformen in junge Wachstumsunternehmen tätigt.

Die Summe der erfassten soziodemografischen Metadaten lässt schnell die tiefgreifende Unterscheidbarkeit zu Angel-Investoren erahnen. So ist beispielsweise der Median-Wert des jährlich frei verfügbaren Investitionseinkommens mit 3.750 € deutlich divergent zu den bekannten Angel-Daten. Auch ist bei Crowd-Investments die vielen Angel-Investments zugrunde liegende enge Verbindung von Investment und Industrieerfahrung quasi nicht existent. Auch dies lässt sich durch die Form des Mezzanine-Kapitals hinreichend erklären: Industrieerfahrung ist dann besonders wertvoll, wenn sie nach der Investition wertstiftend in das Unternehmen einfließen kann. Dies ist aber durch die Rechtsform der Investition selbst stark reglementiert. Der Wert des Crowd-Investments nach der eigentlichen Investition liegt demnach vielmehr im Multiplikatoreffekt und einer Form des Multiplikators oder „Product Evangelist". Die Daten unterstreichen auch, dass gemessen an der Gesamtbevölkerung ein weit überproportionaler Anteil an Unternehmern und Selbstständigen unter diesem neuen Investor-Typus vertreten ist – allerdings auch deutlich weniger als unter Angel-Investoren.

Um das Ganze etwas überspitzt formuliert darzustellen: Die Daten repräsentieren deutlich breitere Teile der (vermögenden) Mittelschicht, als es die Empiriken über Angel-Investoren zulassen. Startup-Crowdfunding bietet für diese neue, auf dem Risikokapitalmarkt unerschlossene Zielgruppe einen ersten Investitionskanal und stellt in ihrem Ansatz eine beginnende Demokratisierung von Wagniskapital dar. Inwiefern und von wem diese initiale Demokratisierung im Prozess gelenkt und reglementiert werden muss, um das Momentum und die daraus entstehenden makroökonomischen Effizienzgewinne auch langfristig substanziell im Markt zu etablieren, bleibt eine notwendige Diskussion rund um den neuen Begriff des Crowd-Investor.

Wieso investiert ein Crowd-Investor und welchen Prozess durchläuft er dabei?
Die grundlegende ökonomische und finanzwissenschaftliche Literatur folgt der Prämisse, dass Individuen hauptsächlich von der Maxime des persönlichen Wohlstands angetrieben werden (z. B. Copeland und Weston 1988, S. 80). Das Wesen von Motivation aber verlangt Multikausalität. Aus einer Vielzahl von empirisch belegten Investitionsmotiven der VC-Literatur gibt es eine Reihe extrinsischer und intrinsischer Motivationsaspekte, welche aus dem Crowd-Investoren-Datensatz heraus als relevant angesehen werden können.

Generell gibt es belastbare Motive sowohl ökonomischer, hedonistischer sowie altruistischer Natur. Zwar spielt die Rendite auch beim Crowdfunding eine prominente Rolle, jedoch gesellen sich eine starke Produktidentifikation und Teambegeisterung zu ihr – gemessen an Qualifikationen und validierten Errungenschaften. Für viele Crowd-Investoren von besonderer Relevanz ist dabei der „push for innovation" (Nicholas 2011), für den beinahe die Hälfte der Befragten sogar bereit wäre, einen Teil der Rendite zu substituieren. Die auch darin zum Ausdruck kommende, relativ zu traditionellen Venture-Capital-Formen geringere Bedeutung der Rendite lässt sich unter anderem mit dem vergleichsweise niedrigen Investment und der daraus resultierenden reduzierten Risikoposition erklären. Die Studie ergab auch, dass bei Crowd-Investoren im Gegensatz zu Angel-Investoren persönliche Beziehungen zu den Gründern eher selten und von geringer Bedeutung für die Investitionsentscheidung sind.

Wie sieht der Prozess aus, den der Crowd-Investor bei einem Investment durchläuft? Was unterscheidet ihn von anderen Kapitalgebern?
Der Prozess für ein Crowd-Investment ist ebenfalls klar unterscheidbar zu traditionellen Venture-Capital-Prozessen, da in diesem Prozess die Intermediärfunktion der Plattform zum Tragen kommt. Abb. 4.1 vergleicht verschiedene Prozesse bis hin zum effektiven Investment. Post-Investment-Stationen sind dabei ausgespart,

4.2 Wissenschaftliche Analyse des Crowd-Investors

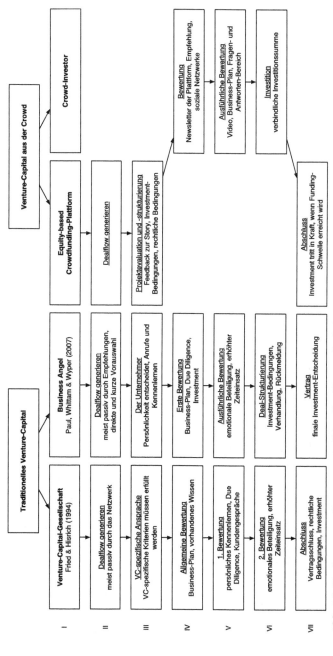

Abb. 4.1 Der Investment-Prozess von traditionellen Venture-Capital-Gebern und dem Crowd-Investor im Vergleich. (Quelle: Eigene Darstellung in Anlehnung an Fried und Hisrich (1994) und Paul et al. (2007))

da sie zumindest unter dem derzeitigen Rechtsstatut für ein Startup-Crowdfunding wenig beeinflussbar sind.

Die Crowdfunding-Plattform übernimmt also als intermediärer Dienstleister zentrale Bestandteile des Investitionsprozesses wie z. B. den Dealflow. Dabei reduziert sie nicht nur die Suchkosten für den einzelnen Crowd-Investor, sondern tritt auch als gewisser Garant gegenüber den nur teilweise professionellen Investoren auf: Am Ende muss die Glaubwürdigkeit und Authentizität der Plattform selbst im Sinne der Geschäftsfortführung oberste Prämisse bleiben. Eine tiefgreifende Due Diligence der Investitionsunterlagen liegt in den Deal-Screening-Stufen nach wie vor beim Crowd-Investor selbst, die Plattform bietet lediglich einen standardisierten Kanal für den Austausch zwischen Startup und potenziellem Investor. Auch die Standardisierung der Investmentverträge entspricht diesem Schema.

Die Standardisierung und die immanente sog. Stewardship-Rolle der Plattform dienen dann auch als plausibler Erklärungsansatz für die vergleichsweise geringe Zeit, welche Crowd-Investoren für den Investitionsprozess aufbringen. Während traditionelle Venture-Capital-Investoren mehrere Monate auf die Prüfung der Finanzierung verwenden, kann ein Crowd-Investment innerhalb weniger Stunden prozessiert sein. Die Geschwindigkeit der Entscheidungsfindung hat nicht zwangsweise zur Folge, dass der Entscheidungsprozess unverhältnismäßig irrational verläuft. Wohlgemerkt sind nachgewiesene Signale der Crowd und ein gewisser Herden- bzw. Schwarmeffekt (siehe auch Kap. 4.3) zeitliche Beschleuniger.

Die Übernahme von Teilen des Investmentprozesses durch die Plattform bedeutet nicht, dass die Plattform die Due Diligence des Deals übernimmt: Das kann und darf sie ggf. als Intermediär gar nicht leisten; die letztendliche Verantwortung des Risiko-Investments muss aus investitionstheoretischen Gründen beim Investor selbst liegen.

4.3 Der Schwarmeffekt

Ein Gastkapitel von Benjamin Schweiger. Benjamin Schweiger studierte Betriebswirtschaft an der Ludwig-Maximilians-Universität München und absolvierte seinen Master of Science an der School of Business and Economics in Maastricht mit Schwerpunkt Marketing-Finance. Im Rahmen seiner Masterarbeit beschäftigte er sich unter anderem mit dem Investorenverhalten im Crowdfunding. Seit August 2014 arbeitet er als Marketing Manager bei Seedmatch.

> „The biggest component in most investors' opinion is the opinion of other investors. […] Judging startups is hard even for the best investors. The mediocre ones might as well be flipping coins. So when mediocre investors see that lots of other people want to invest in you, they assume there must be a reason." (Sinngemäß: „Startups zu

4.3 Der Schwarmeffekt

beurteilen ist sogar für die besten Investoren schwer. Wenn also mittelmäßige Investoren sehen, dass eine Menge andere Menschen in ein Startup investieren will, glauben sie, dass es dafür einen Grund geben muss.") – Paul Graham (2013), Co-Gründer des Y-Combinator-Programms, das Startups wie Airbnb oder Dropbox unterstützte.

In den Finanzwissenschaften gibt es zwei grundlegende Ansätze, die versuchen, Investitionsentscheidungen zu erklären. Die traditionelle Finanzwissenschaft geht dabei mit ihrer Effizienzmarkthypothese davon aus, dass jeder die gleichen Informationen zur Verfügung hat und alle Investoren vollständig rational agieren. Somit bildet sich laut Theorie auf den Finanzmärkten der korrekte, angemessene Wert für ein Unternehmen und niemand kann langfristig den Markt beispielsweise durch exklusive Informationen schlagen. Dass diese Theorie mit ihrer utopischen Erwartungshaltung zumindest nicht vollständig die Preisbildung an den Finanzmärkten erklären kann, zeigen jedoch zahlreiche Spekulationsblasen und beobachtete Abweichungen von Modellen, die auf dieser Theorie beruhen (sogenannte Marktanomalien).

Daher hat sich neben dieser rationalen Erklärungsweise der Fachbereich Behavioral Finance – also die verhaltensorientierte Finanzmarkttheorie – etabliert, die Marktschwankungen in der Finanzwelt mit psychologischen und sozialen Faktoren ihrer Entscheidungsträger erklärt.

Ein häufig beobachtetes Phänomen ist dabei der sogenannte Herdeneffekt, auch Schwarmeffekt genannt. Dieser beschreibt das Verhalten einiger Investoren, die eben nicht aufgrund genauer Abwägungen und Analysen Investitionsentscheidungen treffen, sondern einfach die Investitionsentscheidung anderer imitieren. Eine solche Entscheidungsfindung wurde in verschiedensten Feldern der Finanzwissenschaften beobachtet.

Eine weitverbreitete Erklärung für dieses Phänomen ist, dass Investoren, die beispielsweise nicht das nötige Know-how besitzen oder hinsichtlich einer Investitionsmöglichkeit unsicher sind, auf die Entscheidung anderer Investoren vertrauen. Solche „Imitatoren" denken sich also: „Wenn eine so große Gruppe von Investoren zu dem Entschluss gekommen ist, in das Unternehmen zu investieren, dann wird dies gute Gründe haben und ich sollte auch in dieses Unternehmen investieren." Im Crowdfunding für Startups können solche guten Gründe zum Beispiel die Fähigkeit einer professionellen Investitionsanalyse sein oder auch der Besitz relevanter Informationen, welche dem unsicheren und deswegen imitierenden Investor verborgen sind. Selbstverständlich ist dieses Imitieren von Investitionsentscheidungen jedoch nicht rational begründet und kann so zu Fehlentscheidungen führen. Investiert ein anderer Kapitalgeber beispielsweise vor allem, weil er eine viel höhere Risikobereitschaft besitzt oder aufgrund einer speziellen Diversifikationsstrategie, sollte man eine Investitionsentscheidung eigentlich nicht imitieren. Das Problem liegt also darin, dass die Entscheidungsfindung anderer Investoren eine „Blackbox" ist und nur das Ergebnis der Entscheidung selbst beobachtet werden kann.

Mit anderen Worten wird also die Entscheidung vieler Investoren – wenn auch oftmals unbegründet – als positives Signal wahrgenommen. Diese Beobachtung kann von Unternehmen, die mit einem Crowdfunding auf der Suche nach Kapitalgebern sind, genutzt werden. So sollte man im Zeitraum des Fundings die Anzahl der Investoren sowie die bereits gesammelte Summe stetig transparent und offensiv kommunizieren – dies wird von den großen und als seriös einzustufenden Plattformen ja bereits getan.

Jeder Investor, der neu hinzukommt, signalisiert, dass das Unternehmen wieder jemanden überzeugt hat. Dies kann eine Investitionsdynamik anstoßen, die letztendlich zu einem erfolgreicheren Funding des Unternehmens führt. Diese Erfahrung machte in der Realität auch Tobias Zumbült vom Startup TOLLABOX: „Natürlich sollte man immer auch sein eigenes Netzwerk aktivieren, aber ab einem gewissen Punkt kam bei unserem Crowdfunding dann die Crowd, das war deutlich zu spüren. Es investieren auf einmal wirklich komplett fremde Menschen, ein spannendes Gefühl! Ungefähr sind bei unserem Funding von 600.000 € Funding-Summe maximal 20 % direkt durch unser eigenes Netzwerk erklärbar. Denn es gibt natürlich den Folgeeffekt: Erst investiert unser Netzwerk, dann zieht die Crowd nach."

Gleichzeitig kann es zur Überzeugung von potenziellen Investoren beitragen, wenn die Gründe, weshalb sich andere für eine Investition entschieden haben, ebenfalls kommuniziert werden. So können potenzielle Investoren besser in den Entscheidungsprozess einsehen und abschätzen, ob sie beispielsweise eine vergleichbare Risikobereitschaft haben oder aufgrund ähnlicher Analysen Investitionsentscheidungen treffen. Denn während Investoren die Ausführungen und Versprechungen der Unternehmensgründer skeptisch betrachten, sitzen alle Investoren im gleichen Boot, da sie auf der Suche nach hohen Renditen sind. Dies wird bei den meisten Plattformen durch kurze Investmentkommentare ermöglicht.

4.4 Interviews mit Crowd-Investoren

Um jemanden kennenzulernen, sollte man nicht nur ausführliche Abhandlungen über ihn oder sie lesen, sondern sich am besten direkt mit der Person unterhalten. Das haben wir gemacht und stellen hier nun drei Investoren im Interview vor, die zu den Early Adoptern des Crowdfundings für Startups gehören. Sie haben alle bereits etliche Investments getätigt und sich in dieser Zeit mit einigen unterschied-

4.4 Interviews mit Crowd-Investoren

lichen Geschäftsmodellen auseinandergesetzt und das Für und Wider von Investmententscheidungen abgewogen.

Die Interviews führte Hendrik Dahlhaus, Master-Student an der School of Design Thinking am Hasso-Plattner-Institut der Universität Potsdam. Er interviewte auch die Startup-Gründer, die an verschiedenen Stellen des Buchs zu Wort kommen. Er stellte den Investoren u. a. Fragen zu ausgewählten Crowdfunding-Kampagnen, die mit einem Equity-based Crowdfunding finanziert wurden und die z. T. im weiteren Verlauf des Buches noch einmal genauer beleuchtet werden.

Jörg Diehl (44 Jahre) ist seit 2012 Startup-Investor per Crowdfunding und hat in dieser Zeit mehr als 40 Investments getätigt. Er ist damit einer der aktivsten Startup-Investoren Deutschlands. Wie er Startups analysiert und dann investiert, erklärt er in einem umfassenden Interview. Jörg Diehl arbeitet als Flugbegleiter bei einer großen Airline und hat zuvor einen MBA in den Vereinigten Staaten gemacht – er betrachtet Geschäftsmodelle aus der Sicht eines gelernten Betriebswirts. Man stellt jedoch fest: Die Analyse ist vollkommen anders als die mehrwöchige Due Diligence einer VC-Gesellschaft.

Hallo Herr Diehl. Investieren Sie häufiger bei Crowdfunding-Plattformen in Startups?
Ich habe mittlerweile, Stand Mai 2014, in über 40 Startups investiert. Ich investiere immer nur kleinere Beträge zwischen 250 und 1.000 €, um das Risiko zu streuen.

Was waren für Sie die spannendsten Projekte, wenn Sie zurückblicken?
Am meisten hat mir Refined Investment gefallen, ein Startup, das automatisches Trading mit Wertpapieren und Zertifikaten online anbietet. Dort habe ich gleich zweimal investiert. Dann gab es noch das Unternehmen rankseller, ein Marktplatz für gesponserte Blogposts, den Unternehmen nutzen, um ihr SEO-Ranking zu verbessern. Da habe ich leider nicht so viel investiert – darüber ärgere ich mich noch heute. Mittlerweile laufen die ganz gut.

Was waren die Gründe dafür, dass Sie bei diesen beiden Unternehmen investiert haben?
Bei rankseller war ich am Anfang etwas skeptisch, weil ich mich mit der Materie nicht auskannte: Da geht es um Blogging und SEO. Aber dann habe ich den Gründer kontaktiert und letztendlich hat das Konzept mich überzeugt.

Bei Refined Investment lief es super. Die wollten eigentlich innerhalb von einem Jahr und drei Monaten den Break-even erreichen, haben ihn aber schon nach drei Monaten geschafft. Dann kam die Anschlussfinanzierung bei Seedmatch und eine Investoren-Roadshow durch verschiedene Städte in Deutschland, bei der sich das Team persönlich vorgestellt hat.

Haben Sie denn auch in das Startup TOLLABOX, ein Abo-Modell für innovatives Lernspielzeug, investiert? Wie sind Sie damals auf das Projekt aufmerksam geworden?
Ja, ich habe es auf der Plattform entdeckt. Ich habe mich sehr intensiv damit beschäftigt und viele Fragen an den Gründer Oliver Beste gestellt, darunter auch unangenehme Fragen, die er mir offen beantwortet hat. Das hat mich beeindruckt.

Was waren das denn für Fragen?
Das war schon sehr persönlich. TOLLABOX wird hauptsächlich durch die Co-Gründerin Frau Beste geprägt, durch ihre Ideen, die sie in den monatlichen Boxen einfließen lässt. Ich habe den Gründer gefragt, was passiert, wenn sie z. B. an Burn-out erkrankt und dann nichts mehr zur Firma beitragen kann, und ob das Startup dann bergab geht. Oder was passiert, wenn sie sich scheiden lassen würden. Ich empfand das als ein großes Risiko. Solche Fragen mussten gestellt werden, und ich fand es toll, dass der Gründer sie so offen beantwortet hat.

Man hat also gemerkt, dass solche Dinge innerhalb der Firma schon vor dem Funding diskutiert wurden?
Genau. Ich habe mich bei TOLLABOX auch mit dem Gründer über XING verlinkt. Dort gab es ebenfalls einen guten Austausch und meine Fragen wurden immer zeitnah beantwortet. Neben den Fragen an den Gründer führte ich außerdem eine kleine eigene Marktrecherche durch: Ich habe bei meiner Vermieterin nachgefragt, die eigene Kinder hat, was sie davon hält. Und da das Feedback gut war, habe ich mich dazu entschlossen, zu investieren.

Als TOLLABOX auf die Plattform kam, was hat Ihnen an der gesamten Projektvorstellung gut gefallen?
Ich war anfangs etwas kritisch. Deswegen habe ich meine Kollegen gefragt, was sie davon halten. Ich habe selbst keine Kinder und konnte den Erfolg daher nicht beurteilen. Die TOLLABOX hat guten Anklang in meinem Umfeld gefunden. Ich habe mir dann nochmal alles etwas genauer durchgelesen, meine Fragen gestellt und dachte dann ‚da kann man schon investieren'.

Die Zahlen habe ich mir auch angeschaut. Die waren okay. Und Herr Beste hat viel Erfahrung mitgebracht. Er hat zuvor auch schon andere Firmen gegründet, und das erfolgreich. Das hat mich dazu bewogen, noch mal nachzudenken und zu investieren.

4.4 Interviews mit Crowd-Investoren

Und zu welchem Zeitpunkt kam dann die Entscheidung? Wie lang dauerte es, bis Sie gesagt haben: „Okay, ich investiere jetzt wirklich"?
Das geht eigentlich ziemlich schnell. Ich mache das immer in mehreren Schritten. Ich fange immer mit 250 € an. Dann lege ich 250 € nach, je nachdem wie das Funding sich entwickelt, denn früher ging es ganz schnell bei Seedmatch. Da waren teilweise in 40 Minuten schon 100.000 € eingesammelt.

Jetzt, da die Investitionssummen erhöht wurden, hat man meist mehr Zeit. Jetzt werden auch die Businesspläne vorher veröffentlicht, damit man sich alles in Ruhe durchlesen und sich auch länger Gedanken darüber machen kann.

Sie haben eben gesagt, dass Sie schauen, wie sich ein Funding entwickelt, und dann entscheiden, wie viel Sie investieren. Was meinen Sie damit?
Wie schnell die Investitionssumme voll ist. Ein Beispiel: Bei dem Projekt PAYMEY (einer Payment-App, d. Verf.) habe ich sofort investiert. Ich war der erste Investor. Dann habe ich gewartet, bis die 100.000 €, das erste Funding-Limit, voll waren, habe nochmal 250 € investiert, und jetzt warte ich, bis die 200.000 € voll sind, um nochmal 250 € zu investieren.

Also ist die Funding-Geschwindigkeit ein Indikator für Sie?
Für mich ist das ein Indikator. Ich denke, wenn es sehr langsam verläuft und die volle Summe nicht erreicht wird, dann sind andere Investoren auch kritisch. Dann bin ich eher zurückhaltend. Das ist für mich schon ein persönlicher Indikator, so ein Bauchgefühl.

Das ist genauso, wenn ein Funding sehr schnell ist. Dann hoffe ich, dass es eine überzeugende Story ist, nicht nur für mich, sondern auch für andere Investoren, nach dem Motto: ‚Das kommt gut bei der Crowd an, also kommt das auf dem Markt gut an' – dann bin ich eher geneigt, dort auch zu investieren.

Was ist Ihre Hauptmotivation, in Startups zu investieren?
Ich finde das spannend und toll, dass man direkt Kontakt zu den Firmengründern hat, also zu den Leuten, die etwas entscheiden. Da spielt das Geld für mich nicht so eine große Rolle, sondern dass ich da mitarbeiten und mitmachen kann. Außerdem möchte ich Startups fördern – und hoffe natürlich auf eine überdurchschnittliche Rendite am Ende.

Aber das ist eher ein Extra, oder?
Also, es ist für mich nicht die Hauptmotivation, ich denke da realistisch. Ich glaube, dass mindestens der von mir finanzierten Startups am Ende liquidiert wird,

eventuell sogar mehr. Bisher hatte ich Glück. Unter meinen 31 Investments habe ich nur zwei Startups, die bankrott sind. Also habe ich bisher nur 500 € verloren.

Wie ist Ihr Vorgehen, wenn ein neues Projekt auf die Plattform kommt?
Ich schaue mir zuerst das Video und die Homepage des Unternehmens an. Dann warte ich, bis man Fragen stellen kann und der Businessplan einsehbar ist. Außerdem frage ich meine Bekannten, was sie davon halten, und dann investiere ich. Hin und wieder kontaktiere ich die Gründer auch direkt.

Haben Sie denn auch in Protonet investiert?
Ja. Das war das erste Unternehmen, in das ich 500 € investiert habe. Ich fand das ganze Thema IT-Security sehr spannend. Und heute bleibe ich durch Videos, die das Startup regelmäßig postet, immer informiert. Hier und da gibt es ein Update des Gründers. Das finde ich sehr ansprechend.

Ist das wichtig für Sie als Investor?
Definitiv. Es gibt auch andere Firmen, die bei Seedmatch Geld eingesammelt haben und das Thema völlig vernachlässigen. Als ob sie denken: ‚zum Geld geben sind die Investoren gut genug, aber danach haben sie uns nicht mehr zu belästigen.' Es ist viel ansprechender, wenn die Gründer sich weiterhin um ihre Investoren kümmern.

Haben sie auch beim Startup Lottohelden, dem Internet-Anbieter des nach eigenen Angaben „günstigsten Lottoscheins im Internet", investiert?
Ja, obwohl es überhaupt nicht mein Thema ist. Ich habe eigentlich nie Lotto gespielt. Ich finde das Thema dennoch spannend, weil sich die Gesetzgebung dahingehend geändert hat, dass es wieder legal ist, Lottospielen online anzubieten. Ich denke, viele Leuten nutzen das Internet, um Lotto zu spielen, und es ist bequemer, das von zu Hause aus zu erledigen.

Lottohelden hatte auch schon zuvor einen großen Investor im Boot, oder?
Das finde ich auch immer wichtig. Wenn die Startups gute Business Angels haben oder Venture-Capital-Firmen, dann überzeugt mich das. Das hat mich auch bei Lottohelden angesprochen, dass die Telekom darin investierte. Ich dachte, wenn die Telekom investiert, kann es nicht so falsch sein. Außerdem kann man das super vermarkten. Dass die Teams Ahnung haben und auch, dass Leute mit Kapital dahinterstehen, das finde ich immer sehr ansprechend.

4.4 Interviews mit Crowd-Investoren

Was für eine Rolle spielt das Team generell in Ihrer Investmententscheidung?
Ich schaue ich mir an, was sie vorher gemacht haben. Und wenn sie eine solide Ausbildung oder gute Berufserfahrung haben, spricht mich das an. Da spielt natürlich das Bauchgefühl immer eine große Rolle. Aber am Ende kommt es bei mir eher auf meine Rendite an als darauf, die Welt zu verbessern, indem ich ‚irgendwen' finanziere.

Philipp Düring (33) arbeitet als freier Unternehmensberater für große deutsche Telekommunikationsunternehmen. Der Vater von drei Kindern, der in der Nähe von Leipzig wohnt, investiert seit 2012 – ausschließlich über Crowdfunding – in Startups. Inzwischen hat er mehr als 15 junge Unternehmen in seinem Portfolio. Für ihn zählt vor allem die Idee, die begeistern muss. Aber auch die Dynamik der Crowd ist für ihn ein Indikator, wie er im Interview berichtet.

Herr Düring, warum investieren Sie über Crowdfunding in Startups?
Ich arbeite als Unternehmensberater in großen Telekommunikationskonzernen. Tagtäglich kämpft man dort gegen diese Dickschiffe mit trägen Strukturen. Und dann gibt es auf der anderen Seite diese kleinen agilen Geschichten, die dir vor diesem Hintergrund einfach gefallen. Wenn mir beim Crowdfunding eine Idee besonders gefällt, dann möchte ich auch sehr gerne einen Support leisten: mit der Idee ein bisschen mehr zu machen, daran zu partizipieren. Denn meistens ist es so: Entweder du hast selbst eine gute Idee oder du hast die Möglichkeit, an guten Ideen zu partizipieren. Das Schlimmere ist, wenn du eine gute Idee siehst und überhaupt keine Möglichkeit hast, damit etwas zu machen.

Und natürlich ist das Renditepotenzial eine ganz willkommene Sache. Die Rendite ist zwar nett und es träumt jeder davon, dass er am Ende mit 500 % rausgeht;. bei mir steht jedoch im Vordergrund, dass eine Idee gut ist und mir gefällt. Dann investiere ich dort. Deswegen habe ich jetzt mittels Crowdfunding in mehr als 15 Startups investiert.

Auch in TOLLABOX?
Ja. Ich hatte von der TOLLABOX schon vor dem Funding bei Seedmatch gehört. Da ich selbst Familienvater bin, fand ich das Produkt sehr charmant, und dann lief das Funding auch relativ schnell – da habe ich investiert.

Kannten Sie die Gründer persönlich?
Nein, das nicht. Aber ich fand die Geschichte drum herum sehr beeindruckend: Zum einen, dass das Gründerteam zum Teil eine Familie ist. Und zum anderen der professionelle Hintergrund: Oliver Beste war vorher schon mit dem Startup myToys sehr erfolgreich. Und auch seine Frau Béa Beste hat vor dem Startup

eine eigene Schule gegründet. Dazu kam, dass beide wie ich aus dem Beratungsumfeld kommen. Das merkte man dann auch: Es war ein sehr, sehr kompetenter Crowdfunding-Auftritt.

Besonders beeindruckend war, dass das Team auf den Cent genau berechnete, was eine Box kostet, was sie für einen Umsatz bringt, welchen Customer Lifetime Value ein Abonnent also hat usw. Da bekommt man ein gutes Gefühl, wenn man weiß, dass diese Idee schon mehrfach von vielen erfahrenen Menschen durchdacht wurde. Die ganze Zahlenaufbereitung war einfach super.

Bei der TOLLABOX war auch das fast schon aggressive Öffnen nach außen besonders. Das Team sagte: ‚Pass auf, wenn du soundso viel Kapital investierst, dann kommst du zu uns zum Abendessen.' Ich habe das damals nicht gemacht, mich dann aber geärgert, es verpasst zu haben. Allgemein fand ich es einfach beeindruckend, dass die ihre Investoren so an sich ran lassen – das war sehr vertrauensstiftend an der Stelle.

Haben Sie auch in das Unternehmen e-volo aus Karlsruhe investiert?
Ja. Da habe ich auch das Video angeschaut, weil mich technische Visionen immer sehr, sehr reizen. Zudem schaue ich auch mal einen Film oder Zukunftsstudien und Bilder sehr gerne an. Und das Design des Volocopters war auch nicht gerade schlecht. Außerdem konnte man den Prototypen beim Jungfernflug sehen und auch die Herstellung wurde gezeigt – man war also sehr nah dran.

In diesem Fall hat mich vor allem die Durchdachtheit der Innovation gereizt und auch, dass die Gründer das Projekt bereits über mehrere Jahre gemacht haben. Das sind ja alles gestandene Kerle gewesen, Doktoren, die da eine längere Zeit geforscht haben und auch schon eine gewisse Menge an eigenem Kapital hineingesteckt haben. Außerdem standen verschiedene private Partner und staatliche Institutionen in der Entwicklung dahinter, teilweise mit staatlichen Fördergeldern. Das ganze Umfeld war sehr vertrauenerweckend.

Wie ist denn das Verhältnis der Startups zu den Investoren nach dem Funding? Bleibt man in regelmäßigem Kontakt?
Das ist von Startup zu Startup unterschiedlich. Man hat als Investor bei Seedmatch das Recht, quartalsweise in einem Report über die aktuelle Entwicklung informiert zu werden – die kommen natürlich nicht immer pünktlich.

Da kommen dann Fragen, wo der Report denn bliebe. Dann ist es schon ein Zeichen, wie schnell eine kompetente Antwort kommt. Wenn sie sehr schnell da ist, ist es ein gutes Zeichen: Der Kanal wird genutzt und beobachtet, das Team achtet auf seine Investoren. Wenn es aber so ist, dass man eine Frage einstellt und dann nach etlichen Wochen immer noch nichts passiert, dann springen andere Leute auf den Zug auf, dann kommen dort schnell innerhalb kurzer Zeit 20 bis 30 böse Kommentare zusammen. Dann kommt schnell eine schlechte Stimmung auf, obwohl das Geschäft vielleicht sogar gut läuft. Aber die Investoren wollen eben informiert und mit dem gebührenden Respekt behandelt werden.

Wie würden Sie Ihre Entscheidungsfindung vor einem Investment generell beschreiben?
Im Regelfall überfliege ich – da ich häufig unterwegs bin – die Investment-Story und dann ist meine Entscheidung eigentlich auch recht schnell gefallen: ja oder nein. Es gibt Startups, bei denen ich mir das Video anschaue, wenn ich Zeit habe, oder mich gezielt für bestimmte Sachen interessiere. Und bei einigen Startups ist es auch so, dass man erstmal abwartet und zusieht, wie das Funding startet, und dann nach einer Stunde entscheidet, ob man mitgeht oder nicht.

Warum beeinflusst das Ihre Entscheidung?
Bei einigen Sachen bin ich noch unschlüssig: Hat das Potenzial oder nicht? Wenn es jetzt etliche andere Menschen gibt, die noch etwas mehr angetan sind als ich, ist das für mich ein Indikator. Wenn diese dann sofort und schnell investieren, tue ich mich bei einigen Startups leichter, mitzugehen. Es gibt beides: Ideen, wo du blind reininvestierst, und andere, wo du dich ein bisschen auf den Schwarm verlässt.

Also gibt der Schwarm eine Art Feedback?
Ja. Wobei ich sagen muss, dass ich bei den ‚blinden' Investments eigentlich mehr ausgebe als bei diesen Schwarm-Investments. Das sind dann meistens zwischen 250 € und 1.000 €, das ist jetzt nicht so viel. Aber wenn es ein Startup ist, bei dem man wirklich sagt ‚Okay, das ist eine richtige gute Sache', dann investiere ich auch mal mehr als 1.000 €.

Was sind für Sie die Faktoren, auf die Sie am meisten achten, bevor Sie ein Startup-Investment mittels Crowdfunding tätigen?
Die Produktidee ist das Wichtigste. Danach kommt die Präsentation der Idee, wobei es nicht mal unbedingt das Video ist. Ich lasse mich auch sehr gerne von schön gestalteten Grafiken beeindrucken. Es gibt wirklich Startups, die sehr viel Wert darauf legen, dass ihre SWOT-Analyse hübsch aussieht oder dass das Zahlenwerk optisch nett aufbereitet ist. Und dann natürlich auch die Gründer. Ich sage, die Idee ist cool, die Sachen sind richtig gut aufbereitet – und auch die Leute, die dahinterstehen, müssen eine gewisse Kompetenz haben. Drei Punkte also: Idee, Ideenaufbereitung und Team – in dieser Reihenfolge.

Und der Businessplan?
Nur, wenn mich etwas besonders interessiert und ich gewisse Aspekte der Idee nachvollziehen will, dann gehe ich auch in den Businessplan rein. Aber das mache ich nicht bei allen Startups: Es gibt auch einige, bei denen ich investiert habe, ohne den Plan angeschaut zu haben.

Haben Sie auch in Protonet investiert?
Ja. Und die haben mich umgehauen. Ich war sehr beeindruckt von der Geschichte. Das Video war da der Türöffner: Da überzeugte das Team durch ein wirklich tiefes Vertrauen in das eigene Produkt und auch in sich selbst. Man konnte darüber hinaus weitere Videos anschauen, in denen gezeigt wurde, wie Prototypen hergestellt und getestet werden, wie die Verpackung entworfen wird und wie das Team arbeitet. Das Ganze war von der Präsentation her wie eine der legendären Keynotes von Steve Jobs. Es war ähnlich fokussiert darauf, was das Produkt alles kann. Da hat man sich sehr gerne von der Geschichte einfangen lassen.

Das Team hat dabei sehr viel über das Produkt erzählt, aber weniger vom Geschäftsmodell. Davon war zu dem Zeitpunkt aber noch nicht so viel zu sehen, denn alles stand damals noch ganz am Anfang.

Was hat Ihnen am Team gefallen?
Besonders deren pure Begeisterung für das Produkt hat mich fasziniert. Das spürt man auf den Bildern und in ihren Texten. Sie sind alle ziemlich jung, aber zugleich auch sehr erfahren. Es gab auch Videos online, in denen sie sich selbst auf die Schippe genommen haben, zum Beispiel als die neue Verpackung getestet wurde. Alles in allem war es ein Mix aus Professionalität und Sympathie.

Es gab ab einer bestimmten Investmentsumme einen Protonet-Server als Goodie. Habe Sie die bekommen?
Ja, der ist seit letztem Jahr bei mir im Einsatz.

Wie hat es Ihnen gefallen, dass so etwas beim Crowdfunding angeboten wurde?
Ich finde es immer prima, wenn das Produkt auch für Investoren zugänglich ist. Bei Protonet war die Box selbst schon ein Schmankerl. Das ist alles sehr gut aufbereitet und ein rundum gelungenes Produkt.

Gab es noch weitere Gründe dafür, dass Protonet so erfolgreich beim Crowdfunding war?
Auf jeden Fall waren sie gut verdrahtet. Mit Hamburg haben Sie einen guten Standort gewählt und auch im Netz waren sie sehr, sehr stark. Von allen Startups, die auf

4.4 Interviews mit Crowd-Investoren

Seedmatch aufgetreten sind, ist Protonet am stärksten in den sozialen Netzwerken aufgetreten. Fast jede Woche gab es einen Post mit News, welcher Art auch immer. Man konnte verfolgen, was sie nebenher tun, im Gründercafé, bei Initiativen oder auf irgendwelchen gehypten Events.

Rüdiger Zarnekow, Professor für Wirtschaftsinformatik an der Technischen Universität (TU) Berlin und Inhaber des Lehrstuhls für Informations- und Kommunikationsmanagement. Er arbeitet auch mit Startup-Teams und -Initiativen an der TU Berlin zusammen.

Wieso investieren Sie mit Crowdfunding in Startups?
In erster Linie, weil ich auf diese Weise interessante Startups entdecke. Der Markt ist ja sehr dynamisch, und ich bekomme zwar viel von der Berliner Szene mit, aber bei Seedmatch entdecke ich immer wieder Unternehmen, von denen ich bis zu diesem Zeitpunkt noch nichts gehört habe, die aber sehr interessante Geschäftsmodelle haben. Insofern ist es ein guter Weg für mich, neue Startups zu entdecken. Ich bin eigentlich vor allem als Business Angel aktiv, insofern betrachte ich Crowdfunding persönlich eher als eine Ergänzung und investiere hin und wieder kleinere Beträge.

Was meinen Sie genau mit „Ergänzung"?
Bevor ich mich als Business Angel bei einem Startup engagiere, beschäftige ich mich über einen längeren Zeitraum ausführlich mit der Geschäftsidee und dem Gründerteam und kenne dieses in der Regel auch seit vielen Monaten. Beim Crowdfunding kann man sich zwar auch gut über die Projekte informieren, aber man hat nicht die Möglichkeit, sich ein ganz detailliertes Insiderbild zu verschaffen. Die Höhe der Beteiligung ist daher auch deutlich kleiner. Das meinte ich mit ‚Ergänzung'.

Wenn es nur darum ginge, Startups kennenzulernen, würde es ja ausreichen durch die Projektliste zu scrollen. Irgendwie muss ja noch ein bisschen mehr dahinterstecken als das bloße Kennenlernen von Startups?
Natürlich wäre es möglich, nachdem ich ein Startup auf der Crowdfunding-Plattform gesehen habe, dieses persönlich anzusprechen und zu schauen, ob man auch außerhalb des Crowdfundings in Kontakt kommen kann. Aber per Crowdfunding zu investieren ist ein sehr einfacher und komfortabler Weg, und es sind auch immer wieder Startups dabei, die im Moment keinen Business Angel suchen, sondern bewusst eine Crowdfunding-Runde machen wollen. Dann ist es eine gute Möglichkeit, sich an solchen Unternehmen per Crowdfunding zu beteiligen.

Aus welchen Gründen investieren Sie generell?
Ich engagiere mich in Bereichen, von denen ich glaube, mich aufgrund meiner beruflichen Erfahrungen ganz gut auszukennen. Ich bin seit 20 Jahren in der Forschung und Lehre im Bereich Internet, E-Business und Geschäftsmodelle tätig und habe dort schon sehr viel beobachtet und miterlebt. Ich traue mir mittlerweile eine ganz gute Meinung dazu zu, was erfolgreiche Geschäftsmodelle und Gründungen ausmacht und was vielleicht nicht so gut funktionieren wird. Letztendlich ist es auch eine Art der Vermögensanlage. Und hoffentlich ergeben sich daraus dann überdurchschnittlich gute Renditen in der Zukunft.

Wie genau treffen Sie Ihre Entscheidungen, wenn Sie ein neues Startup bei Seedmatch kennenlernen?
Ich mache das wie die meisten anderen Investoren wahrscheinlich auch. Man liest den Businessplan, bildet sich eine Meinung zu dem Geschäftsfeld, zu dem Team und der Geschäftsidee. Man sammelt zusätzlich Informationen über das jeweilige Marktsegment und über eventuelle Wettbewerber. Dann muss man im Endeffekt auf Basis der Unterlagen, die über die Plattform zur Verfügung gestellt werden, eine Entscheidung treffen. Außerdem kann man die Diskussionen, die dort geführt werden, mitverfolgen, also die Fragen und Antworten im Forum lesen. Mehr Informationsmöglichkeiten nutze ich letztendlich nicht.

Was ist der erste Schritt, wenn Sie auf die neue Projektseite kommen? Wie gehen Sie vor?
Ich schaue mir zuerst den Businessplan an. Dann treffe ich eine grundlegende Entscheidung, ob mich das Projekt überhaupt interessiert oder nicht. In vielen Fällen sage ich mir nach dem Durchlesen der Projektbeschreibung ‚Nein, das passt nicht zu meiner Strategie' oder ‚Halte ich nicht für Erfolg versprechend'. Dann verfolge ich es auch nicht weiter.

Andernfalls beschäftige ich mich intensiver mit dem Businessplan, recherchiere über das Geschäftsfeld und verfolge dann die ersten ein bis zwei Tage des Crowdfunding-Starts. Ich verfolge auch, was im Forum passiert und welche Fragen dort gestellt werden. Oft ist es aber letztendlich ein Stück weit eine Bauchentscheidung, ob man sagt ‚Ich finde das so interessant, dass ich mich daran jetzt beteilige' oder ob man sagt ‚Gute Idee, aber bin ich mir doch nicht ausreichend sicher'.

Schauen Sie denn auch das Video an?
Das Video schaue ich mir ungefähr in einem Drittel der Fälle an. Eigentlich ist es für mich kein wirklich wichtiges Entscheidungskriterium. Es hat eher einen informativen Charakter. Wenn ich Zeit habe, schaue ich mir das an.

Die wichtigsten Faktoren sind für Sie Marktpotenzial, Skalierbarkeit und Team, oder?
Genau, ja. Das hat nicht spezifisch mit Crowdfunding zu tun, sondern gilt für jede Beteiligung an einem Startup. Da hat jeder Investor eine Strategie und eine Reihe von Kriterien, die ihm wichtig sind. Die müssen auch nicht bei jedem gleich sein, aber anhand derer prüft man die jeweiligen Projekte.

Hinsichtlich des Teams, was ist Ihnen besonders wichtig?
Zum einen, ob das Team schon Erfahrung hat oder nicht, also was für einen Background die einzelnen Gründer haben. Haben sie schon andere Startups erfolgreich gegründet? Kommen sie aus der Industrie? Haben sie Berufserfahrung in dem Feld? Das andere sind dann die Kompetenzen der einzelnen Teammitglieder. Ich achte darauf, dass möglichst betriebswirtschaftliche, kaufmännische und technische Kenntnisse im Team abgedeckt sind, und dann – das kann man natürlich beim Crowdfunding nur punktuell erkennen – ist es auch wichtig, wie das Partnernetzwerk der Gründer aussieht. Wie gut sind sie vernetzt? Was haben sie vielleicht schon für andere Business Angels an Bord? Was haben sie für Kontakte zu anderen Personen, zu anderen Gründern? Das ist auch ein Aspekt, der allerdings nicht immer gut ersichtlich ist.

Welche Rolle spielt die Persönlichkeit für Sie?
Eine sehr wichtige Rolle! Generell würde ich sagen, macht das bei mir mindestens 50 % der Gesamtentscheidung aus. Das ist auch eine der Herausforderungen, wenn man sich über Crowdfunding beteiligt – man hat nur sehr indirekt die Möglichkeit, die Persönlichkeiten des Gründerteams wirklich kennenzulernen. Natürlich stellen die Teams sich auf der Plattform dar, und man kann sicher in Einzelfällen vorher anrufen und mit ihnen telefonieren, aber eine richtig intensive Auseinandersetzung mit den Personen ist schwierig.

Hilft Ihnen das Video nicht, einen Eindruck zu bekommen?
Das Video hilft sicher ein Stück weit dabei, sich einen Eindruck zu verschaffen. Aber letztendlich ist es auch diesbezüglich etwas anderes, wenn ich mich beispielsweise mit einem Startup in Berlin einlasse. Da kenne ich in der Regel die Gründer über viele Monate, habe viele Meetings und Gespräche mit ihnen geführt und habe dadurch natürlich ein ganz anderes Bild als bei einer Crowdfunding-Plattform. Wobei das in der Natur der Dinge liegt. Das ist bei allen Plattformen ähnlich.

Was ist der Grund dafür, dass 50 % der Entscheidung für Sie die Persönlichkeit ausmacht?
Letztendlich ist es ein Erfahrungswert. Wenn man sich anschaut, was erfolgreiche Startups nach einigen Jahren ausmacht oder woran sie scheitern, sieht man, dass natürlich die Idee und das Produkt wichtig sind, aber dass die Qualität des Teams mindestens genauso entscheidend ist für den Erfolg. Und um diesen geht es ja letztendlich. Diese Erkenntnis ist aber ja nichts wirklich Neues, das kann man vielfach nachlesen und wird ihnen jeder, der in diesem Bereich aktiv ist, bestätigen.

Was für eine Rolle spielt Vertrauen, wenn Sie ein Investment tätigen?
Vertrauen spielt eine wichtige Rolle. Unabhängig davon, wie man Vertrauen wirklich definieren kann – oft ist es nur ein Bauchgefühl, ohne messbare Kriterien –, kann man zum Beispiel bei Seedmatch schon einen Unterschied in der Art und Weise erkennen, wie sich die Gründer in den Foren bei der Beantwortung der Fragen verhalten. Dort gibt es deutliche Unterschiede, die für meine Entscheidungsfindung auch ein Kriterium sind.

Wie kann ein Unternehmen im Crowdfunding Vertrauen aufbauen?
Ich glaube vor allem dadurch, dass die Gründer sehr umfassend und schnell die Interaktion und Diskussion mit den potenziellen Investoren suchen und pflegen. Dass sie viel Wert darauf legen, die Fragen, die dort gestellt werden, auch möglichst offen zu beantworten. Natürlich kann man nicht jedes Detail offenlegen, aber man kann versuchen, sich so gut wie möglich auch bei kritischeren Fragen konstruktiv in die Diskussion einzubringen. Das ist ein Punkt, der Vertrauen schafft, wenn man sieht, wie sich das Team dort mit seinen potenziellen Investoren auseinandersetzt.

Was ich vielleicht noch sagen sollte: Ein weiterer wichtiger Punkt ist für mich die Unternehmensbewertung. Es gab schon einige Fälle, in denen ich das Projekt sehr gut fand, die Unternehmensbewertung für mich aber deutlich zu hoch war und ich mich aus diesem Grund letztendlich nicht daran beteiligt habe.

Welche Kriterien spielen in dieses Thema rein? Das Risiko, das man trägt?
Genau. Ich glaube, viele Investoren haben inzwischen ein ganz gutes Gefühl dafür, welche Unternehmensbewertung in einem bestimmten Entwicklungsstadium eines Startups angemessen und realistisch ist. Wenn beispielsweise ein Projekt, das noch drei Monate vor dem Start des Betatests steht, zwar eine gute Idee hat, aber noch keine konkrete Umsetzung oder Umsätze vorweisen kann, und wenn zudem nicht klar ist, ob das Geschäftsmodell überhaupt funktioniert, ist das riskant. Wenn dabei dann eine unangemessene Bewertung zugrunde gelegt wird, aufgrund eines

4.4 Interviews mit Crowd-Investoren

Businessplans, der auf erhofften Wachstumsraten in der Zukunft aufbaut, dann ist das für mich ein K.-O.-Kriterium und schlussendlich kein geeignetes Investment.

Besonders spannend ist die Frage, ob man ein Investment nur anhand des Businessplans treffen kann, was ein „normaler" Investor, der das Team über Monate begleiten kann, wahrscheinlich nicht tun würde. Bei Seedmatch kann dieses intensive Kennenlernen nicht stattfinden. Kann ein Team das kompensieren? Und wenn ja, wie?

Heute wird das meiner Meinung nach nicht kompensiert, oder nur in geringem Ausmaß. Sie haben schon richtig festgestellt, dass das Video eine Rolle spielen kann. Es gab auch schon die Möglichkeit, an Telefonkonferenzen und Webinaren teilzunehmen, bei denen man die Gründer kennenlernen kann. Das sind sinnvolle Elemente, aber letztendlich fokussiere ich mich beim Crowdfunding stark auf das Papier, den Businessplan, und verfolge, was auf der Plattform passiert. Was das Thema Vertrauen angeht, ist es ein Bauchgefühl. Ich kann wirklich nicht sagen, warum ich das eine Team vertrauensvoller finde als das andere. Das ist eine stark subjektive Einschätzung.

Spannend ist das Startup TOLLABOX. Haben Sie darin investiert?

Ja, das habe ich. Bei TOLLABOX hat mich in erster Linie das Gründerteam überzeugt, weil Oliver Beste bereits einen großen Erfolg mit myToys vorzuweisen hatte. Das bedeutet, er kennt den Kinder- und Spielzeugmarkt und hat dort schon einen Erfolg nachgewiesen. Das war für mich der ausschlaggebende Punkt. Daneben finde ich das Geschäftsmodell, ein Abo-basiertes Modell, grundsätzlich interessant.

Die Entscheidung bei TOLLABOX war also relativ klar?

Aufgrund der Gründerpersönlichkeiten, ja. Wenn es zwei Studenten mit frischem Diplom gewesen wären – ohne das abwertend zu meinen –, hätte ich das wahrscheinlich nicht gesagt. Ich glaube, im Bereich E-Commerce und Abo-Modelle gibt es so viele Herausforderungen und Hürden. Da ist es entscheidend, wenn das Gründer angehen, die das schon einmal in ähnlicher Form durchlebt haben und schon Erfahrungen gesammelt haben. Es braucht Personen, die wissen, wie man solche Modelle aufziehen muss, wie das mit der Werbung funktioniert etc. Als Anfänger kann man hier sehr viele Fehler machen.

Hat der Businessplan von TOLLABOX bei Ihnen gepunktet?

Was ich bei TOLLABOX sehr gut fand, war die sehr realistische Herangehensweise. Man hat das auch beim Businessplan gesehen. Der war einerseits sehr nüchtern, hatte aber auch Hand und Fuß. Da waren keine Traumzahlen oder irgendwelche gewagten Annahmen drin. Im Gegenteil, es handelte sich um einen vorsichtigen Businessplan, und auch das fand ich damals überzeugend.

Finden Sie es als Investor angenehmer, wenn man nicht den typischen, übertriebenen Hockeystick abbildet?
Mit der Zeit weiß man, wie solche Businesspläne einzuschätzen sind. Darum ist es bei mir so, dass ich bei Businessplänen grundsätzlich davon ausgehe, dass nur ein Viertel von dem, was prognostiziert wird, wirklich Realität wird. Und dann muss die Geschäftsidee immer noch interessant sein. Wenn ich in einem Businessplan lese, dass man mit irgendeiner völlig neuen Idee bereits nach drei Jahren im zweistelligen Millionenbereich Umsätze generieren will – dann geht bei mir eine Warnleuchte an. Es mag in vereinzelten Fällen dazu kommen, aber in der Regel ist es einfach unrealistisch. Das war bei TOLLABOX gut. Die Annahmen, die sie getroffen haben, haben mir gezeigt, dass die Gründer viel Erfahrung haben.

Kann man vom Businessplan auf das Team schließen?
Da lässt sich meines Erachtens sehr viel ableiten. Ein gutes Team ist in der Regel in der Lage, einen guten Businessplan zu schreiben. Und mit gut meine ich vor allem, dass er wirklich präzise auf die wesentlichen Punkte eingeht und gut verständlich ist, also nicht kompliziert und ausschweifend. Es gibt Businesspläne, die muss man dreimal lesen, bis man überhaupt verstanden hat, worum es gehen soll. Ein gutes Team zeichnet sich auch dadurch aus, dass es in der Lage ist, einen wirklich hervorragenden Businessplan zu formulieren. Es ist sehr wichtig, die einzelnen Bereiche wirklich sauber strukturiert und auf die wesentlichen Dinge fokussiert darzustellen. Bei den Finanzdaten am Ende weiß heute jeder Investor, dass so viele Annahmen dahinterstecken, dass man sie mit Vorsicht genießen muss. Ich persönlich bilde meine Meinung weniger auf Basis der konkreten Finanzzahlen, sondern ich versuche, das Potenzial und die Skalierbarkeit der Idee selbst einzuschätzen – ohne genau sagen zu können, ob in drei Jahren 3 oder 7 Millionen an Umsatz generiert werden. Das kann letztendlich niemand prognostizieren.

Ist bei TOLLABOX etwas bezüglich der Kommunikation im Kopf geblieben?
Da ist auf jeden Fall etwas hängen geblieben. Und zwar, dass das eine sehr gute, also außergewöhnlich gute, Kommunikation war! Auf jede Frage, sei sie noch so kurz oder ausgefallen, wurde sehr ausführlich bis ins letzte Detail geantwortet. Man hat sich schon fast gefragt, woher die Gründer die ganze Zeit nehmen. Auch inhaltlich waren die Antworten sehr präzise, gut verständlich und ein Stück weit selbstkritisch. Das war natürlich sehr gut. TOLLABOX ist ein positives Beispiel,

weil sich die gute Kommunikation auch nach der Finanzierungsrunde fortgesetzt hat. Es ist noch heute so, dass sehr schnell, sehr umfassend und sehr offen kommuniziert wird.

Haben Sie denn bei TOLLABOX selbst Kontakt aufgenommen?
Das Team hatte ja ein Abendessen für die größeren Investoren organisiert. Das war das erste Mal, dass so etwas gemacht wurde. Und das ist übrigens eine tolle Sache, als Teil der Belohnung.

Wie hat Ihnen das gefallen?
Sehr gut! Ich konnte zwar damals leider aus terminlichen Gründen nicht persönlich teilnehmen, habe aber viel Positives gehört und gelesen. Es ist eine sehr gute Möglichkeit, das Team, andere Investoren und interessante Personen kennenzulernen. Mittlerweile bieten das mehrere Startups an und ich würde es auch empfehlen, als ergänzendes Goodie.

Gab es noch andere Goodies bei TOLLABOX?
Es gab eine Spielebox. Für mich persönlich war das sehr schön, da ich eine Tochter im passenden Alter habe. Die Spielebox kam bei ihr wirklich sehr gut an, was für mich ein bestätigendes Element dafür war, dass inhaltlich ein überzeugendes Konzept dahintersteckt. Dass es bei mir so gut gepasst hat, war natürlich ein Sonderfall. Investoren ohne Kinder haben sich die Box sicher angeschaut, konnten aber wahrscheinlich persönlich nicht so viel damit anfangen.

Ein anderer Fall wäre Protonet. Haben Sie dort investiert?
Nein, da habe ich nicht investiert. Protonet hatte eine Menge interessanter und guter Ideen. Es ist aber meines Erachtens ein riskantes Geschäftsmodell, eine Server-Hardware als deutsches Startup dauerhaft erfolgreich am Markt zu platzieren. Darüber könnte man nun sicherlich lange diskutieren – ich habe einfach nicht ausreichend daran geglaubt.

Das hing also ganz klar an der Idee?
Ja, da habe ich mich gar nicht mit dem Team beschäftigt. Ich habe mir das intensiv angeschaut, habe auch darüber nachgedacht, bin jedoch zu dem Schluss gekommen, dass es nicht zu meiner Strategie passt. Vielleicht belehrt mich ja der Erfolg eines Besseren, das würde ich Protonet natürlich wünschen.

Ich sehe generell, dass den Crowd-Investments ein anderer Entscheidungsablauf zugrunde liegt als typischen Angel-Investments. Das habe ich versucht darzustellen. Dort ist der Austausch mit den Teams das Wichtigste, während beim Crowdfunding der Businessplan als Informationsquelle eine höhere Bedeutung hat. Es gibt zum Beispiel Angel-Investments, die ich getätigt habe, bei denen ich den Businessplan nur kurz überflogen habe. Der interessiert mich auch nicht, wenn ich die Möglichkeit habe, mich über einen langen Zeitraum sehr intensiv mit dem Gründerteam auszutauschen. Dann muss ich so ein Dokument nicht lesen. Beim Crowdfunding ist das genau umgekehrt.

Crowdfunding ist für mich auch interessant, weil man die Möglichkeit hat, mit einem relativ kleinen Investment die Entwicklung von Firmen zu verfolgen. Und zwar intensiver als man es von außen tun könnte. Ich habe mittlerweile mehr als zehn Crowdfunding-Beteiligungen und man sieht sehr viele Reportings und positive sowie negative Entwicklungen. Daraus lerne ich viel und kann diese Erfahrungen wiederum nutzen, um andere Startups besser zu beurteilen und einzuordnen. Das ist für mich durchaus ein weiterer Aspekt.

Literatur

Copeland, T. E., & Weston, F. J. (1988). *Financial theory and corporate policy*. Reading: Addison-Wesley Publishing.
DeGennaro, R. P. (2010). Angel investors: Who they are and what they do? *The Journal of Wealth Management, 13,* 55–60.
Fried, V. H., & Hisrich, R. D. (1994). Toward a model of venture capital investment decision making. *The Journal of the Financial Management Association, 23,* 28–37.
Graham, P. (2013). Investor herd dynamics. Want to start a startup? Get funded by Y Combinator. http://paulgraham.com/herd.html. Zugegriffen: 30 Dez. 2013.
Haines, G. H., Madill, J. J., & Riding, A. L. (2003). Informal investors in Canada: Financing small business growth. *Journal of Small Business and Entrepreneurship, 16,* 13–40.
Madill, J. J., Haines, G. H., & Riding, A. L. (2005). The role of angels in technology SMEs: A link to venture capital. *Venture Capital, 7,* 107–129.
Mason, C., & Stark, M. (2004). What do investors look for in a business plan? A comparison of the investment criteria of bankers, venture capitalists and business angels. *International Small Business Journal, 22,* 227–248.
Nicholas, K. (2011). The push and pull of innovation: A start-up case study. *Journal of Case Research in Business and Economics, 4,* 1–12.
Nielsen, J. (2014). Participation inequality: Encouraging more users to contribute. http://www.nngroup.com/articles/participation-inequality/. Zugegriffen: 15. März 2014.
Paul, S., Whittam, G., & Wyper, J. (2007). Towards a model of the business angel investment process. *Venture Capital, 9,* 107–125.
Timmons, J. A., & Spinelli, S. J. (2009). *New venture creation entrepreneurship for the 21st century*. New York: McGraw-Hill/Irwin.

Der Funding-Prozess 5

Nach den bisherigen eher theoretischen Ausführungen, in welchen wir die beiden Parteien – Plattform und Investor – vorgestellt haben, geht es nun in die Praxis: Widmen wir uns nun dem eigentlichen Crowdfunding. Der Funding-Prozess folgt etlichen mehr oder weniger definierten Schritten, die man als Gründer aufgrund der natürlichen zeitlichen Reihenfolge vermutlich auch so Kapitel für Kapitel durchführt und abhakt.

Es stellt sich häufig die Frage, wie viel Zeit für den gesamten Funding-Prozess einzuplanen ist
Von der ersten Bewerbung bis zu dem Zeitpunkt, an dem das Kapital auf dem Startup-Konto eingeht, können viele Wochen und Monate vergehen, je nachdem, wie viele qualitativ ausreichende Inhalte (Businessplan, Bildmaterial etc.) man als Gründer bereits vorliegen hat, wie schnell die Crowdfunding-Plattform arbeitet, inwieweit die bestehenden Gesellschafter kooperieren und natürlich auch, wie groß das Interesse der Crowd-Investoren überhaupt ist: Überzeugt man in wenigen Stunden oder zieht sich das Funding über die maximale Laufzeit?

In jedem Fall gibt dieses Buch jedem Interessierten eine Richtschnur der anfallenden Aufgaben, sodass eine Einschätzung des Aufwandes leichter fallen sollte.

Das Thema Finanzierung ist für Gründer sensibel: Die Finanzierung ist mit zunehmender Zeit umso wichtiger, denn wenn sie nicht gelingt, ist das ganze Unternehmen in seiner Existenz bedroht. Daher ist es wichtig, die Finanzierung rechtzeitig anzustoßen und eng mit der Plattform abzustimmen, damit drohende Zahlungsunfähigkeiten im Negativen und geplante Wachstumsschritte im Positiven wie gewünscht umgangen bzw. realisiert werden können.

Im Vergleich zu anderen Finanzierungsquellen ist ein Crowdfunding sicher eine etwas langsamere und – aufgrund der Ungewissheit über das Interesse der Crowd – auch schwer planbare Alternative. TOLLABOX-CFO Tobias Zumbült: „Es dauert einen Monat weniger als bei einem VC, bis das Geld fließt. Zeit, die über alles entscheiden kann! Man ist also ein bisschen schneller als mit einem VC und ein bisschen langsamer als mit einem Business Angel." Auch ein meist kurzfristig notwendiger Kredit bei der Bank ist vermutlich schneller realisierbar als ein Crowdfunding und sollte im Zweifel im Hinterkopf behalten werden, denn die Erfahrung hat gezeigt, dass der Gründer auf einige Prozessschritte keinen Einfluss hat und sich das Crowdfunding deutlich länger ziehen kann als geplant.

5.1 Vorüberlegung: „Ist mein Unternehmen für ein Crowdfunding geeignet?"

Jede Unternehmensgründung ist eine bewundernswerte Sache und jeder Gründer sollte für seinen Mut zum Unternehmertum Respekt bekommen. Zum gegenwärtigen Zeitpunkt ist aber nicht jedes Geschäftsmodell und nicht jede Gründerpersönlichkeit für ein Crowdfunding auf den großen und bekannten Plattformen geeignet. Wie schon zuvor definiert, sind Startups junge, innovative und noch nicht etablierte Unternehmen auf der Suche nach einem nachhaltigen, skalierbaren Geschäftsmodell. Die spannendsten dieser Geschäftsmodelle haben bei den Plattformen die besten Chancen. Was damit gemeint ist, erklärt dieses Kapitel.

5.1.1 Allgemeine Auswahlkriterien der Plattformen

Wie auch Sie als Gründer Ihre Auswahl für eine Plattform treffen müssen (siehe Kap. 3.3), hat auch ein Großteil der Crowdfunding-Plattformen Kriterien, nach denen die Plattformen entscheiden, ob Sie sich als Unternehmen auf dieser präsentieren können.

Zwei Dinge sind unverzichtbar: Die Geschäftsidee muss das Potenzial haben, Menschen zu begeistern. Nur wenn viele Menschen von einer Idee überzeugt sind, kann sie erfolgreich mit Crowdfunding finanziert werden, was in Kap. 4 ausführlich skizziert wurde.

Weiterhin müssen die Gründer direkte Kommunikation mit der Crowd mögen und beherrschen. Crowdfunding lebt von dem unmittelbaren, lebendigen Dialog zwischen Startups und Investoren und der gemeinsamen Begeisterung für ein

Thema. Eine Sorge, die viele Gründer vor einem Crowdfunding umtreibt, sind die Informationen, die man der Öffentlichkeit, der man sich bei einem Crowdfunding stellt, preisgeben muss: Jeder Interessent kann sich in Ruhe Geschäftszahlen, Wachstumspläne und Strategien ansehen. TOLLABOX-CFO Tobias Zumbült dazu: „Man muss aufpassen, dass man nicht zu viele Informationen preisgibt. Das ist und bleibt ein Problem, gerade wenn man in einer relativ engen Wettbewerbssituation ist, dann möchte man nicht zu viel verraten. Dass jemand aus dem Bekannten- und Freundeskreis eines Wettbewerbers investiert, ist so klar wie das Amen in der Kirche." Jeder Gründer muss sich bei seinem Crowdfunding also drauf einlassen, Transparenz zu wagen. Es hat bis dato keine bekannten Fälle gegeben, in denen diese Transparenz geschäftsschädigend war. Wie man als Gründer die richtige Entscheidung zwischen überzeugender Offenheit und der Sicherung des Wettbewerbsvorteils findet, diskutieren wir in Kap. 5.3.1 beim sog. „Storytelling".

Denn am Ende entscheidet nicht die Plattform, ob ein Crowdfunding erfolgreich wird, sondern die Investoren. Viele Crowdfunding-Plattformen haben es sich daher zum Ziel gesetzt, die für die Nutzer spannendsten Geschäftsideen auszuwählen.

Auswahl bedeutet, dass nicht jeder Gründer mit seiner Idee „einfach so" ein Crowdfunding auf einer Plattform starten kann. Die Plattformen selektieren die Bewerbungen aller Startups. Dies wird in Deutschland bisher von allen Plattformen so gehandhabt und unterscheidet sich somit deutlich von Reward-based Crowdfunding-Plattformen, die mit weniger hohen Barrieren aufwarten. Die Quote der Startups, deren Bewerbung tatsächlich in einem Crowdfunding endet, liegt beispielsweise bei Seedmatch im niedrigen einstelligen Prozentbereich.

Bei der Auswahl von Startups, welche für ein Crowdfunding geeignet sind, werden bei den Plattformen verschiedene Kriterien herangezogen, die am einfachsten auf der jeweiligen Plattform-Website zu studieren sind. Companisto schreibt auf der eigenen Website: „Voraussetzung für ein Crowdinvesting auf Companisto ist ein innovatives und skalierbares Geschäftsmodell, welches sich durch Neuerungen und Alleinstellungsmerkmale vom Wettbewerb abhebt." Etwas genauer hat Seedmatch seine Kriterien formuliert, die wir Punkt für Punkt kurz anreißen wollen:

- **Das Produkt bzw. die Dienstleistung ist innovativ und besitzt klare Alleinstellungsmerkmale sowie Begeisterungspotenzial:** Innovationen begeistern Menschen, denn sie zeigen, dass der Gründer eine bestehende Herausforderung, ganz gleich welcher Art, neu gedacht hat. Das Erlebnis des „Da wäre ich selbst nie draufgekommen" beim Investor ist ein Erfolgsfaktor im Crowdfunding. Es animiert, rare Zeit zu investieren und sich mit der neuen Problemlösung intensiver auseinanderzusetzen. Eine langweilige oder die x-te Wiederholung einer

Idee hingegen können häufig selbst bei einer renditeträchtigen Planung selten überzeugen (siehe auch Kap. 3.1).
- **Technische Innovationen für Geschäftskunden (B2B) sind ebenfalls geeignet, wenn sie disruptiv sind und ausreichendes Begeisterungspotenzial bieten:** Das Startup Protonet hat erfolgreich bewiesen, dass Crowdfunding auch für diese Art von Geschäftsmodellen geeignet sein kann.
- **Das Geschäftskonzept adressiert einen der großen Trends,** wie u. a. Bildung, Big Data, Consumer Electronics, E-Commerce, Energie, Ernährung, FinTech, Gesundheit, IaaS/PaaS/SaaS, IT Security, Mobile, Mobility, 3D-Printing etc. Die Liste ließe sich noch lang fortsetzen. Auch die (privaten) Startup-Investoren auf Crowdfunding-Plattformen informieren sich über allgemeine Trends, in denen sich Innovationen zeigen und in die eben auch die professionellen VC-Gesellschaften investieren. Letzteres ist für die Crowd ein Indikator, ob eine Branche und damit die Geschäftskonzepte dieses Erfolgspotenzial haben: Dass Hardware- und Technologie-Startups bei Konzernen wie Google, der im Frühjahr 2014 das Startup Nest (einen Produzenten eines intelligenten Thermostats) für einen Milliardenbetrag kaufte, hoch im Kurs stehen, befeuert die Aussicht darauf, dass auch ähnliche Konzepte mit Hardware-Komponenten interessant für die Branche und etwaige Übernahmen sein könnten.
- **Das Geschäftsmodell ist nachhaltig und skalierbar.** Auf diesen Punkt wurde ausführlich in Kap. 3.1 bei der Frage „Was ist ein Startup?" eingegangen.
- Das Geschäftsmodell hat optimalerweise den sog. **„Proof of Concept"** schon erbracht, d. h., Sie können nachweisen, dass die Idee funktioniert, oder Sie können durch gute (erste) Kennzahlen überzeugen. Diese Anforderung adressiert die Unsicherheit bei der Investmententscheidung. Können die Gründer eines Startups zeigen, dass ihre These über eine bestimmte Geschäftsidee richtig ist, fällt das Investment leichter, denn das Risiko sinkt. Bei technischen Innovationen sollte zumindest ein Prototyp vorzeigbar sein, bei E-Commerce-Modellen eine erste Kundengruppe akquiriert werden. Eines der bekanntesten Beispiele für die Macht dieses Proof of Concept ist das Karlsruher Startup e-volo, das den vollkommen neuartigen Volocopter entwickelt: einen Hubschrauber mit 18 elektrisch betriebenen Rotoren, der emissionsfrei und mit deutlich weniger Verschleiß erhebliche Vorteile gegenüber dem heute bekannten Hubschrauber hat. Das Team entwickelte einen Prototypen und ließ ihn vor der versammelten Presse und im Crowdfunding-Video im Herbst 2013 erstmals fliegen. Medien weltweit berichteten über das Unternehmen, und Flugbegeisterte hatten in der Folge mit einem 10.000 Euro Investment bei Seedmatch die Chance, als Erstes eine Vorverkaufsoption zu erhalten. Wäre das Fluggerät nie vor dem Funding geflogen, wären massive Zweifel an der technischen Machbarkeit der Idee aufgekommen.

5.1 Vorüberlegung: „Ist mein Unternehmen ...

- **Bei Ihrem Unternehmen ist der Markteintritt bereits erfolgt oder er steht kurz bevor.** Das bedeutet konkret, dass ein marktreifes Produkt vorliegen sollte bzw. der Großteil der Entwicklungsleistung schon abgeschlossen ist.
- Sie sollten bereits einen **Webauftritt** besitzen, der Ihr Geschäft vorstellt. Selbst bei Offline-Geschäftsmodellen ist es heutzutage Pflicht, sich seinen Kunden und eben auch Investoren online anständig vorzustellen, denn für jedes noch so internetferne Produkt gibt es Menschen, die online danach suchen werden und Anfragen an das Unternehmen stellen wollen. Die Crowd-Investoren recherchieren häufig neben der Plattform selbst nach mehr Informationen und daher sollte jeder Gründer die Hoheit über die Informationen über sein Unternehmen selbst in der Hand halten, ehe andere Un- und Halbwahrheiten verbreiten.
- Es handelt sich um eine Geschäftsidee, bei der **ein ausreichend großer Markt** vorhanden ist, in dem das Produkt sein ganzes Potenzial entfalten und den auch eine ausreichend große Investoren-Zielgruppe nachvollziehen kann. Eine Geschäftsidee kann noch so clever sein, wenn es dafür keinen Markt gibt, wird sie nicht erfolgreich werden oder an einer bestimmten Stelle nicht weiter skalierbar sein.
- **Sie arbeiten in einem Gründerteam, das Leidenschaft** für sein Produkt oder seine Dienstleistung mitbringt, ein Team mit unterschiedlichen Kompetenzen, Erfahrungen und dem Talent, sich zu präsentieren. Alle wichtigen Kernkompetenzen eines Unternehmens sollten optimalerweise im Team vorhanden sein, also z. B. Entwicklungs-, Vertriebs- und Marketingerfahrung. Es gibt unter Startup-Investoren (auch oder vor allem außerhalb von Crowdfunding-Plattformen) die beliebte These, dass ein gutes Team aus einer schlechten Idee einen Erfolg, ein schlechtes Team aber aus einer guten Idee nicht zwingend einen so großen Erfolg machen kann. Umso wichtiger ist nicht nur die Leidenschaft der Gründer, sondern auch die Bereitschaft, die eigenen Kompetenzen und Vorstellungen gegenüber der Crowd zu vertreten, und die Fähigkeit, diese Kompetenzen und Erfahrungen mit Argumenten zu untermauern, was sich auch im nächsten Kriterium wiederfindet:
- **Das Gründerteam hat die Bereitschaft, die Crowd über das Funding hinaus zu involvieren und möchte eine proaktive Kommunikation mit der Crowd nutzen**, um diese als Multiplikator einzubinden. Kurzum: Sie kommunizieren gerne und sind offen für einen kritischen Austausch mit Ihren Investoren. Denn diese werden das Geschäftsmodell auf Herz und Nieren prüfen – Hunderte kritische Menschen analysieren und hinterfragen alle Annahmen, Planungen, Strategien und sind nicht zimperlich im Umgang mit den Gründern. Dessen sollte sich jeder bewusst sein, der Crowdfunding in Erwägung zieht: Das ist kein Zuckerschlecken und kein Geld aus „dummen" Quellen, sondern funktioniert nur, wenn die Idee wasserdicht und aufrichtig diskutiert werden kann und das Team dabei nichts zu verbergen hat.

- **Das Gründungsdatum Ihres Startups liegt nicht mehr als fünf Jahre zurück.** Dieser Zeitraum ist natürlich willkürlich gewählt – aber nach fünf Jahren sollten Sie mit Ihrem Unternehmen so weit sein, dass sich etwas vorzeigen lässt: ein Prototyp, eine Website, irgendwas. Wenn Sie dies nach fünf Jahren noch immer nicht geschafft haben, wird jeder Investor starke Zweifel an Ihren Fähigkeiten als Gründer haben, und auch Sie sollten die Selbstständigkeit überdenken.
- Je nachdem, welche Plattform Sie wählen, müssen Sie bedenken, dass Ihr Unternehmen einen Sitz in Deutschland hat und dieses die **Rechtsform** einer GmbH oder UG besitzt (siehe Exkurs Unternehmen ohne Hauptsitz in Deutschland unter 5.1.3). Andere Crowdfunding-Plattformen für Startups haben mit einer Internationalisierung begonnen. Ob es ratsam ist, Investoren weltweit anzulocken, muss jeder für sich und sein Geschäftsmodell entscheiden.
- Ihr **Kapitalbedarf entspricht mindestens der Plattform**, bei der Sie sich bewerben wollen. Diese haben wir im Marktüberblick in Kap. 3.3 genauer vorgestellt. Im Zweifel hilft eine schnelle Webrecherche weiter. Die größten Plattformen beginnen ein Crowdfunding erst bei Summen ab 100.000 € – darunter lohnt sich für die Plattformen der Aufwand nicht. Business Angel Denis Jung, aus dessen Portfolio zwei Startups ein Funding durchführten, argumentierte auch aus Gründerperspektive: „Aus meiner Sicht macht Crowdfunding als Finanzierungsform erst richtig Sinn bei Beträgen ab deutlich über 100.000 €. Alternativ ist man mit Business Angels bei niedrigen Investitionssummen oft besser bedient." Er geht sogar noch einen Schritt weiter: „Ich appelliere an die Crowdfunding-Plattformen, auch bei der ersten Crowdfunding-Runde für ein Startup immer mindestens 250.000 € als Finanzierungsziel anzustreben. Ansonsten hangeln sich Startups von einem Funding zum nächsten und sind aufgrund des begleitenden Aufwands kaum in der Lage, sich auf ihre Kernaufgabe, nämlich den Geschäftsaufbau, zu konzentrieren. Diese Situation habe ich mehrfach erlebt." Demgegenüber steht natürlich das Bestreben der Plattformen, den Startups nur so viel Kapital zu vermitteln, wie diese für die entsprechende Unternehmensphase überhaupt brauchen – und so das Risiko für die Crowd auch überschaubar zu halten.

Idealerweise erfüllt ein Geschäftskonzept natürlich all diese Kriterien. Falls nicht, trauen Sie sich trotzdem! Die Motivation vieler Crowdfunding-Plattformen ist es, Beschleuniger für innovative Startups zu sein: Das heißt, wenn Ihr Geschäftsmodell in einigen Punkten besonders überzeugend ist, können diese gegebenenfalls andere Bereiche aufwiegen.

5.1.2 Exkurs: B2B-Startups eignen sich nicht für ein Crowdfunding

Die meisten Finanzierungsrunden bei Crowdfunding-Plattformen werden von Business-to-Consumer-Startups durchgeführt, also solchen, die den Endkunden ansprechen. Bei Produkten und Dienstleistungen für den Verbraucher stellt in der Regel ein großer Teil der Crowd potenzielle Neukunden dar, welche den Nutzen schnell und einfach nachvollziehen können. Business-to-Business(B2B)-Ideen haben häufig erhöhten Erklärungsbedarf, und es ist oft etwas Branchenwissen nötig, um alle Mehrwerte der angebotenen Lösung zu verstehen.

Tobias Zumbült, der mit der TOLLABOX zwar selbst ein B2C-Geschäft betreibt, sich aber als Gründer die Crowdfunding-Landschaft genau angesehen hat, erzählt: „Entweder bist du ein B2C-Modell, oder der B2B-Case muss wenigstens vom Endkunden verstanden werden, das ist ganz wichtig. Meine Beobachtungen zeigen, dass es B2B-Themen eher schwierig haben, aufgrund der Tatsache, dass man relativ viele nicht-professionelle Investoren beim Crowdfunding hat. Die Gesamtheit der Investoren ist vom Case einfach sehr weit entfernt und da funktioniert ‚bunt, schön, ansehnlich, ästhetisch' dann eben besser."

Deswegen ist ein Crowdfunding für ein B2B-Startup aber nicht sofort ausgeschlossen!

Gründer, die von ihrer Idee begeistert sind und ein Talent für Kommunikation haben, können dennoch die Crowd überzeugen, wenn es sich um eine spannende Innovation handelt und sie die wesentlichen Informationen kurz und verständlich vermitteln können. So wurden bei Seedmatch beispielsweise die B2B-Startups Protonet, easyPEP oder LeaseRad sehr erfolgreich finanziert. B2B-Startups bleiben somit ebenso ein spannendes Feld für diese Finanzierungsform – es ist immer eine Sache der Erklärung oder: des Storytellings.

Philipp Baumgaertel vom Startup Protonet ist ebenfalls dieser Meinung: „Es kommt darauf an, wie man seinen Fokus rüberbringt. Wir bieten zwar ein B2B-Produkt an, aber es ist ziemlich privatanwenderfreundlich. Es gilt immer, egal, ob B2C oder B2B: Du musst die Investoren mit einem emotionalen Thema überzeugen. Natürlich ist es schwerer, eine B2B-Idee wie ‚ein Tracking-Tool für In-App-Advertisement' emotional rüberzubringen. Bei unserem Thema können wir jedoch sagen: ‚Es geht um die Hoheit über deine Daten, darum, dass sie dir gehören.' Das ist etwas, wo die Crowd-Investoren merken: ‚Ja, das stimmt, das finde ich auch.' Dazu sieht unser Produkt auch noch schön aus – und unser CEO Ali Jelveh ist ein sehr charismatischer Kerl, das passt einfach alles ganz gut zusammen."

5.1.3 Exkurs: Unternehmen ohne Hauptsitz in Deutschland und länderübergreifendes Crowdfunding

Momentan ist es bei führenden deutschen Crowdfunding-Plattformen noch schwierig, Startups zu finanzieren, die ihren Sitz nicht in Deutschland haben. Dies hat u. a. rechtliche Gründe. Die rechtlichen Voraussetzungen für ein Crowdfunding sind noch nicht übergeordnet von der Europäischen Kommission reguliert und schon gar nicht auf einer globalen Ebene einheitlich. In Spanien und Italien herrschen vollkommen andere Regelungen als in Frankreich oder den USA. Zudem ist das partiarische Nachrangdarlehen ein deutsches Vertragskonstrukt, welches nicht einfach auf andere Länder übertragen werden kann. Die Spezifika der zahlreichen Länder müssten momentan noch aufwendig recherchiert und ein Vertragskonstrukt geschaffen werden, welches den Regulierungen der einzelnen Länder gerecht wird. Des Weiteren ist es für Investoren schwieriger, Märkte außerhalb ihres eigenen Landes einschätzen zu können.

Einheitliche europäische Rahmenbedingungen für Crowdfunding-Plattformen könnten die Risiken für all jene mindern, die diese Art der Finanzierung für ihre Projekte nutzen.

Dabei ist grundlegend festzuhalten, dass die EU die besondere Bedeutung der neuen Finanzierungsform Crowdfunding anerkannt und sich zum Ziel gesetzt hat, die gesamteuropäische Entwicklung von Crowdfunding-Tätigkeiten zu unterstützen. Diese soll auf der einen Seite den Unternehmen einen unbürokratischen Zugang zu frischem Kapital sichern und auf der anderen Seite den Unterstützern den größtmöglichen Schutz geben. So soll das Potenzial von Crowdfunding entfaltet werden und der derzeit noch sehr bescheidene Anteil von unter einem Viertel (IOSCO Report 2014, S. 15) am weltweiten Crowdfunding-Markt erhöht werden (USA: 51%/China: 28%). Ein erster Regulierungsvorschlag wird noch im Jahr 2014 erwartet.

Die Europäische Kommission will mit einem Expertengremium die Entwicklung des Crowdfundings weiter beobachten und enger mit den nationalen Behörden zusammenarbeiten. Des Weiteren soll die Transparenz gefördert und hierdurch das Vertrauen bei den Nutzern erhöht werden. In diesem Zusammenhang wird auch die Einführung eines „EU-Qualitätssiegels" für Crowdfunding-Plattformen diskutiert. Nicht zuletzt soll geprüft werden, ob Regulierungsmaßnahmen auf EU-Ebene erforderlich sind, um ein optimales Funktionieren des Binnenmarkts zu ermöglichen (Europäische Kommission 2014, S. 4). Es bleibt spannend, wie sich der Markt nach einer Regulierung weiterentwickelt und welchen Einfluss diese Entwicklung auf die Startups im Crowdfunding hat.

Verschiedene Mitgliedsstaaten haben versucht, eine größere Rechtssicherheit im Zusammenhang mit dem auf finanzielle Erträge ausgerichteten Crowdfunding

5.1 Vorüberlegung: „Ist mein Unternehmen ...

durch Leitfäden oder andere Veröffentlichungen zu schaffen (z. B. Deutschland, die Niederlande und Belgien). Im Falle von Deutschland hat die BaFin (Begner 2012) einen Fachartikel „Crowdfunding im Licht des Aufsichtsrechts" am 5. September 2012 veröffentlicht. Andere Mitgliedstaaten (Italien, Großbritannien, Frankreich und Spanien) wollen konkrete Regulierungsmaßnahmen ergreifen bzw. haben dies schon getan, um diese neue Art der Finanzierung zu erleichtern (Europäische Kommission 2014, S. 8 f.). Derzeit gibt es aber keine einheitlichen Regelungen, die es länderübergreifend ermöglichen, Crowdfunding rechtssicher durchzuführen. Dies wird insbesondere deutlich, wenn man sich die unterschiedlichen Regelungen in den einzelnen Ländern anschaut. Entsprechende Untersuchungen hat schon das European Crowdfunding Network (2013) in seinem Bericht „Review of Crowdfunding Regulation 2013" angestellt.

In diesen unterschiedlichen, nationalen Regelungen sieht auch die EU eine Gefahr:

> (Sie) besteht darin, dass mit großem Aufwand verbundene und unausgereifte Regulierungsmaßnahmen die Entwicklung des Crowdfunding hemmen könnten, während eine zu laxe Politik Verluste bei den Anlegern zur Folge haben und damit das Vertrauen der Verbraucher in das Crowdfunding beeinträchtigen könnte. (Europäische Kommission 2014, S. 9)

Diese Entwicklung ist gerade beim Equity-based Crowdfunding aufgrund der unterschiedlichen regulatorischen Rahmenbedingungen bereits zu beobachten: Laut dem aktuellen Crowdfunding Industry Report 2013 hat das Equity-based Crowdfunding im Gegensatz zu den anderen drei Modellen des Crowdfundings (Lending-based, Reward-based und Donation-based) ein deutlich geringeres Wachstum bei den Funding-Volumina in 2013 verzeichnet.

Es ist nur logisch, für eine einheitliche EU-Regelung des Crowdfundings zu plädieren. Denn nur so kann eine optimale Rechtssicherheit für Unternehmen und Unterstützer gewährleistet werden. Ohne eine einheitliche EU-Regelung birgt ein länderübergreifendes Crowdfunding – vor allem Equity-based Crowdfunding – aus der Sicht der Autoren ein unkalkulierbares Risiko für alle Beteiligten. Dies gilt insbesondere für kapitalsuchende Unternehmen, die nicht sicher sein können, die verschiedenen rechtlichen Rahmenbedingungen für öffentliche Investmentangebote der einzelnen Länder, in denen Investoren angesprochen werden, zu erfüllen. Darüber hinaus birgt so eine Vorgehensweise das Risiko, das Vertrauen der Bevölkerung in diese Finanzierungsart zu unterminieren und das Wachstum von Crowdfunding zu beeinträchtigen. Vor diesem Hintergrund können wir die europäische Kommission nur ermutigen, angemessene länderübergreifende Rahmenbedingungen zu schaffen, um potenzielle Risiken einzuschränken und gleichzeitig das Wachstum von Crowdfunding zu fördern.

5.2 Die Bewerbung bei der Plattform

Sie denken, Sie erfüllen die Kriterien für ein Crowdfunding-Startup? Dann sollten Sie sich die Mühe machen und eine Bewerbung starten – unverbindlich und kostenfrei. Was haben Sie zu verlieren?

Die Plattformen garantieren Ihnen – auf Wunsch mit einem sog. Non-Disclosure-Agreement (NDA) – absolute Diskretion und Sicherheit. Gründer haben also nichts zu befürchten und können vom Feedback der Plattformen nur profitieren. Diese analysieren Geschäftsideen nicht nur aus der Perspektive eines Business Analysts, sondern verkörpern mit ihrer Erfahrung auch die Sicht der Crowd, die anders an eine Idee herangeht als die Angestellten in den Venture-Capital-Gesellschaften.

Ihre Bewerbung senden Sie üblicherweise per E-Mail mit ein paar einleitenden Worten und einem sog. Pitchdeck, einem Executive Summary oder – auf gut Deutsch – einer kurzen, knackigen Übersicht Ihres Startups: Was ist die Idee, was ist das Produkt, wie funktioniert das Geschäftsmodell? Ein Pitchdeck ist üblicherweise eine PDF-Datei einer Powerpoint-Präsentation. Was darin stehen sollte, zeigen wir gleich.

Zwar fordern (noch) alle großen deutschen Crowdfunding-Plattformen alle interessierten Startups dazu auf, sich zu bewerben, dass dies aber keinesfalls Branchen-Standard ist, zeigt ein Blick auf die Webseiten der meisten VC-Geber. Da heißt es etwa: „If you are interested in raising money from Heilemann Ventures, please find someone to introduce you to one of our team-members. Please refrain from submitting cold pitches via Email or LinkedIn as we have no capacity to review these." Sinngemäß: Wenn Sie Kapitel von uns erhalten wollen, finden Sie bitte jemanden, der Sie bei einem unserer Teammitglieder vorstellt. Bitte sehen Sie davon ab, ohne eine solche Vorstellung Bewerbungen über E-Mail oder LinkedIn einzusenden, da wir keine Kapazität dafür haben, diese zu prüfen (Heilemann Ventures GmbH 2014). Häufig übersteigt die Nachfrage nach Kapital das Angebot – diese Barriere, selektiert bei vielen Geldgebern das Interesse bereits vor.

Nutzen Sie also die Gelegenheit, sich empfehlen zu lassen oder – wie man in der denglischen Startup-Szene so sagt: „sich von X ein Intro bei Y machen zu lassen". Sie kennen z. B. ein Team, das sich bereits über Ihre Wunsch-Plattform finanziert hat? Dann lassen Sie dieses für sich sprechen. Das sorgt zusätzlich zu Ihrer Bewerbung für Aufmerksamkeit. Persönliche Empfehlungen sind generell etwas sehr Wertvolles und Vertrauenswürdiges.

So wird zudem deutlich, dass Sie vernetzt sind. Mittels XING, LinkedIn oder Facebook finden Sie schnell und einfach heraus, ob einer Ihrer Kontakte mit einem Mitarbeiter bei einer der Plattformen vernetzt ist und Sie Ihr „Intro" bekommen. Es steigert Ihre Chancen, den ersten Screening-Schritt der Plattformen erfolgreich zu bestehen. Zudem können Sie so ein externes Feedback zur Crowdfunding-Plattform einholen und vorab ausloten, ob Ihre Plattformauswahl zur Geschäftsidee passt.

5.2.1 Das Pitchdeck

Diese Ausführungen zur Erstellung eines Pitchdecks gelten als Leitfaden, der sich bei Startup-Bewerbungen als erfolgreich erwiesen hat. Mit den folgenden neun Punkten bieten Sie einer Crowdfunding-Plattform eine gute Informationsgrundlage und können durch einen souveränen ersten Eindruck punkten. Diese Punkte können jedoch nur als Orientierung dienen: Bleiben Sie kreativ und frei und erzählen Sie bei Ihrer Bewerbung Ihre Geschichte. Arbeiten Sie auch mit Grafiken und Tabellen – überzeugen Sie darüber hinaus mit einem ansprechenden Design und machen Sie Ihre Idee anschaulich.

Wir bekamen häufig die Frage, wieso ein Pitchdeck nötig und ob ein Businessplan nicht viel besser sei. Dazu folgendes Zitat aus dem lesenswerten Blog „Venture Hacks" von der amerikanischen Startup-Investment-Plattform AngelList:

> Don't send a business plan to investors. Nobody reads them and nobody executes them. [...] Document your detailed plans on a napkin. (Venture Hacks 2007). (Sinngemäß: Senden Sie keinen Businessplan an Investoren. Niemand liest ihn. Und niemand führt ihn aus. Erklären Sie Ihre detaillierten Vorhaben auf einer Serviette.)

Anhand von Pitchdecks lässt sich in viel kürzerer Zeit sagen, ob eine Geschäftsidee und das Team dahinter begeisterungsfähig und für ein Crowdfunding geeignet sind. Es umfasst im Gegensatz zum Businessplan nur einige wenige Seiten, auf denen alle noch so komplizierten Umstände komprimiert und für jeden verständlich aufbereitet sein müssen.

Das Pitchdeck zeigt damit auch die Kompetenz des Teams, komplexe Inhalte herunterbrechen und vereinfachen zu können – eine Kernkompetenz beim Crowdfunding. Nur wer in wenigen Sekunden Begeisterung hervorruft, kann im Crowdfunding Erfolg haben. Und so sollte jeder Gründer ein Pitchdeck erstellen, ganz gleich, ob er damit ein Crowdfunding starten oder bei einem Venture-Capital-Geber Kapital akquirieren will – an beiden Stellen sitzen Menschen, die jeden Tag Dutzende neue Ideen vorgelegt bekommen und entscheiden müssen, ob diese für eine Finanzierung geeignet sind. Ideen, die in kurzer Zeit schon das Interesse wecken, mehr darüber zu erfahren, haben es dabei viel einfacher. Businesspläne sind dann erst der nächste Schritt.

Die hier vorgestellte Reihenfolge bzw. die Inhalte sind lediglich Empfehlungen, die auf unseren Erfahrungen in der Vergangenheit beruhen. Orientieren Sie sich daran, aber bleiben Sie einzigartig. Wenn für eine bestimmte Geschäftsidee eine Folie mehr oder weniger notwendig ist, sollte man die Freiheit nutzen und den Rahmen so anpassen, dass er passt. Das weiß jeder Gründer für seine Idee selbst am besten. Die Inhalte sollten zudem stichpunktartig aufgezeigt werden – Folien sollten nicht überladen werden.

1. **Kurzbeschreibung**
   Fassen Sie Ihre Idee in einem kurzen, knackigen Satz zusammen. Leser wollen schnell erfassen können, worum es bei Ihrem Geschäftsmodell geht. Überlegen Sie sich, wie Sie dies in einem begeisternden, knappen Slogan formulieren.

Hier ein paar Beispiele
„AoTerra (jetzt Cloud&Heat): Mit Servern heizen."
„Protonet: Der einfachste Server der Welt."
„erdbär Freche Freunde: Gesunde Snacks für Kinder."
„Caramelized: Smart Cookbooks"

2. **Produkt- und Kundennutzen**
   Stellen Sie Ihr Produkt oder Ihre Dienstleistung vor. Welchen Nutzen und Mehrwert hat diese(s) für den Kunden? Wo liegt die Besonderheit und damit das Begeisterungspotenzial für die Crowd?
3. **Zielgruppe und Markt**
   Hier stellen sich drei Fragen:
   – Was sind Ihre Zielkunden? Sind es Privatkunden (B2C) oder Geschäftskunden (B2B)? Wollen Sie z. B. die Zielgruppe LOHAS (Lifestyles of Health and Sustainability) ansprechen?
   – Wie groß ist das Marktpotenzial Ihres Geschäftsmodells? Fokussieren Sie sich auf das Inland oder wollen Sie international durchstarten? Hier geht es um eine Quantifizierung, die am besten anhand neutraler und fundierter Statistiken hergeleitet wird. Worauf hier zu achten ist, wurde in der Literatur für erfolgreiche Businesspläne ausführlich diskutiert.
   – Wer sind Ihre Wettbewerber und was sind Ihre Alleinstellungsmerkmale? Wie grenzen Sie sich ab?
4. **Geschäftsmodell**
   Ihre Idee und deren Nutzen für den Kunden haben Sie jetzt vorgestellt. Nun kommt die spannende Frage: Wie wollen Sie Ihr Geld verdienen? Hierbei gibt es unterschiedliche Möglichkeiten, z. B. mit einem Freemium- oder Abo-

Modell, einem (Online-)Marktplatz, einem Einzel- oder Großhandel etc. Die zweite bedeutende Frage ist: Wie skalierbar ist Ihr Geschäftsmodell? Zeigen Sie auf, welche Voraussetzungen für ein schnelles Wachstum Ihrer Idee gegeben sind.

5. **Marketing und Vertrieb**
Wie wollen Sie diese Kunden ansprechen? Marketing und Vertrieb sind wichtig, d. h., je nachdem, ob (Online-)Marketing oder (klassischer) Vertrieb im Fokus steht, sollten hier Strategie, Maßnahmen, KPIs und Learnings gezeigt werden.

6. **Ziele und Erzieltes**
Welche Ziele haben Sie bisher erreicht? Gehen Sie dabei auf Ihre KPIs (Key Performance Indicators bzw. Leistungskennzahlen) ein. Wie viele Nutzer bzw. Kunden konnten Sie bereits gewinnen? Wie hoch sind Ihre bisherigen Umsätze? Wie schnell sind sie bisher gewachsen? Haben Sie den Proof of Concept schon erbracht – können Sie die Durchführbarkeit Ihrer Geschäftsidee bereits belegen? Hat Ihr Produkt bzw. Ihre Dienstleistung den Product Market Fit erreicht – kommt Ihre Idee im Markt an, sodass Ihr Unternehmen wachsen kann? Welche KPIs besonders wichtig sind, ist von Startup zu Startup unterschiedlich, abhängig vom Geschäftsmodell, Produkt etc.
Was sind Ihre geplanten Ziele? In welcher Zeit wollen Sie diese erreichen? Führen Sie Ihre Meilensteine auf. Wie sieht Ihre Strategie oder Ihr Projektplan aus (Roadmap)?

7. **Team**
Zeigen Sie bei Ihrer Bewerbung wer Sie sind! Wer steckt hinter der Geschäftsidee? Zeigen Sie dabei gern Ihr Gesicht auf einem Foto – das schafft Aufmerksamkeit und Vertrauen. Wer ist in Ihrem Team für was verantwortlich? Welche konkreten Erfahrungen bringen die Teammitglieder mit? Über welche Kompetenzen verfügen alle Teammitglieder? Wie und wo haben sie diese erworben? Haben die Teammitglieder bereits eine erfolgreiche Gründung hinter sich oder außergewöhnliche Projekte abgeschlossen?
Dabei sollten Sie es jedoch vermeiden, einen klassischen Lebenslauf zu senden.
Erfahren Sie außerhalb Ihres Teams Unterstützung? Wenn ja, von welchen Personen oder Unternehmen? Wer sind Ihre Partner und Unterstützer – über welches Netzwerk verfügen Sie?

8. **Finanzierung**
   - Bisherige Finanzierung: Welche Investitionssummen sind bereits in Ihre Geschäftsidee geflossen? Wie wurde das Kapital verwendet? Wie ist Ihre Gesellschafterstruktur und welche Anteilsverhältnisse bestehen? Sind namhafte Investoren investiert?

- Aktueller Kapitalbedarf: Wie viel Kapital benötigen Sie und für was möchten Sie dieses einsetzen? An dieser Stelle ist es hilfreich, eine Kapitalspanne anzugeben. Denn auch bei Plattformen mit einer guten Performance können Sie sich nicht sicher sein, Ihren maximalen Wunschbetrag einzusammeln. Die Crowd entscheidet schließlich selbst.
- Zukünftiger Gesamtkapitalbedarf: Wie viele Finanzmittel benötigen Sie insgesamt? Wann planen Sie den Break-even (Kostendeckungspunkt/ Gewinnschwelle)?
9. **Crowdfunding:** Erklären Sie an dieser Stelle kurz, warum Sie sich für Crowdfunding entschieden haben. Gehen Sie zudem darauf ein, warum Sie sich bei einer bestimmten Plattform bewerben. Zeigen Sie, dass Sie sich mit dem Konzept Crowdfunding und den plattformspezifischen Voraussetzungen auseinandergesetzt haben und diese erfüllen.
10. **Abspann:** Geben Sie zum Schluss einen konkreten Ansprechpartner und Ihre Kontaktdaten an. Erwähnen Sie zudem Ihre Rechtsform, Ihren Sitz, Ihr Gründungsjahr und Ihre Nummer im Handelsregister.

5.2.2 Checkliste – weitere Dinge, auf die Sie bei Ihrer Bewerbungen achten sollten

Damit Sie die besten Chancen haben, für ein Crowdfunding akzeptiert zu werden, achten Sie bei Ihrer Bewerbung zudem auf folgende Punkte:

- Korrekte Rechtschreibung und Grammatik: Der absolute Standard, denkt man. Aus unserer Erfahrung können wir sagen: Auch hier trennt sich die Spreu vom Weizen. Wer sich „einfach so", mal aus der Laune heraus bewirbt, hat häufig mehr Fehler in der Bewerbung als Kandidaten, die ihre Bewerbung lange und ruhig vorbereitet haben. Tipp: Lesen Sie Ihre Bewerbung mal rückwärts – dann fallen Tippfehler viel schneller auf.
- Strukturierte Darstellung der Informationen mit knackigen Headlines, einfachen Grafiken und passendem Bildmaterial: Auch optisch unterscheiden sich die Bewerbungen und man sieht schnell, wer sich dabei Mühe gegeben hat. Standardschriften und Powerpoint-Layouts zeugen nicht gerade von Leidenschaft. Wenn Sie im Kopf des Lesers bleiben wollen, differenzieren Sie sich!
- Keine Phrasen bzw. generischen Aussagen ohne Fakten wie „Wir haben das Potenzial den Markt zu revolutionieren". Dies gilt natürlich auch später für die Präsentation während Ihres Crowdfundings.
- Ihre Bewerbung sollte eine angemessene Länge haben (circa 10 bis 20 Folien).

- Verlieren Sie sich nicht in Details und vermeiden Sie zahlreiche Wiederholungen.
- Achten Sie auf einen Bezug zur Crowdfunding-Plattform, bei der Sie sich bewerben.
- Analysieren Sie die Stärken und Schwächen Ihres Geschäftsmodells: Seine Schwächen zu kennen, ist eine wichtige Eigenschaft im Crowdfunding. Die Crowd wird diese später schnell erkennen und eine professionelle Reaktion darauf ist eine essenzielle Grundlage.
- Und noch eine grundlegende Sache: Holen Sie sich Feedback von anderen zu Ihrem Pitch ein. Einige Gründer halten ihre Geschäftsidee zwanghaft geheim. Durch das Feedback können Sie jedoch von vornherein Fehler erkennen und das Konzept verfeinern. Wenn die geheime Idee das Einzige ist, auf das Sie bauen, sind Sie für ein Crowdfunding mit hoher Wahrscheinlichkeit nicht geeignet und haben wenig Chancen auf Erfolg.

5.3 Funding-Vorbereitung

Sie haben die Hürde der Plattformauswahl hinter sich gelassen und deren Team überzeugt – herzlichen Glückwunsch. Jetzt fängt die Arbeit jedoch erst richtig an! Viele Gründer unterschätzen den Aufwand einer fundierten Funding-Vorbereitung. Es hat sich gezeigt, dass dies kein Nebenjob, sondern harte Arbeit für das gesamte Gründerteam ist! Stellen Sie sich also auf eine intensive Zeit ein, in der Sie Ihr Geschäftsmodell aus einer vollkommen neuen Perspektive erleben werden und erklären und verteidigen müssen. Einige Überlegungen sollten Sie aber bereits vorab tätigen:

Zeitpunkt: Wann führe ich mein Crowdfunding durch?
Dieser Aspekt wird bei vielen Fundings nicht ausreichend bedacht und der Funding-Start wird einfach auf den nächstbesten Termin gelegt. Der wesentliche Faktor ist natürlich: Wann braucht man das Kapital? Allerdings gibt es hier mitunter einen Zielkonflikt mit anderen Faktoren: Will man den Investoren einen funktionierenden Prototypen, einen erfolgreichen Marktstart und damit gute Kennzahlen vorlegen, muss man ggf. etwas länger warten, sammelt dann das Kapital aber auch schneller und souveräner ein.

Grundsätzlich gilt: Je riskanter die Idee, desto wichtiger sind Indikatoren für den Investoren, die die Machbarkeit belegen. Ein Beispiel für das perfekte Timing lieferte e-volo. Das Karlsruher Startup, das mit dem Volocopter den ersten strombetriebenen Helikopter mit 18 Rotoren vorstellte, wartete mit seinem Funding, bis es den Jungfernflug des Prototypen erfolgreich absolviert hatte. Die danach entstehende Welle internationaler Medienberichterstattung spülte geradezu die Investoren in das Funding, sodass das Team in nur dreieinhalb Tagen 1,2 Mio. € einsammeln konnte. Den richtigen Zeitpunkt zu finden, ist äußerst schwierig und sollte in enger Abstimmung mit der Plattform stattfinden.

Zeitaufwand: Wie viel Zeit braucht die konkrete Funding-Vorbereitung?
Hier gibt es keine allgemeine Formel, aber Erfahrungswerte. Lottohelden-Gründer Matthias Höfer, im November 2013 bei Seedmatch im Funding, berichtet:

> Für die reine Vorbereitung, also vom erfolgreichen Feedback der Plattform bis zum Funding-Start, braucht es schon acht Wochen. Der Arbeitsaufwand ist nicht ohne: Wir mussten erst alle unsere Unterlagen auf Vordermann bringen, diese dann mit der Plattform abstimmen, damit sie in der Form den Anforderungen entsprachen. Dann kam das Marketingmaterial, also Grafiken, Video usw. Das hat bei uns einen Mitarbeiter im vollen Tagesgeschäft ausgefüllt.

Auch die Vertragsdetails (siehe Kap. 5.3.5) und rechtlichen Abstimmungen müssen im Vorfeld eingeplant werden. Vor allem eine womöglich nötige Umwandlung in eine GmbH oder UG (haftungsbeschränkt) ist ein Schritt, der nicht selten zu enormen Verzögerungen führt, wenn das zuständige Amtsgericht, welches das Handelsregister verwaltet, die Formalitäten mal nicht so schnell klären möchte, wie es für das Unternehmen eigentlich notwendig wäre.

Teamorganisation: Wer sollte bei der Funding-Vorbereitung involviert sein?
Die leichte Antwort: Finanzierung ist Chefsache. Um die Details darf sich gern ein Mitarbeiter kümmern, aber die Vorbereitung der Finanzzahlen, der Inhalte und Präsenz sollte vom Gründerteam selbst kommen. Crowd-Investoren erwarten, dass die Geschäftsführer selbst Ansprechpartner sind und für Fragen zur Verfügung stehen. Da ein Funding ein allumfassendes Thema ist, wie wir gleich sehen werden, würde früher oder später ohnehin ein Stapel Fragen beim Chef landen. Denn es kommen erst im Prozess ganz neue, aber strategische Fragen auf, auf die es keine einfache Antwort gibt.

5.3.1 Das Storytelling

Das Wertversprechen von […] Storytelling ist mit drei Sätzen beschrieben:
- Eine gute Story macht ein Unternehmen greifbar.
- Sie regt die Fantasie an.
- Dadurch steigt der Wert.

5.3 Funding-Vorbereitung

Woran liegt das? Die einfache Antwort lautet: Weil wir Geschichten lieben. (Etzold und Ramge 2014, S. VI)

Crowdfunding ist Storytelling
Wie die Kapitel über die Investoren (Kap. 4), die Startup-Selektion (Kap. 5.1.1) sowie die bisher genannten Startup-Beispiele zeigen, geht es nicht um perfekte Businesspläne oder den besten Lebenslauf, sondern um die Begeisterung von Menschen anhand von Fakten.

Crowdfunding findet im Internet statt. Das heißt: Menschen haben wenig Zeit, sie klicken schnell hin und her, überall lauert z. B. Facebook oder die nächste klickfreudige Schlagzeile, das nächste animierte GIF oder YouTube-Video. Kurzum: Gründer kämpfen beim Investor um dessen Aufmerksamkeit. Und die gewinnen Startups im Crowdfunding nur, indem sie eine Geschichte erzählen, die von Leidenschaft und von einer Vision zeugt. Eine Geschichte, die man gerne liest – und über die man auch gerne spricht! Denn auch Viralität, also das Weitererzählen von Leser zu Leser, ist ein mit dem Wert der Story verbundener Erfolgsfaktor.

So berichtet Philipp Baumgaertel vom Startup Protonet über das Erfolgs-Funding im November 2012, bei dem das Hamburger Unternehmen in nur 48 min 200.000 € einsammelte:

> Wir haben damals eine Story erzählt. Eine Story ist unglaublich wichtig, um den Menschen eine Orientierung zu geben. Wenn du den Leuten nur vom Produkt erzählst, dann behalten diese Menschen die Geschichte nicht im Kopf. In einer Geschichte kannst du Personen sehr einfach an dein Problem heranführen und dann deine Lösung vorstellen, ohne, dass du zu technisch werden musst. Wenn wir mit unserer Server-Hardware erzählt hätten, wir haben soundso viel Rechenkapazität und Speicherplatz, so viele User usw., hätte es unsere Idee für die Leute nicht viel relevanter gemacht. Wenn wir erzählen, dass wir unsere Idee umsetzen, weil wir an die Unabhängigkeit der Daten glauben, dann wirkt das beim Investor einfach besser.

„Equity Storytelling ist kreatives Handwerk, verbunden mit analytisch-strategischer Grundkompetenz", so Etzold und Ramge (2014, S. VII). Heißt: Es überzeugt nicht der kreative Geschichtenerzähler, der sich den Inhalt aus den Fingern saugt (und womöglich nicht bei den Tatsachen bleibt), sondern der, der anhand von realen und belegbaren **Fakten** die richtige Geschichte erschafft.

Die beste Story formuliert man den beiden Autoren zufolge, indem man sich an drei Schritte hält:

1. **Potenziale für eine einzigartige Positionierung des Unternehmens erkennen:** Was macht das eigene Unternehmen aus: Das Produkt? Das Geschäftsmo-

dell? Welche Teile der Lebensläufe des Gründerteams sind mögliche Faktoren für den wirtschaftlichen Erfolg des Startups?

Beispiel TOLLABOX

Betrachten wir das Beispiel TOLLABOX, dessen Protagonisten ja bereits mehrmals in diesem Buch zur Sprache kamen: Das Berliner Startup versendet monatlich eine Überraschungsbox für „stundenlangen Spaß und Entdeckerfreude mit nachhaltigem Lerneffekt" für die Zielgruppe Kinder von 6 bis 10 Jahren. Das Startup war im April/Mai 2013 bei Seedmatch überaus erfolgreich: 599 Investoren investierten in genau einem Monat 600.000 €. Erfolgreiches Storytelling soll an diesem Beispiel dargestellt und einzelne Aspekte genauer beleuchtet werden, unter www.seedmatch.de/tollabox kann jeder Interessierte alle Details (bis auf den Businessplan) noch heute nachvollziehen.

Natürlich ist jede Gründung anders und jede Geschäftsidee hält andere Storytelling-Potenziale bereit. Deswegen ist es wichtig, erfolgreiche Beispiele als Referenzen im Vorfeld kennenzulernen und dann die Erkenntnisse auf den eigenen Fall zu übertragen. Bei den großen Plattformen ist dies eine der vielen Dienstleistungen, die Gründer für das hohe Honorar bekommen: Die Angestellten geben ihre Erfahrungen als Feedback an die Teams weiter, die Positionierung und der Anstoß kommen aber immer vom Team selbst.

Beispiel TOLLABOX

Das Produkt TOLLABOX will die Entwicklung junger Kinder in einer entscheidenden Phase der Gehirnentwicklung ohne Lernstress allein durch Spielen fördern. In jeder Box, die um die 20 € kostet, gibt es drei Entdeckerspiele mit allen Materialien und bebilderten Anleitungen, wertvolle Tipps für Eltern für spielerisches Lernen, eine Seriengeschichte zum Vorlesen und eine Hör-CD für Kinder. Das Produkt an sich war schon zum Zeitpunkt der Bewerbung nicht ganz neu: In den USA gab es das Unternehmen Kiwi Crate und auch in Deutschland mit der Wummelkiste bereits einen Konkurrenten.

Was also macht TOLLABOX anders? „Die TOLLABOX unterscheidet sich von anderen Bastelboxen durch ihr mit Experten entwickeltes pädagogisches Lernkonzept. Statt schöner Bastelprodukte, die dann aber irgendwann in die Ecke gelegt und vergessen werden, entwickelt die TOLLABOX Entdeckerspiele nach dem pädagogisch anerkannten ‚Free-Discovery-Play'-Konzept. Diese Spiele regen die Kinder in allen Entwicklungsbereichen von technischer über gesundheitlicher bis zu sozialer Kompetenz immer wieder zum Spielen und

Forschen an." Ein wissenschaftlicherer, durchdachterer Ansatz soll also die Produktdifferenzierung darstellen.

Ein ganz wesentlicher Faktor bei TOLLABOX ist aber auch das vierköpfige Gründerteam: Die Gründerin Béa Beste war nicht nur Beraterin bei der renommierten Unternehmensberatung Boston Consulting Group und Managerin bei ProSiebenSat.1, sie hatte darüber hinaus mit den PHORMS-Schulen bereits ein eigenes Schulkonzept mit Ablegern in verschiedenen deutschen Großstädten gegründet. TOLLABOX-CEO Oliver Beste, Ehemann von Béa, hat den Internethändler myToys.de mitgegründet und als Geschäftsführer Marketing bis 2008 auf rund 100 Mio. € Umsatz gebracht und zum Marktführer in Deutschland gemacht. Vor myToys war er vier Jahre Berater bei der Strategieberatung McKinsey und hat davor an der Harvard School of Government und der Harvard Business School studiert. Der dritte Gründer, Tobias Zumbült, war vor TOLLABOX u. a. beim deutschen Internet-Musiksender tape.tv. Und die letzte Mitgründerin Sarah Petzold war vier Jahre Projektmanagerin bei Bayer Schering und Projektleiterin des Vorstandsvorsitzenden. Alle Gründerpersönlichkeiten können also einen beeindruckenden Lebenslauf vorweisen – das allein wäre aber noch kein Investmentgrund.

2. **Disperse (also verteilte, nicht zusammenhängende) Fakten und Story-Elemente zu einer spannenden Geschichte formen:** Die in Schritt 1 formulierten USP-Potenziale und Gründererfahrungen werden jetzt in einen Bezug zu generellen Markttrends oder sozialen Veränderungen gebracht.

Beispiel TOLLABOX

Die Gründerin Béa Beste nahm ihre Tätigkeit als Schulgründerin und eine „Bildungsexpedition" rund um den Globus zum Anlass, über die Art und Weise, wie unsere Kinder heute Dinge lernen, nachzudenken: Was kann man in dieser wichtigen Phase des Lebens anders und besser machen? Die TOLLABOX ist ihre Antwort darauf: Frontalunterricht in der Schule ist nicht der einzig wahre Weg. Auch neue Lernkonzepte mit innovativen Ansätzen können erfolgreich sein. Kinder müssen nicht immer am Computer oder dem Smartphone hängen: Echtes Spielen, offline und ohne Display, macht genauso viel Spaß und ist zudem fordernder und fördernder für die junge Generation – in einer Zeit, in der immer mehr Kinder immer früher an das Digitale gewöhnt werden. Generell wächst der Bildungsmarkt, und ein Investment in diesen Markt ist thematisch unverfänglicher als in Rohstoffe, Devisen oder Wertpapiere. Somit ist der Produktmehrwert mit dem weltweiten Trend von Bildungsinnovation und -wachstum sowie mit der persönlichen Geschichte und Erfahrung der Gründerin verbunden.

Nur mit einem innovativen Produkt wird man aber nicht erfolgreich – man muss es auch verkaufen können. Daher ist es wichtig, auch die wirtschaftliche Expertise des Teams in den Vordergrund zu stellen. CEO Oliver Beste war bereits im Kinderartikel-und Online-Business mit dem Startup myToys erfolgreich und hatte mit dem Unternehmen einen Teil-Exit an die Otto-Gruppe realisiert. Er weiß, wie man online Produkte für Kinder an Eltern verkauft, kennt die Kanäle, auf denen man die Zielgruppe erreicht. Und er weiß, mit welchen Werbebotschaften man dies am besten bewerkstelligt – sein Erfolg beweist auch, dass es im Internet einen Markt für Eltern gibt, die auf der Suche nach dem Besten für das Kindeswohl sind. Oliver Beste bringt darüber hinaus ganz offensichtlich das betriebswirtschaftliche Know-how mit ein (seine Mitgründer natürlich ebenso): Dass er u. a. an der Harvard Business School gelernt hat und bei McKinsey Berater war, unterstützt diese Wahrnehmung natürlich zusätzlich.

3. **Die Geschichte dem Adressaten so erzählen, dass er sie „abkauft":** Hier geht es um die Form – welche Argumente fügt man in welcher Reihenfolge zusammen, damit andererseits die Story klar wird und die Investoren sich davon beeindrucken und überzeugen lassen?

„Erkenne dich selbst, sagte das Orakel von Delphi. Das sollten Sie als Unternehmen auch. Sie müssen wissen, wo Sie gut sind und was Sie weniger gut können. Und das müssen Sie in die richtige Story […] packen." (Etzold und Ramge 2014, S. 4). Die über 50 Finanzierungsrunden bei Seedmatch, die die Autoren begleiten konnten, zeigen: Viele Gründer haben Probleme damit, die eigene Positionierung zu finden und diese als eine Story dann auf allen Kontaktpunkten mit dem Investor auch glaubhaft zu kommunizieren. Der häufigste Fehler: Die Marketingbotschaft des eigenen Startups wird nur leicht abgeändert und soll dann auch den Investoren aus der Crowd angeboten werden. Das funktioniert nur, wenn beide Zielgruppen gleich sind: die Kunden des Startups und die Investoren. Das ist jedoch selten der Fall. Deswegen muss der Fokus etwas verschoben und die Betrachtung geändert werden. Die Marketingbotschaft ist nur ein Teil dessen, was eine gute Investment-Story ausmacht, so wie das Produkt eines Startups eben auch nur ein Argument ist – wenn es auch im Startup-Crowdfunding eine außergewöhnliche Rolle spielt, wie wir gleich sehen. Auch unterschätzen sich die Gründer oft selbst und versuchen in ihrer Bescheidenheit (oder aus Gründen der Privatsphäre), nicht allzu viel über sich preiszugeben oder eigene Erfolge und Erfahrungen zu präsentieren.

Vor der detaillierten Formulierung der Story empfehlen wir, sich als Quintessenz aller Überlegungen aus der Investorenperspektive **eine Handvoll „Reasons Why" auszudenken, also Gründe, die für ein Investment sprechen.**

5.3 Funding-Vorbereitung

Zu den „Reasons Why" können zählen:

- das Produkt/die Dienstleistung mit Innovationsgrad, Begeisterungsfähigkeit, Design, Funktionalität, etc.;
- das Team mit jeweiliger Vita, Erfahrung, Netzwerk, Commitment in Form von investierter Zeit und Kapital; aber auch die Angestellten, Beiräte, Berater, bestehende Investoren;
- das Geschäftsmodell;
- der Status quo, vor allem in Umsatz- oder Nutzerzahlen, aber auch in Verträgen, Auszeichnungen, etc.
- und ggf. das sog. „Goodie", also zusätzliche kostenfreie Angebote, die jeder Investor (ab einer bestimmten Höhe) zu jedem Investment dazu erhält, z. B. eben das Produkt, Gutscheine oder andere Dankeschön-Geschenke.

Diese Reasons Why sollten sich in allen Kanälen, die zur Überzeugung der Investoren eingesetzt und verwendet werden, wiederfinden: im Video, in der Investment-Story, im Businessplan, im Austausch mit potenziellen Investoren, in der Pressemitteilung, in eigenen E-Mails an Kunden oder im Kontakt mit dem persönlichen Netzwerk. **In jeder kommunikativen Maßnahme sollte mindestens einer der Punkte aufgegriffen und gestärkt werden.** Wie das genau geht, zeigen die folgenden Kapitel jeweils am konkreten Beispiel. Wir orientieren uns dabei an der Struktur, die Startups auf der Plattform Seedmatch einhalten müssen. Die Struktur mag bei anderen Crowdfunding-Plattformen etwas unterschiedlich sein. Die Botschaft sollte aber in jedem Fall lauten: Verkaufen Sie als Gründer **eine** Story auf allen Kanälen.

Beispiel TOLLABOX

Bei TOLLABOX heißt es: „Nutzen Sie Ihre Chance und investieren Sie in …
- ein lukratives Geschäftsmodell mit stark wachsenden monatlichen Einkommensströmen und Abonnenten, die sich schon nach wenigen Monaten bezahlt machen;
- ein erfahrenes und erfolgreiches Team;
- ein Geschäftsmodell, in das die Gründer selbst erheblich investiert haben;
- ein Produkt zum Anfassen mit hoher pädagogischer Kompetenz, das Kinder lieben und Experten empfehlen;
- die Chance zum Aufbau einer internationalisierbaren Marke im globalen Wachstumsmarkt Bildung;

- die Chance, eine wertvolle Kundenbasis in der hochattraktiven Zielgruppe junge Eltern aufzubauen, um z. B. weitere bildungsbezogene Produkte verkaufen zu können;
- frühkindliche Bildung, die den Standort stärkt und die Welt ein Stückchen besser macht.

Erkennen Sie die zuvor herausgearbeiteten Potenziale einzigartiger Positionierung von Produkt und Team, dessen Hintergrund, den generellen Markttrend und das „Feelgood" des Themas Bildung wieder?

Die Story wird im Crowdfunding wie gesagt auf allen Ebenen, an denen man mit dem Investor in Kontakt tritt, umgesetzt. Das heißt in der Vorbereitung: **Was kommt ins Video, was in die Investment-Story** (die, wie wir später sehen werden, nicht umsonst „Story" heißt)**, was in den Businessplan?** Oder: Welche Aspekte kann ich am besten audiovisuell umsetzen? Welche Dinge benötigen mehr Zeit? Und auch: Wie führe ich den potenziellen Investor vom ersten Interesse zur erfolgreichen Investmententscheidung?

Beispiel TOLLABOX

TOLLABOX beginnt das Video mit einer Vorstellung des Produkts: Zwei Kinder bekommen die TOLLABOX, packen sie aus, der Betrachter kann mitverfolgen, welche Emotionen sie dabei haben. Aus dem Off wird erklärt, wie die Box funktioniert. Eine Mutter erklärt, welchen Mehrwert sie von der Box hat.

Nun stellt Béa Beste zunächst die Geschichte der Entstehung vor (ihre frühere Gründung mit dem neuen Schulkonzept sowie ihre Bildungs-Expedition), dann berichtet ihr Mann Oliver erst über seine Erfahrung mit myToys („ich habe schon einmal eine Spielzeugfirma mitgegründet und als Geschäftsführer auf über 100 Mio. € gebracht") und wendet danach seine Expertise gleich auf das Vorstellen des Abo-Geschäftsmodells an.

Der Zuschauer empfindet den erwiesenen früheren Erfolg als Vertrauensfaktor und schenkt dem Gründer nun den Glauben, dass auch sein neues Geschäftsmodell erfolgreich sein wird. Oliver Beste gibt sich alle Mühe, die wirtschaftliche Attraktivität der monatlichen Abo-Box in einfachen Worten und simplen Rechnungen darzustellen – eine Ausnahme, denn eigentlich geht es in den meisten Crowdfunding-Videos selten um konkrete Zahlen. Hier aber passt es: Das Geschäftsmodell ist ein wesentlicher Bestandteil der TOLLABOX-Positionierung.

Alternativ hätte man natürlich auch mehrere Minuten lang die Vorzüge der Box erklären können: Wie zufrieden die Kinder/Nutzer sind, welche Ideen man schon darin präsentiert hat, was man noch so plant. Aber hätte das den Zuschauer, mehrheitlich männlich und nicht immer gleich Elternteil, interessiert? Vermutlich nicht, entschied das TOLLABOX-Team.

> **Beispiel TOLLABOX**
>
> Daher geht es im Video weiter mit Zahlen, nämlich dem Markt: Soundso viele Kinder in Deutschland und in Europa; so groß ist der Markt für Spielzeug insgesamt; wenn man nun nur x % vom Markt gewinnen kann, erreicht man bereits seine Ziele – alles ganz einfach präsentiert: Der benötigte Marktanteil wird sogar als echtes Kuchenstück eines in Deutschland-Farben gehaltenen Kuchens dargestellt.
>
> Zum Abschluss verrät das Team noch, dass es selbst bereits 300.000 € investiert und für 250.000 € Business Angels gewonnen habe – damit will es der Crowd signalisieren: Wir glauben selbst an diese Idee und auch Dritte haben wir bereits überzeugen können: „Seien auch Sie mit dabei!"

Béa Beste sagt rückblickend:

> In unserem Video hatten wir einen guten Mix von Social Impact, Economic Impact und unserem Team. Mit Social Impact meine ich: Wir haben eine Bildungsidee, das ist schon mal per se eine ‚gute' Sache. Wir merken, dass das gezogen hat, dass wir etwas für Kinder und die Familie tun. Wir haben einen Mix aus Bildung und einer Sache, die guttut: Es tut den Kindern gut, es tut den Eltern gut und wir haben auch wirtschaftliche Zahlen, die sich (schon zum Zeitpunkt des Fundings, d. Verf.) sehen lassen können. Obendrauf sitzt ein Gründer, der das erfolgreiche Unternehmen myToys mitaufgebaut hat. Dazu mit mir jemand, der aus dem Schul-Business kommt. Also einfach gute Leute, die eine gute Sache machen.

Den gleichen Story-Mix bot TOLLABOX auch in der Investment-Story, in den Antworten auf Nutzerfragen und im Businessplan. Standardmäßig müssen alle Startups dort u. a. die Frage, wie man auf die Idee gekommen ist, beantworten: „Vor TOLLABOX hat Béa Beste 2005 die privaten Phorms-Schulen mitgegründet und bis 2011 als CEO geführt. Das Unternehmen hat heute über 30 Mio. Umsatz und über 2.500 Kinder als Kunden. Die Idee der TOLLABOX entstand während einer Bildungsexpedition auf vier Kontinenten auf der Suche nach dem besten Lernen der Zukunft."

Und weiter: „Als Béa die Idee ihrem Mann Oliver vorstellte, der zuvor mit myToys.de den größten deutschen Online-Spielwarenversand aufgebaut hatte, fand er sie zunächst etwas schräg. Erst als er sich in die Erfolge und Millionenfinanzierung von Abo-Modellen für junge Familien in den USA wie Babbaco.com und Kiwicrate.com vertiefte, erkannte auch er das große Potenzial des Geschäftsmodells und stieg als Geschäftsführer mit ein. Kiwi Crate bietet eine Bastelkiste für 20 $, verbucht nach 20 Monaten über 30.000 Abonnenten in den USA und hat mehrere Millionen Euro Risikokapital von amerikanischen Investoren erhalten."

Allein schon in diesen zwei Absätzen werden gleich mehrere verschiedene Story-Elemente miteinander verknüpft: Die Entstehung der Idee, die Expertise des Teams und die Attraktivität des Geschäftsmodells – dieser Ansatz zieht sich durch die gesamte Investment-Story zur TOLLABOX.

Dass die Story gezogen hat, zeigte sich ebenfalls: „Beim persönlichen Treffen mit unseren Investoren haben wir wirklich festgestellt, dass sehr viele davon sehr stark durch diese Themen motiviert waren: von der Idee, einen Beitrag für eine bessere Bildung zu leisten, denn das ist einfach gesellschaftlich wichtig", sagt Béa Beste. Auch die Interviews mit den Investoren in Kap. 4.4 haben das ja bereits gezeigt. Dort hieß es: „Ich fand dann die Geschichte drumherum sehr beeindruckend: Zum einen, da das Gründerteam zum Teil eine Familie ist. Und zum anderen der professionelle Hintergrund: Oliver Beste war vorher schon mit dem Startup myToys sehr erfolgreich. Und auch seine Frau Béa Beste hat vor dem Startup eine eigene Schule gegründet. Besonders beeindruckend war, dass das Team auf den Cent genau berechnete, was eine Box kostet und was sie für einen Umsatz bringt, welchen Customer Lifetime Value ein Abonnent also hat usw." – Ein deutlicher Indikator, dass die „Reasons Why" erfolgreich umgesetzt wurden und zur Investmententscheidung beigetragen haben.

5.3.2 Das Video

Das Video ist ein wesentlicher Teil jeder erfolgreichen Crowdfunding-Kampagne, nicht nur im Equity-Crowdfunding, sondern auch bei Plattformen wie Kickstarter oder Startnext. Béa Beste von TOLLABOX sagt sogar: „Das Wichtigste an unserer Präsentation für unseren Funding-Erfolg war unser Video. Es muss stimmig zu den Personen und der Story sein." Thomas Reimers von Protonet erklärt: „Das Video ist das Wichtigste, weil es das am einfachsten zu konsumierende Medium ist."

Ein anderer Aspekt ist nicht zu unterschätzen: Die Crowd-Investoren haben im Unterschied zu anderen, professionellen Startup-Investoren wie Business Angels oder VC-Gesellschaften nur selten die Chance, das Gründerteam persönlich kennenzulernen. Mehr als 80 % aller befragten Seedmatch-Investoren gaben im April 2014 an, für sie sei bei den bisherigen Investmententscheidungen „ein überzeugendes Team" wichtig oder sehr wichtig gewesen. Daher sind alle Kanäle, die diese Überzeugung stärken können, umso entscheidender. Die Überzeugung hat mit Persönlichkeit zu tun, welche man in einem Video sehr viel besser transportieren kann als über alle anderen Kanäle, die während eines Fundings zur Verfügung stehen. Dass ein Video allein nicht der ausschlaggebende Grund für ein Investment ist, zeigt allerdings diese Aussage der Crowd: Nur knapp die Hälfte aller Seedmatch-Investoren sagt, das Video sei für die Investmententscheidung „wichtig" oder „sehr wichtig".

Inhalt: Was kommt ins Video?
Im Storytelling-Kapitel (s. Kap. 5.3.1) haben wir eben die „Reasons Why" herausgearbeitet. Diese gilt es nun zu hinterfragen: Welche davon kann man idealerweise im Video unterbringen, das nicht länger als fünf Minuten sein sollte? Am Beispiel von TOLLABOX haben wir das bereits einmal im Detail dargestellt. Wie dort bereits erwähnt, ist es von Startup zu Startup unterschiedlich, welche Inhalte im Video vorgestellt werden. Dass etwa das Geschäftsmodell in dieser Ausführlichkeit präsentiert wird, ist eher unüblich. Generell gilt nämlich: Zahlen und Tabellen sollten im Video nur sparsam verwendet werden, dafür ist die Zeit zu kostbar und die Aussage lässt sich in Ruhe in der Investment-Story oder dem Businessplan herleiten und so besser positionieren.

Warum TOLLABOX sich doch für viele Zahlen entschied, erklärt CEO Oliver Beste:

> Wir haben versucht, im Video zu vermitteln, dass dieses zunächst sehr abwegig wirkende Geschäftsmodell tatsächlich eine interessante wirtschaftliche Logik hat: Der Abo-Effekt, der kleine Einkommensströme über die Zeit kumuliert, bei dem also die ganze Wirtschaftlichkeit von der Lebensdauer der Abos abhängt.
> Wir haben, weil wir als Unternehmen schon vier Monate vorher am Markt live gegangen sind, die ersten Kennzahlen zeigen können. Zu dem Zeitpunkt hatten wir ein sehr schnelles Wachstum und damit klare Indizien, dass das Ganze sich in eine attraktive Richtung entwickelt. Diese Kombination aus einem auch für Laien einfach nachvollziehbaren Geschäftsmodell und ersten guten Kennzahlen überzeugte einfach.

Ein anderer Ansatz ist die komplette Fokussierung auf die „erzählerischen" Aspekte der Story, die versuchen, leidenschaftlich zu überzeugen, wie Philipp Baumgaertel vom Startup Protonet erklärt:

In unserem Crowdfunding-Video vom November 2012 ging es einerseits natürlich um unser Team und um unseren Kerngedanken: dass Datenhoheit wichtig ist. Wir haben im Video nicht erzählt, was unsere Strategie ist, und nicht, was wir wann machen wollen, sondern wir haben gesagt, wir wollen eine Box in jedem Haus, in jedem Office haben, das ist unser Ziel. Vielmehr sind wir auch gar nicht darauf eingegangen, wie wir das machen, weil wir das damals selbst auch gar nicht wussten, wenn wir mal ehrlich sind.

Wie geht man mit etwaigen Schwächen um – sollte man sie im Video erwähnen oder diskutieren? „Wir wollten unser Geschäftsmodell leicht und bekömmlich anbieten. Ich würde Crowdfunding immer wieder machen, aber als Gründer musst du dir dabei deiner Stärken bewusst sein und deine Schwächen so kommunizieren, dass sie Chancen darstellen", empfiehlt Lottohelden-Gründer Matthias Höfer. Soll heißen: Was noch nicht ist, kann ja noch werden. Eine Lehre zog Mateo Freudenthal vom Startup Honestly, das in seinem zweiten Crowdfunding im Frühling 2013 statt der beabsichtigten 400.000 € nur 160.000 € erreichte: „Wir haben ein Video gemacht, in dem wir auch negative Erfahrungen [in der Unternehmensentwicklung des Unternehmens, d. Verf.] geschildert haben. Negative Erfahrungen lösen bei jedem Betrachter natürlich einmal Zweifel aus. Das ist ein Fehler, den ich nicht noch einmal wiederholen würde: Wir waren einfach zu ehrlich." Im Zweifel sollten die Risiken und Schwachpunkte also ebenfalls besser im Businessplan behandelt werden.

Einen guten Überblick an möglichen Inhalten liefert die folgende Liste, die wir in unserer Arbeit schon vielen Teams vor dem Video-Dreh zur Verfügung gestellt haben:

- **Einstieg in die Story:** Wie sind Sie auf die Idee gekommen? Greifen Sie die Punkte auf, die Sie in den Reasons Why zusammengestellt haben, insbesondere die der Megatrends am Markt oder sozialer Veränderungen, auf die Ihre Idee eine Antwort gibt. Oder nehmen Sie den Zuschauer mit auf eine Reise: Wie kamen Sie auf die Idee? Gibt es eine Vision für die Zukunft?
- **Kurzvorstellung der Gründer:** Wer ist im Team? Wer macht was? Zeigen Sie als Team Leidenschaft für Ihr Unternehmen und Ihre Idee.
- **Vorstellungen des Produkts/der Dienstleistung**: Welche Probleme des Kunden werden gelöst? Worin liegt der Kundennutzen? Wie sieht es aus? Wie funktioniert es? Orientieren Sie sich hier an den Fragen aus Kap. 5.3.1 zum Produkt.
- **Status quo:** Je später das Funding, desto mehr kann man über das bereits Erreichte berichten: Welche KPIs sind besonders beeindruckend: Umsatz-, Kundenzahlen, Wiederkaufsquoten, Facebook-Fans – alles, was den Eindruck von Erfolg bestärkt, von Nutzen sein.

- **Testimonials, Kunden und Experten:** Lassen Sie einen Kunden oder Branchenexperten zu Wort kommen, der Ihre Argumente glaubwürdig bekräftigt. Sie können noch so viel erzählen – wenn ein Externer, am besten mit entsprechender Reputation, lobende Worte über Ihr Produkt findet, wirkt dies sehr viel authentischer. Besonders wichtig können bereits bestehende Investoren sein, die ihre Einschätzung mit den potenziellen Investoren teilen: Wieso finden diese das Unternehmen aus Investorenperspektive Erfolg versprechend? Sie nehmen die Perspektive der Crowd ein und erklären, wieso sie selbst mit mindestens fünfstelligen Beträgen dabei sind.
- **Geschäftsmodell:** Gibt es hier eine Besonderheit, die das Investment besonders attraktiv macht? Wenn nicht: erwähnen Sie es lieber nicht. Geschäftsmodelle sind häufig schwieriger zu verstehen und verursachen weniger Begeisterung als Produkt und Team.
- **Crowdfunding:** Was konkret soll mit dem Funding erreicht werden? Wofür soll das eingesammelte Kapital eingesetzt werden? Warum sollte man gerade in Ihr Unternehmen investieren?

Die Liste hat natürlich keinen Anspruch auf Vollständigkeit. Crowdfunding-Videos sind eben auch kreative Visitenkarten: Wie drücken Sie sich selbst aus? Was ist Ihnen wichtig?

Aufbau/Ablauf: Wann kommt was?
Hier geht es um die Dramaturgie, also die Frage, wie man die Spannung eines Videos über mehrere Minuten aufrechterhalten kann, sodass man alle Inhalte auch beim Zuschauer platziert bekommt. Andernfalls schaltet der nämlich einfach weg. Béa Beste von TOLLABOX erzählt:

> Ich glaube, sehr wichtig sind vor allem die ersten 20 Sekunden, danach ist der ‚Drops gelutscht'. Manche Leute gucken das Video nicht mal mehr zu Ende. Entweder ziehst du die Leute rein, oder du ziehst sie nicht rein – ich habe in einem früheren Job Serien bei Sat.1 betreut, da weiß jeder, dass die ersten fünf Minuten einer Serie über den Erfolg der Serie entscheiden. Bei Fernsehserien kannst du trommeln, trommeln, trommeln, aber die ‚first impression' muss die Leute dabeihalten – und genauso ist die Sache bei Crowdfunding-Videos.

Beginnen Sie also Ihr Video mit einem Einstieg, der zum Weitergucken animiert. Schauen Sie sich im Zweifel nicht nur einige andere Crowdfunding-Videos (auch bei Plattformen wie Kickstarter) an, sondern analysieren Sie auch einmal, wie die viralen Filme bei YouTube und Facebook aufgebaut sind. Wieso sehen Sie sich das an? Wieso bleiben Sie nach den ersten zehn Sekunden dran, wenn es doch so einfach wäre, weiterzuklicken?

Hier gilt es, die Inhalte so zu ordnen, dass jeder Zuschauer auch folgen kann. Grundsätzlich empfiehlt sich folgende Reihenfolge, die logisch aufeinander aufgebaut alle Punkte miteinander verbindet:

- Idee: Produkt, Innovation, Entstehungsgeschichte;
- Team, da es die Idee hatte;
- Geschäftsmodell, da es die Idee monetarisiert;
- ggf. Status quo, da er auf dem Geschäftsmodell basiert und es bestätigt;
- Aufruf zum Crowdfunding, da es direkt zum Investieren überleitet.

Auf der anderen Seite möchte man natürlich kein Standard-Video von der Stange produzieren, das beim Investor nicht im Kopf bleibt. Daher gilt auch bei der Dramaturgie: Bleiben Sie kreativ und seien Sie offen für neue Ideen, die Sie einzigartig machen.

Hat man die inhaltliche Planung abgeschlossen, geht es an die Vorbereitung der Umsetzung: Wie realisiert man ein wirklich gutes Video? Dreht man selbst, z. B. mit Smartphone? Oder holt man sich externe Unterstützung ins Haus? Das ist nicht immer ganz einfach – denn Kapital ist ja vor dem Funding nur sehr wenig verfügbar.

Vergegenwärtigt man sich, dass wir uns trotz aller Startup-Thematik immer noch im Finanzbereich befinden, erklärt sich auch der (historisch gewachsene) Anspruch der Investoren: ein gut verständliches, interessantes und hochqualitatives Video, das Begeisterung weckt. Das Video im Crowdfunding ist kein klassischer Pitch vor einem Investor, sondern vielmehr ein Firmenporträt, das emotional aufgeladen die o. g. Punkte rüberbringt.

Wie leistet man sich aber eine Profi-Filmagentur, wenn man doch gerade Kapital einsammeln muss, um das Wachstum des Unternehmens voranzubringen? Thomas Reimers vom Startup Protonet hat einen Tipp: „Wir haben eigentlich alle externen Dienstleistungen wie unser externes Video-Team mit unserem Produkt bezahlt, weil wir natürlich kein Kapital zu dem Zeitpunkt hatten." Hier gilt es also ebenso kreative Lösungen zu finden wie bei den Inhalten auch. Im Zweifel helfen die Plattformen mit Tipps oder Empfehlungen von Agenturen weiter, die bereits erfolgreiche Videos produziert haben.

Was tun, wenn man kein perfekter Presenter ist?
Nicht jeder Gründer oder jedes Teammitglied ist perfekt vor der Kamera. Trotzdem will man das ganze Team zeigen. Was also tun? Ein Trick: Jeder Protagonist hat seinen Auftritt. Diejenigen, die lieber weniger Präsenz zeigen wollen, sprechen ihre Texte komplett ein, man verwendet aber nur die ersten Sekunden davon und

blendet dann zum Gesagten passende Bilder oder Videos ein. So fällt weniger auf, dass das Sprechen rhetorisch nicht einwandfrei daherkommt, und man lenkt den Fokus auf das Gesehene. Kommt zum Ende noch einmal der Sprecher ins Bild, ist er beim potenziellen Investor bekannt geworden, ohne sich zu blamieren.

Die Video-Checkliste:

- Erst die Story, dann das Video: Eine Crowdfunding-Kampagne ist wie eine Werbekampagne. Beginnen Sie mit der Konzeption der „Reasons Why", ehe sie sich Gedanken machen, was davon im Video aufgegriffen wird.
- Erklären Sie das bestehende Problem Ihrer Zielgruppe und lösen Sie es mit Ihrem Wertversprechen in den ersten Sekunden.
- Drehen Sie nicht selbst, lassen Sie es Profis machen, die eine Qualität garantieren, die Ihrem Startup ebenbürtig ist.
- Verwenden Sie hochwertige Mikrofone.
- Nutzen Sie Testimonials, um authentischer zu wirken.
- Hintergrundmusik macht das Video emotionaler.
- Testen Sie das Video mit Bekannten und Freunden, die Ihr Startup im besten Fall noch gar nicht kennen. Würden diese investieren?
- Ihr Video sollte nicht länger als fünf Minuten dauern – je kürzer, desto mehr Menschen schauen es sich komplett an.
- Sprechen Sie keine vorgefertigten Mammut-Sätze, sondern formulieren sie spontan, um lebendig und überzeugend zu wirken.

5.3.3 Die Investment-Story

In Kap. 5.3.1 haben wir das Storytelling besprochen und damit begonnen, die eigenen guten Argumente für ein Investment zu ordnen und zu priorisieren. Die Investment-Story ist bei Seedmatch sozusagen die Startup-Startseite, also das, was man als Erstes vom Startup sieht, ehe man zum Businessplan oder den Fragen und Antworten übergehen kann. Startups sollten in diesem Abschnitt das eigene Unternehmen, das Geschäftsmodell, Team, Produkt, Markt etc. so vorstellen, dass Begeisterung geweckt und bereits die erste Tendenz zur Investmentscheidung bewirkt wird.

Der Ton der Investment-Story ist anders als der des durchstrukturierten und auf Fakten sowie Zahlen basierenden Businessplans. Der Unterschied: Die Investment-Story soll in einfachen Worten für jedermann das Startup vorstellen. Das heißt: Fachwörter werden erklärt, Geschäftsmodelle auch für Laien vorgestellt, in den Lebensläufen des Teams die spannendsten Aspekte hervorgehoben. Kein Investor sollte beim Crowdfunding daran scheitern, dass er nicht verstanden hat, was das Startup eigentlich tut. Das ist je nach Komplexität des Startups unterschiedlich schwierig.

Die Investment-Story beginnt bei Seedmatch mit einem sogenannten „200-Zeichen-Text". Er ähnelt der Kurzbeschreibung, die wir bereits im Kap. 5.2 zum Pitchdeck vorschlugen und transportiert Teile der in Kap. 5.3.1 formulierten „Reason Why". Der 200-Zeichen-Text ist die absolute, reine Quintessenz jedes Crowdfundings. Er wird bei Seedmatch in der Übersicht aller Startups dargestellt und muss daher komprimiert zeigen, warum ein Investment in genau dieses Startup (und nicht das, was direkt daneben auf der Plattform platziert ist) lohnt. Einen ähnlichen Text gibt es bei allen anderen Plattformen auch, nur dass er nicht immer 200 Zeichen Länge hat.

> **Einige gute Beispiele**
>
> Protonet revolutioniert den Cloud-Computing-Markt mit dem einfachsten Server der Welt, der das Beste der Cloud mit den Vorteilen lokaler Hardware verbindet. Für Unternehmen und Privathaushalte.
>
> Oder:
>
> Heizen mit Servern: AoTerra versorgt Immobilien mit Heizenergie & Warmwasser durch Nutzung der Abwärme von Servern. Und baut so eine leistungsstarke, dezentrale, grüne Cloud-Lösung – hosted in Germany.

Beide Startups waren zum Start bei Seedmatch noch nicht am Markt bzw. hatten noch keine nennenswerten Umsätze generiert. Daher lag der Fokus auf der Idee. Ein Beispiel für eine gelungene Formulierung bei einer Anschlussfinanzierung über die Crowd liefert das Startup Refined Investment, das in wenigen Stunden 340 Investoren bei Seedmatch fand:

> **Beispiel einer gelungenen Formulierung bei einer Anschlussfinanzierung**
>
> Refined Investment ermöglicht erstmals Privatanlegern, automatisiert an der Börse zu investieren & ist in Deutschland nach vier Monaten bereits profitabel. Seien Sie jetzt beim weltweiten Wachstum dabei!

Hier wird bereits der Erfolg der Idee dargestellt und damit das Interesse zusätzlich gesteigert: „Was ist das für eine Idee, die nach vier Monaten bereits profitabel ist?" Die direkte Ansprache des Investors gepaart mit der Internationalisierungsabsicht zeigt, dass das Team ambitionierte Ziele hat, bei denen der Investor nun dabei sein sollte.

5.3 Funding-Vorbereitung

Tab. 5.1 Ergebnisse eines webbasierten A/B-Tests am Beispiel TOLLABOX. (Quelle: eigene Daten (2013))

Original: Erfahrenes Team, cleveres Geschäftsmodell und innovatives Bildungskonzept: TOLLABOX ändert die Art, wie unsere Kinder lernen. Dank Abo-Modell und „Lernen durch Spaß" eine rentable Idee für die Zukunft	*Alternative:* Die TOLLABOX ist Lernen durch Spaß und dank Abo-Modell eine lukrative Bildungsinnovation! Sie erspart Eltern viel Stress und entfaltet die Kreativität und Fähigkeiten der Kinder ab Vorschulalter
1. „erfahrenes Team" 2. „cleveres Geschäftsmodell" 3. Markt + Produkt-USP: „innovatives Bildungskonzept" 4. Vision: „ändert die Art, wie Kinder lernen"; „für die Zukunft" 5. Geschäftsmodell II („dank Abo-Modell … eine rentable Idee") 6. Nutzer-Mehrwert: „Lernen durch Spaß"	1. Nutzer-Mehrwert: „Lernen durch Spaß" 2. Geschäftsmodell: „dank Abo-Modell … lukrativ" 3. Kunden-Mehrwert: „erspart Eltern viel Stress" 4. Nutzer-Mehrwert: „entfaltet Kreativität und Fähigkeiten" 5. Zielgruppe: „Kinder ab Vorschulalter"
Conversion Rate: 19 %	Conversion Rate: 23 % – Dies entspricht einer Verbesserung um 21 % gegenüber dem Original (Signifikanz: 90 %)

Im Fall von TOLLABOX gab es sogar einen webbasierten A/B-Test, um den 200-Zeichen-Text zu optimieren (vgl. Tab. 5.1). Die Frage war: Welcher Text spricht mehr Nutzer an? Welcher generiert mehr Interesse und damit mehr Klicks? Diese beiden Varianten traten gegeneinander an.

Die Alternative unterscheidet sich in einem wesentlichen Punkt vom Original: Der Mehrwert für den Käufer der Box (der dem Investor mehr oder minder entspricht) wird direkt angesprochen: Die Box „erspart Eltern viel Stress". Dadurch, dass dieser Text dem Besucher der Plattform seinen eigenen Mehrwert schon im 200-Zeichen-Text vor Augen führt, wird sein Interesse gesteigert. Außerdem werden pauschale Aussagen wie „erfahren", „clever" und „innovativ", die jeder Unternehmer gern für die Eigenbeschreibung verwendet, vermieden. Die Alternative ist somit stichhaltiger und erhöhte das Klickinteresse spürbar. Im Idealfall bereitet man verschiedene 200-Zeichen-Texte vor und legt sie einer kleinen Testgruppe zur Auswahl vor. Was spricht sie mehr an?

Die Inhalte der perfekten Investment-Story: Womit überzeugt man die Investoren?
Unter professionellen Startup-Investoren heißt es häufig: „Das Team ist wichtiger als die Idee: Ein schlechtes Team wird eine gute Idee schlecht umsetzen. Aber ein gutes Team wird eine schlechte Idee zum Erfolg führen." Auch der interviewte Crowd-Investor Prof. Dr. Zarnekow berichtete in Kap. 4.4: „Wenn man sich an-

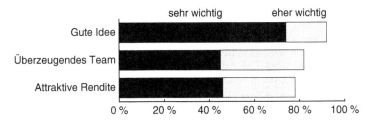

Abb. 5.1 Antworten von Crowd-Investoren bei Seedmatch auf die Frage: „Bei Ihren bisherigen Investmententscheidungen für Startups: Wie wichtig waren Ihnen folgende Kriterien?". (Quelle: eigene Daten (2014))

schaut, was erfolgreiche Startups nach einigen Jahren ausmacht oder woran sie scheitern, sieht man, dass natürlich die Idee und das Produkt wichtig sind, aber dass die Qualität des Teams mindestens genauso entscheidend ist für den Erfolg."
– Sollte man deswegen das Team in der Investment-Story nach vorn stellen?

Nein. Unsere Erfahrung zeigt eher das Gegenteil: Die perfekte Story lässt sich am leichtesten realisieren, indem man sich zunächst auf das konzentriert, was sich sowohl Gründer als auch Investor am leichtesten vorstellen können: **das Produkt bzw. die Dienstleistung des Startups.** „Ich investiere, weil ich das Produkt/den Service toll finde", das sagten über 90 % der befragten Seedmatch-Nutzer in der im Kap. 4.1 beschriebenen Umfrage, für ca. 73 % war dies sogar ein „sehr wichtiges" Kriterium. Erst auf Platz 2 kommt das „überzeugende Team", wie Abb. 5.1 zeigt. Auch die Gewinnerzielungsabsicht spielte bei den Investoren aus der Crowd eine relevante, aber nicht die wichtigste Rolle.

Warum ist das so? Kann man bei einem Startup die Idee heute schon sehr genau und von der heimischen Couch aus analysieren, ist es wesentlich schwerer, die Qualifikation und Glaubhaftigkeit eines Menschen zu kommunizieren. Ein Produkt ist ein Objekt mit rationalen Attributen wie Größe, Geschwindigkeit, Prozessortakt und emotionalen Kriterien wie gutem Design. Dazu kann man sich eine einfache Meinung bilden, insbesondere wenn die Daten transparent aufbereitet wurden. Einen Menschen zu bewerten ist sehr viel schwieriger, weil sein Charakter, seine Erfahrung, seine mentale Fitness, sein Familienstand und unzählig viele persönliche Dinge den Erfolg der Person – damit unweigerlich verbunden den des Startups – positiv wie negativ beeinflussen können. Eine Persönlichkeit ist vielschichtig und in wenigen Satzzeichen sehr viel schwieriger zu beschreiben, als etwa ein persönliches Treffen die Möglichkeit dazu gibt – oder im Crowdfunding die persönlicheren Kanäle Video und Fragen-/Antworten-Sektion. Deswegen legt die Crowd bei der Investment-Story einen solchen Wert auf das Produkt: Es ist einfacher und greifbarer als das Team und eine Rendite, die es ggf. erst in ungewisser und ferner Zukunft geben wird. Das Produkt hat man heute schon vor Augen. Es löst das Interesse aus, das Team kommt dann im zweiten Schritt.

Beantwortet man daher – zunächst für sich selbst – die folgenden Fragen zum Produkt (oder zur Dienstleistung), fällt es leichter, das Produkt dem Investor einfach und verständlich zu kommunizieren. Diese Vorab-Gedanken, die Etzold und Ramge (2014) in ihrem Buch „Equity Storytelling" vorschlagen, sollten dann später in die finale Investment-Story einfließen:

1. **Wer braucht so ein Produkt?** Es gibt großartige Erfindungen, die aber kein Mensch braucht. Wo kein Kunde, da kein Markt und kein Umsatz. Daher beginnt man die Überlegungen über das Produkt nicht bei dessen hervorragenden Eigenschaften, sondern bei den Menschen, für die man es produziert.

Beispiel Protonet

„Wir entwickeln und bauen den einfachsten Server der Welt für kleine und mittlere Unternehmen (KMU) sowie Privathaushalte."

Beispiel TOLLABOX

„Eltern wollen das Beste für ihre Kinder, ... Die TOLLABOX fördert die Entwicklung junger Kinder in einer entscheidenden Phase der Gehirnentwicklung."

2. **Was genau kann das Produkt? Wie funktioniert es?** Die Funktionsweise des Produkts zu erklären, kann bei komplexen Ideen zum Drahtseilakt verkommen: Einerseits muss man so viel erklären, dass man jeden auch erreicht, andererseits möchte man keine Kenner der Materie verprellen, indem man sie mit belanglosen Grundlagen bespielt.

Dennoch sollte man immer dem Anspruch folgen, sein Produkt so einfach wie möglich und nur so komplex wie nötig darzustellen. Für technische Hintergründe und Raffinessen ist im Businessplan oder in separaten Blogposts oder späteren Updates Platz. Fachwörter sollten vermieden und belanglose Details weggelassen werden. Am Ende muss der Investor in wenigen Wörtern beschreiben können, wie das Produkt funktioniert – schließlich soll er die Idee ja auch als viraler Multiplikator in die Welt tragen.

„Du musst dein Geschäftsmodell und dessen wichtigste Faktoren visualisieren können. Denn der User scrollt ja eher über eine lange Seite und bleibt eher an Bildern oder interessanten Grafiken hängen", berichtet Lottohelden-Gründer Matthias Höfer. Dieser Ratschlag bezieht sich nicht nur auf das Geschäftsmodell, sondern natürlich auch auf die Funktionsweise des Produkts. Bei technischen Produkten könnten beispielsweise die einzelnen Komponenten sowie deren Wirkungsweise skizziert, bei Dienstleistungen das Schritt-für-Schritt-Nutzererlebnis vorgestellt werden.

Wie das B2B- und Hardware-Startup Protonet diese Herausforderung anging, kann man noch heute unter www.seedmatch.de/protonet nachlesen. In diesem Fall war die Investment-Story so beeindruckend, dass sich die Investoren allein anhand dieser Darstellung zum Investment entschieden – der Businessplan wurde in diesem Fall erst zum Fundingstart und nur für 48 min freigeschaltet, ehe das Funding schon wieder beendet war.

3. **Was ist der Mehrwert für den Kunden?**
Aus den vorab gestellten und beantworteten Fragen folgt nun die Kombination: Man kennt nun die Zielgruppe und die Funktionsweise des Produkts – welchen Nutzen stiftet es bei seinen (potenziellen) Nutzern?

Beispiel Protonet

„Der einfachste Server der Welt, der das Beste der Cloud mit den Vorteilen lokaler Hardware verbindet. Unsere Kunden erhalten ein autarkes soziales Netzwerk inklusive Datenmanagementsystem mitsamt der dafür notwendigen technischen Infrastruktur – der Protonet-Box. Weil wir Software und Hardware vollständig in Eigenregie entwickeln, ist es uns möglich, beides perfekt aufeinander abzustimmen."

Beispiel TOLLABOX

„Die Box erspart Eltern viel Stress und entfaltet die Kreativität und Fähigkeiten der Kinder ab Vorschulalter, ohne Lernstress allein durch Spielen." (Wie bereits vorgestellt, war das sogar Teil des 200-Zeichen-Texts.)

Dieses Nutzenversprechen ist für die Aussage über das Produkt von großer Bedeutung! Der Investor muss – selbst wenn er selbst nicht Teil der Zielgruppe des Produktes ist – verstehen, warum er (oder eben andere) Aufwand betreiben oder Geld ausgeben werden, um das Produkt zu erhalten.

5.3 Funding-Vorbereitung

Häufig werden Produkte im Crowdfunding finanziert, die eine Innovation sind und damit einen hohen Neuheitsgrad aufweisen. Dann gilt es umso mehr, diese Herleitung des Nutzenversprechens gewissenhaft und verständlich zu machen, denn der Investor muss aus diesen Angaben seine Prognose über die Erfolgswahrscheinlichkeit ableiten. Weil ihm historische Daten (wie Nutzerzufriedenheit oder Effizienz, Verbrauch und Qualität des Produkts) als Grundlage fehlen, kann er nur ermessen, ob...

a. die Zielgruppe (bzw. der Markt) sowie beschrieben tatsächlich existiert;
b. das Produkt bzw. der Service so wie beschrieben funktioniert und
c. der prognostizierte Nutzen bei der Zielgruppe tatsächlich eintritt – und natürlich ob die Zielgruppe bereit ist, dafür den geplanten Preis zu zahlen.

Hat man diese Überlegungen zum Produkt einmal getätigt, kann man dazu übergehen, die Gedanken mit den weiteren wichtigen Reasons Why in Verbindung zu setzen und dann in die richtige Form zu bringen. Hier stellt sich die Frage: **Wie spreche ich die Crowd optimal an?** Auch hier noch einmal die Erinnerung: Wir bewegen uns im Webkontext, die potenziellen Investoren sind im Netz surfende Nutzer, um deren Aufmerksamkeit man jederzeit mit Werbebannern, YouTube-Videos oder dem realen Leben in Konkurrenz steht. Daher muss die Story eine kurzweilige Dramaturgie besitzen, die den Leser fesselt und gleichzeitig seriös und ausführlich mit auf „die Reise" des Startups nimmt. Seedmatch hat diese Aufgabe seit dem Start im Jahr 2011 quasi unverändert lösen lassen, indem die Startups standardisierte Fragen zu ihrer Idee, zum Team und zu ihrem Geschäftsmodell beantworten mussten. Das macht es dem Crowd-Investor einfacher, Startups zu vergleichen – und hilft den Startups, alle Aspekte zu beleuchten und kein wichtiges Detail zu übersehen. Diese Form ist ein Vorschlag der Plattform und keine Pflicht, es ist auch nicht ausgeschlossen, dass die Form in Zukunft abgeändert und in der Reihenfolge umgestellt wird, um den Interessen der Investoren besser entgegenzukommen.

Folgende Fragen sollte ein Startup in seiner Investment-Story beantworten:

1. **Was macht Ihr Unternehmen genau?** In diesem ersten Abschnitt stellt sich das Startup nach dem Video und dem 200-Zeichen-Text zunächst einmal ganz allgemein vor. Das sollte nicht mehr als zwei bis drei Absätze beanspruchen.
2. **Wie funktioniert Ihr Produkt oder Ihre Dienstleistung?** Hier kommen nun schon die eben herausgearbeiteten Produktcharakteristika zum Zuge: Nennen

Sie die Zielgruppe, erklären Sie die Funktionsweise und vergessen Sie den gestifteten Nutzen nicht!
3. **Wie sind Sie auf diese Idee gekommen?** Diese Frage dient weniger der Ausbildung einer Investmententscheidung, sondern ist vielmehr eine Story-Komponente, die man aus dramaturgischen Gründen nutzen kann, um Sympathien zu wecken. Wir haben in Kap. 4 gesehen, dass Investoren die Gründergeschichten entdecken, fördern und begleiten wollen. Hier holt man sie ab und nimmt sie mit auf die eigene Startup-Reise. Der Absatz sollte persönlich und leidenschaftlich formuliert sein. Kleine und große Anekdoten aus der Gründerzeit bleiben beim Investor hängen. Der Gründer des Unternehmens LEDORA beispielsweise entwickelte seine Produktidee, als er die Leuchtleistung der auf seiner Bowlingbahn installierten Leuchten steigern wollte, und machte sich nach diesem Praxisversuch daran, diese Verbesserung in größerem Maßstab zu realisieren. Ist die Idee einem analytischen Prozess entsprungen (z. B. Nische bei systematischer Marktanalyse identifiziert), darf das zwar auch erzählt werden, sollte aber nicht so ausführlich beleuchtet werden.
4. **Was macht Ihre Idee einzigartig?** Spätestens nach den ersten drei Sektionen fragt sich der Investor entweder, warum er nicht selbst auf diese Idee gekommen ist, oder, ob nicht schon lange zuvor jemand anderes eine ähnliche Idee hatte. Hier gilt es, sich vom bestehenden Markt zu differenzieren: Wer sind die Wettbewerber, die (siehe Punkt 2) eine ähnliche Zielgruppe oder ein ähnliches Nutzenversprechen haben? Wie unterscheidet sich das eigene Startup von deren Ansatz? Differenzierungspotenziale können Produkt-USPs, ein Preisvorteil, eine andere Zielgruppe oder ein schlankeres Geschäftsmodell sein.
5. **Wie wird Ihr Unternehmen Umsätze generieren?** Hier geht es erstmals „ums Geschäft", genauer genommen: um das Geschäftsmodell. Wie soll mit dem soeben vorgestellten Produkt Umsatz generiert und Gewinne erwirtschaftet werden? Verkaufen Sie es (wo und zu welchem Preis?), vermieten Sie es, verschenken Sie es (ist es z. B. ein Freemium-Modell oder werbefinanziert)? Wie viel sind Kunden bereit, für Ihr Produkt zu zahlen? Und wie groß ist die Zielgruppe? Leiten Sie in wenigen Worten eine Marktanalyse her und skizzieren Sie Ihr Potenzial darin.
6. **Wer steht hinter Ihrem Unternehmen?** Hier geht es um die Vorstellung des Teams und dabei vor allem darum, glaubhaft zu machen, dass Sie und Ihr Team dazu in der Lage sind, aus der Geschäftsidee auch ein erfolgreiches Unternehmen zu machen. In Kap. 4 haben wir klar gemacht, dass das Vertrauen der Crowd-Investoren für ihre Entscheidung wichtig ist. Aber auch Sympathie ist ein Faktor, der (zwar schwer messbar, aber gefühlt) eine Rolle spielt. Stellen Sie daher in wenigen Sätzen die wichtigsten Teammitglieder vor: Wo haben sie studiert, welche Erfahrungen haben sie bereits gesammelt, was qualifiziert sie

für diesen Job? Und: Welche Stellen im Team sind wie besetzt? Bei den Auswahlkriterien der Plattformen war das „komplementäre Team" ein relevantes Kriterium. Das heißt: Die für Ihre Unternehmensperformance nötigen Kernpositionen sollten möglichst mit Fachleuten besetzt sein.

7. **Über welche Partner und welches Netzwerk verfügen Sie?** Wichtig ist nicht nur Ihr eigenes Team, sondern auch: Wie gut sind Sie vernetzt? Wen hat Ihr Startup etwa als Berater im Hintergrund, wer gibt bei Krisen oder Problemen wertvollen Input. Hier gilt: Nennen Sie nur Leute, die wirklich einen Mehrwert bieten – und erklären Sie diesen dem Investor. Wie unterstützt Sie die Person oder das Partner-Unternehmen konkret? Spart es Kosten, bringt es einen (Markt-)Zugang oder Reichweite? Gern werden hier die Partner mit wertigen Zitaten wiedergegeben, mit denen Sie sich wohlwollend über das Startup auslassen, im Falle eines Investors natürlich sogar aus einer ähnlichen Perspektive wie der der Crowd.

8. **Wo stehen Sie mit Ihrem Unternehmen und wo geht es hin?** An dieser Stelle gilt es, den Status quo darzustellen und daraus eine gute Positionierung abzuleiten. Wer bereits am Markt ist, kann mit Umsatz- und weiteren KPI-Zahlen Argumente finden. Je später die Unternehmensphase, desto mehr muss hier vorgestellt werden. In jedem Fall leitet sich daraus die Zielsetzung für die Zukunft ab, insbesondere, wenn der Markterfolg die Annahmen aus den ersten Planungen bestätigt hat und man damit weitergehende Kalkulationen bewerkstelligen kann.

9. **Was haben Sie mit dem Investment vor?** An dieser Stelle sollten zum einen die Fragen beantwortet werden, wieso überhaupt eine Finanzierungsrunde und wieso sie mit Crowdfunding durchgeführt wird. Skizzieren Sie in der Folge die Mittelverwendung möglichst in Kapital-Stufen und so detailliert wie möglich. So wirkt eine mögliche Verknappung durch stufenweise erhöhte Funding-Limits authentischer und macht nachvollziehbar, was mit welchen Mitteln möglich ist. Beispiele sind u. a. Marktschließungen, Produkt-Updates oder -Erweiterungen, schnellere Skalierung durch neue Marketingkanäle etc.

5.3.4 Der Businessplan

Ein Gastkapitel von Torsten Walbaum, der von 2013 bis 2014 bei Seedmatch Startups für das Crowdfunding suchte evaluierte und mit ihnen die betriebswirtschaftlichen Abstimmungen im Vorfeld eines Fundings durchführte.

Bereits in Kap. 5.2 haben wir erfahren, warum Businesspläne für die Bewerbung bei einer Crowdfunding-Plattform im ersten Schritt unnötig sind: Sie sind unter professionellen Investoren einfach aus der Mode gekommen. Besonders bei

Frühphaseninvestments ist der Wert dieser Dokumente aus Sicht vieler Investoren begrenzt, da es noch zu früh ist, um für viele Bereiche detaillierte Pläne und Maßnahmen abzuleiten und sich erfahrungsgemäß die wenigsten Prognosen bewahrheiten.

In einer frühen Unternehmensphase werden häufig noch sehr zentrale Aspekte am Produkt und Geschäftsmodell verändert; hierbei spielt das Feedback der ersten Kunden eine zentrale Rolle. Anhänger der sehr populären, von Eric Ries bekanntgemachten „Lean-Startup"-Philosophie empfehlen, möglichst früh mit einem ersten Produkt Feedback von potenziellen Kunden einzuholen. Basierend auf diesem Feedback kann das Angebot dann bestmöglich auf die tatsächlichen Bedürfnisse des Marktes zugeschnitten werden. Insofern setzen moderne Startup-Konzepte auf schnelle Iterationen an Produkt und Geschäftsmodell anstatt auf das starre Festhalten an einem detaillierten Businessplan.

Steve Blank (2012), Serienunternehmer und einer der Vordenker der „Lean-Startup"-Bewegung, kommentiert dies folgendermaßen: „We now know in a startup no business plan survives first contact with customers." (Sinngemäß: „Wir wissen nun, dass kein Businessplan eines Startups den Erstkontakt mit Kunden übersteht.")

Wofür benötigt man dann noch einen Businessplan?
Obwohl Businesspläne in der Startup-Investmentszene keine zentrale Rolle mehr spielen, können sie eine wichtige Funktion erfüllen, gerade beim Crowdfunding. In erster Linie zeigt ein guter Businessplan, dass die Gründer sich intensiv mit ihrer Idee sowie dem Marktumfeld auseinandergesetzt haben. Wie zuvor im Video-Kapitel (s. Kap. 5.3.2) beschrieben, haben Crowd-Investoren im Vergleich zu Business Angels oder anderen professionellen Investoren in der Regel nicht die Möglichkeit, den Gründern persönlich auf den Zahn zu fühlen. Daher schaffen eine fundierte schriftliche Analyse zum Geschäft sowie eine durchdachte und mit nachvollziehbaren Annahmen unterlegte Finanzplanung häufig das nötige Grundvertrauen. Die Hoffnung ist dabei, dass jemand, der einen gewissenhaften Businessplan schreibt, sein Unternehmen genauso gewissenhaft führen wird. Auch der Prozess der Erstellung hat einen Wert an sich, da der Gründer sich kritisch mit seinem Geschäftskonzept auseinandersetzen muss und durch diese Reflexion neue Einsichten gewinnt.

Zudem gibt ein Businessplan dem Leser einen tieferen Einblick in die Geschäftsidee, als dies bei einem kurzen Pitch lediglich mit Video und einer eher vom Storytelling geleiteten Investment-Story der Fall ist. Professionelle Investoren entscheiden häufig sehr schnell, ob ein Konzept für sie interessant ist oder nicht. Ein großer Teil der Crowd-Investoren hat jedoch keine umfangreiche Erfahrung mit der Analyse und Beurteilung von Startups. Daher brauchen sie ausführliche Hintergrundinformationen, um zu einer Einschätzung zu gelangen.

Sehr passend dazu waren auch die Interview-Antworten des Crowd-Investors Prof. Dr. Rüdiger Zarnekow (siehe Kap. 4.4), der nicht nur über Crowdfunding, sondern auch als Business Angel in Startups investiert. Er erklärt, wieso der Businessplan für die Entscheidung beim Crowdfunding so wichtig ist: „Ich sehe generell, dass den Crowd-Investments ein anderer Entscheidungsablauf zugrunde liegt als typischen Angel-Investments. Dort ist der Austausch mit den Teams das Wichtigste, während beim Crowdfunding der Businessplan als Informationsquelle eine höhere Bedeutung hat. Es gibt zum Beispiel Angel-Investments, die ich getätigt habe, bei denen ich den Businessplan nur kurz überflogen habe. Der interessiert mich auch nicht, wenn ich die Möglichkeit habe, mich über einen langen Zeitraum sehr intensiv mit dem Gründerteam auszutauschen. Dann muss ich so ein Dokument nicht lesen. Beim Crowdfunding ist das genau umgekehrt."

Die Finanzplanung
Ein beim Crowdfunding besonders relevanter Bestandteil des Businessplans ist die Finanzplanung. Crowd-Investoren profitieren in der Regel (je nach Vertragsmodell) von einer positiven Entwicklung der Finanzkennzahlen, ob nun indirekt durch eine Steigerung des Unternehmenswertes oder direkt durch Gewinnbeteiligungen oder die bereits beschriebenen Auszahlungen basierend auf Umsatz- oder EBIT-Multiples. Um die potenzielle Rendite eines Investments berechnen zu können, benötigen sie eine Finanzplanung für den Mindestbeteiligungszeitraum. Außerdem kann man einer Finanzplanung weitere wichtige Informationen entnehmen, z. B. wie viel externes Kapital voraussichtlich benötigt wird, bis sich das Unternehmen aus dem eigenen Cashflow finanzieren kann. Daher ist es natürlich für Crowd-Investoren sehr interessant, eine solche Planung vorgelegt zu bekommen und mit den Gründern diskutieren zu können (und später die tatsächliche Entwicklung des Startups mit der Planung zu vergleichen). Dabei sollten die Investoren jedoch berücksichtigen, dass Planabweichungen gerade im Startup-Bereich zum Alltag gehören. Diejenigen unter ihnen, die noch nicht so viel Erfahrung mit Startup-Investments gesammelt haben, gehen dabei bisweilen sehr anspruchsvoll an die Planzahlen heran und erwarten eine Planerfüllung. Gründer sollten dies nicht nur bei der Planung bedenken, sondern jede Abweichung vom Plan später mit ausreichend Argumenten stützen.

Viele Venture-Capital-Gesellschaften investieren nur in Startups, die das Potenzial und die Ambition haben, in wenigen Jahren dreistellige Millionenumsätze zu machen. Daher erwarten sie entsprechend ambitionierte Finanzpläne. Beim Crowdfunding ist es jedoch empfehlenswert, eine etwas konservativere Planung vorzulegen. Vor allem, um die Möglichkeit der Anschlussfinanzierung über die Crowd zu bewahren, sollte man sich Ziele setzen, die man regelmäßig erreichen oder sogar überbieten kann. Wer den Großteil seiner Ziele deutlich verfehlt, wird Schwierigkeiten haben, die Crowd für ein erneutes Investment zu begeistern.

Auch wenn so gut wie alle Gründer ihre Planung als „konservativ" bezeichnen, sollte jedem Beteiligten bewusst sein, dass eine Finanzplanung für fünf Jahre bei einem Startup ein Blick in die Kristallkugel ist. Die Bandbreite reicht dabei von Planungen, die ausschließlich auf (zum Teil gewagten) Annahmen beruhen, bis zu Plänen, die auf einer umfangreichen Historie aufbauen und diese in die Zukunft extrapolieren. Abweichungen von der Finanzplanung sind jedoch, wie bereits angemerkt, grundsätzlich die Regel und nicht die Ausnahme.

Auch das bestätigt Prof. Dr. Zarnekow im Gespräch: „Bei den Finanzdaten am Ende weiß heute jeder Investor, dass so viele Annahmen dahinterstecken, dass man sie mit Vorsicht genießen muss. Ich persönlich bilde meine Meinung weniger auf Basis der konkreten Finanzzahlen, sondern ich versuche, das Potenzial und die Skalierbarkeit der Idee selbst einzuschätzen – ohne genau sagen zu können, ob in drei Jahren drei oder sieben Millionen an Umsatz generiert werden. Das kann letztendlich niemand prognostizieren."

Und ganz konkret zur Finanzplanung des Startups TOLLABOX, bei dem er investierte: „Was ich bei TOLLABOX sehr gut fand, war die sehr realistische Herangehensweise. Man hat das auch beim Businessplan gesehen. Der war einerseits sehr nüchtern, hatte aber auch Hand und Fuß. Da waren keine Traumzahlen oder irgendwelche gewagten Annahmen drin. Im Gegenteil, es handelte sich um einen vorsichtigen Businessplan – und auch das fand ich damals überzeugend."

Die Erstellung des Businessplans

Viele deutsche Startups haben, trotz der abnehmenden Bedeutung bei der Investorensuche, einen Businessplan entweder als Powerpoint-Deck oder sogar in Fließtext vorliegen. Dieser kann in der Regel problemlos als Grundlage für den Businessplan verwendet werden, der im Rahmen eines Crowdfundings gezeigt werden soll. Sie sollten jedoch im Hinterkopf behalten, dass Sie beim Crowdfunding eine sehr breite Zielgruppe ansprechen. Die einzelnen Investoren haben sehr unterschiedliche Hintergründe und kommen nicht notwendigerweise aus dem Startup-, Technologie- oder Wirtschaftsbereich. Daher sollten Sie Ihre Ausführungen möglichst verständlich halten, die Verwendung von Fachbegriffen auf das nötige Minimum reduzieren und diese erklären. Um den Businessplan möglichst übersichtlich zu halten und komplexe Zusammenhänge zu verdeutlichen, bieten sich Grafiken an. Diese sorgen zudem für eine Auflockerung und machen die Lektüre für den Crowd-Investor angenehmer.

5.3 Funding-Vorbereitung

Viele Gründer neigen dazu, ihre Geschäftsidee über die Maßen optimistisch darzustellen und problematische Bereiche sowie Risiken zu übergehen. So wollen sie beispielsweise auf eine Wettbewerbsbetrachtung verzichten, da sie sich in einem Markt mit starken, etablierten Wettbewerbern bewegen und befürchten, dass dies abschreckend auf potenzielle Investoren wirkt. Diese Herangehensweise ist jedoch nicht zielführend, ganz abgesehen davon, dass es Ihr Anspruch als Gründer sein sollte, Ihr Startup transparent zu präsentieren und eine ausgewogene Informationsgrundlage für ein Investment zu bieten. Durch die Öffentlichkeit eines Crowdfundings und die Interaktion mit der Crowd, beispielsweise im Frage- und Antwort-Bereich auf der Plattform oder in sozialen Medien, werden die im Businessplan vernachlässigten Bereiche früher oder später zur Sprache kommen. Es ist deutlich souveräner, die kritischen Fragen der Crowd zu antizipieren und im Businessplan prophylaktisch zu beantworten, als dies erst nachträglich in der Diskussion zu tun. Auf diese Weise schaffen Sie Vertrauen, was bei einem Investment über das Internet elementar ist.

Auf eine detaillierte Betrachtung der Struktur eines Businessplans soll an dieser Stelle verzichtet werden, da die Erstellung von Businessplänen in der Fachliteratur bereits hinreichend behandelt worden ist.

Checkliste – Worauf Sie beim Businessplan achten sollten

- Seien Sie gründlich, recherchieren Sie und belegen Sie Ihre Aussagen, wo möglich und sinnvoll, mit Zahlen (beispielsweise Studien zum Markt). Überzeugen Sie die Crowd von Ihrer Gewissenhaftigkeit und Expertise!
- Verzichten Sie auf pauschale Aussagen wie „Unsere Idee hat riesiges Potenzial".
- Versprechen Sie nichts, dass noch nicht „in trockenen Tüchern" ist. Bis die Verhandlungen abgeschlossen sind, sollten Sie keine Kooperationen, Verkäufe oder Investments verkünden.
- Stellen Sie eine konservative Finanzplanung auf und erläutern Sie die zugrundeliegenden Annahmen. Die Crowd möchte zwar Skalierungspotenzial sehen, allerdings keine Pläne, die reine Fantasie sind.
- Sensibilisieren Sie Ihre Investoren dafür, dass der Business- und Finanzplan nicht in Stein gemeißelt sind. So haben Sie es leichter, spätere Strategieänderungen und Planabweichungen zu kommunizieren.
- Zeichnen Sie ein ausgewogenes Bild Ihres Unternehmens, gehen Sie auch auf problematische Punkte und Risiken ein und reden Sie diese nicht klein – die Crowd wird es honorieren.

5.3.5 Vertragsdetails und Unternehmensbewertung

Ein Gastkapitel von Torsten Walbaum, der von 2013 bis 2014 bei Seedmatch Startups für das Crowdfunding suchte, evaluierte und mit ihnen die betriebswirtschaftlichen Abstimmungen im Vorfeld eines Fundings durchführte.

Im Vorfeld eines Crowdfundings müssen selbstverständlich Verträge geschlossen werden. Im Kern beinhaltet dies in der Regel einen Mustervertrag, der das Investment der Investoren in das Startup regelt, sowie einen Dienstleistungsvertrag zwischen dem Startup und der Crowdfunding-Plattform.

1. **Der Muster-Investmentvertrag**
Der Muster-Investmentvertrag regelt das Investment des Crowd-Investors in das Startup. Ein individueller Investmentvertrag nach diesem Muster wird während des Fundings online mit jedem Investor abgeschlossen. Als Vertragskonstrukt verwenden die meisten deutschen Crowdfunding-Plattformen das partiarische Nachrangdarlehen, welches bereits in Kap. 3.4 in diesem Buch behandelt wurde. Der Vertrag ist dabei bei einem Funding üblicherweise für alle Crowd-Investoren identisch, natürlich mit Ausnahme der individuellen Inputs wie etwa den persönlichen Daten des Investors oder der Investmentquote.

Die Plattformen verwenden in der Regel einen standardisierten Vertrag, der sich, wenn überhaupt, nur marginal von Funding zu Funding unterscheidet, von laufenden Optimierungen einmal abgesehen. Durch diese Einheitlichkeit müssen sich die Investoren nicht jedes Mal in ein komplett neues Vertragswerk einlesen. Der Vertrag ist, im Vergleich mit Investmentverträgen institutioneller Investoren, üblicherweise sehr kompakt. Dennoch sollten Sie sich als Gründer intensiv damit auseinandersetzen und eine rechtliche Einschätzung von einem Anwalt einholen. Sie sollten kein Crowdfunding mit einem Vertragskonstrukt starten, das Sie nicht vollständig verstanden haben.

Da für die Plattformen Standardisierung sehr wichtig ist, besteht in der Regel nur begrenzter Verhandlungsspielraum bezüglich der Vertragsinhalte. Es gibt jedoch einige variable Komponenten, die für jedes Funding individuell festgelegt werden.

a. **Das Funding-Limit und die Funding-Schwellen**
Trotz aller Marketing- und Crowdsourcing-Aspekte: Im Kern sammeln Sie beim Crowdfunding Geld ein. Daher müssen Sie sich im Vorfeld des Fundings überlegen, wie viel Kapital Sie maximal aufnehmen möchten („Funding-Limit"). Doch was ist die „richtige" Summe? An dieser Frage scheiden sich die Geister.
Die einen raten, so viel Geld wie möglich in einer Funding-Runde einzuwerben, da der Fundraising-Prozess wichtige Ressourcen binde und vom Kern-

geschäft ablenke. Außerdem bringe eine geringe Kapitalisierung ein höheres Risiko für das Unternehmen mit sich.
Andere sind wiederum der Meinung, dass man nur so viel Kapital wie nötig aufnehmen sollte, da begrenzte Ressourcen für größere Effizienz sorgen und die Kreativität und Zielstrebigkeit der Gründer beflügeln würden. Mit weniger Geld muss man schließlich sparsamer oder schneller ans Ziel kommen. Der Venture-Capitalist Fred Wilson von Union Square Ventures sagt dazu (2013):

> The fact is that the amount of money startups raise in their seed and Series A rounds is inversely correlated with success. Yes, I mean that. Less money raised leads to more success. That is the data I stare at all the time. It makes little sense at face value but it is true based on more than two decades of experience in the startup world." (Sinngemäß: „Die Höhe an Kapital, die ein Startup in der Seed- oder sog. Series-A-Finanzierung einwirbt, ist negativ korreliert mit dem Erfolg dieses Startups. Das ist mein Ernst. Weniger Geld führt zu mehr Erfolg. Das sind die Daten, die ich immer wieder sehe. Es scheint zunächst wenig Sinn zu machen, aber 20 Jahre Erfahrung in der Startup-Branche bestätigen dies.)

Zusätzlich zum Funding-Limit muss die sogenannte Funding-Schwelle festgelegt werden; diese verkörpert den Minimalbetrag, der zusammenkommen muss, damit das Funding als erfolgreich gilt (und die Verträge wirksam werden). Andernfalls würden die investierten Gelder wieder an die Investoren zurückfließen. Zusätzlich arbeiten einige Plattformen mit Zwischenstufen, die das Funding zwischen Schwelle und Limit in mehrere Abschnitte unterteilen. Diese Stufen können für das Storytelling verwendet werden, da sie mit der Umsetzung bestimmter Vorhaben des Startups verknüpft werden können, ähnlich den Stretch Goals beim Reward-based Crowdfunding.

b. **Die Unternehmensbewertung**
Einem Startup-Investment liegt üblicherweise eine Unternehmensbewertung zugrunde. Das ist auch bei Crowdfunding-Plattformen der Fall. Diese Bewertung wird herangezogen, um die Investmentquote jedes Investors zu bestimmen: Sie entspricht dem Wert des Quotienten aus Investmenthöhe geteilt durch Unternehmensbewertung („post-money"). Diese Quote wiederum, unter Berücksichtigung etwaiger Verwässerungen, dient anschließend als Grundlage der Berechnung der Ansprüche des Investors, wie z. B. der prozentualen Gewinnbeteiligung (siehe Kap. 3.4).
Grundsätzlich wird die Unternehmensbewertung durch das Startup bestimmt; dabei sollten Sie als Gründer allerdings berücksichtigen, dass eine zu hohe Bewertung das Angebot für die potenziellen Investoren weniger attraktiv macht und sich somit negativ auf den Funding-Verlauf auswirken kann. Die

Plattform kann hier mit Feedback der Crowd zum Thema Unternehmensbewertung allgemein und den spezifischen Bewertungen vergangener Fundings helfen, diese in Perspektive zu setzen. Immer häufiger kommt Kritik vonseiten der Crowd bezüglich der Bewertungshöhe auf; es ist daher äußerst wichtig, dass Sie die von Ihnen gewählte Bewertung mit plausiblen Argumenten stützen.

Der in Kap. 4.4 vorgestellte Crowd-Investor und Business Angel Prof. Dr. Zarnekow sagt: „Es gab schon einige Fälle, in denen ich das Projekt sehr gut fand, die Unternehmensbewertung für mich aber deutlich zu hoch war und ich mich aus diesem Grund letztendlich nicht daran beteiligt habe."

Die Bewertungen von Startups, die ein Crowdfunding durchführen, sind (je nach Plattform mehr oder weniger) öffentlich einsehbar. Daraus folgt zum einen, dass die Crowd-Investoren die Bewertungen aus anderen Fundings zum Vergleich heranziehen können. Um Ihre Chancen auf ein erfolgreiches Funding nicht zu verringern, sollten Sie sich daher in der Bewertungsspanne vergleichbarer Startups einordnen. Außerdem schaffen Sie mit der Bewertung eine Referenz für weitere Finanzierungsrunden. Sie sollten daher darauf gefasst sein, dass in zukünftigen Verhandlungen mit Investoren unter Umständen auf diese Bewertung Bezug genommen wird, da diese in der Regel auch nach dem Funding öffentlich einsehbar ist.

Allerdings lassen sich Unternehmensbewertungen im Rahmen eines Crowdfundings nicht direkt mit solchen aus Deals mit Venture-Capital-Gesellschaften vergleichen, da auch das zugrundeliegende Investmentkonstrukt eine Rolle spielt. Bei der Ermittlung der Unternehmensbewertung, die Sie für Ihr Startup im Rahmen des Crowdfundings ansetzen möchten, sollten Sie daher berücksichtigen, dass Sie keinerlei Mitspracherechte an die Investoren abgeben, sofern das partiarische Nachrangdarlehen eingesetzt wird. Da sich Ihre Stimmrechte nicht verringern, können Sie so auch die Gefahr verringern, dass Ihr Anteil am Unternehmen in späteren Finanzierungsrunden so stark verwässert, dass Sie die Kontrolle über Ihr Unternehmen verlieren.

Bei Anschlussfinanzierungen über die Crowd sollte man darauf achten, dass sich der Bewertungsanstieg seit der letzten Runde in einem angemessenen Rahmen bewegt und nachvollziehbar begründet wird.

c. **Die Multiples**

Wie bereits im Kap. 3.4 über das partiarische Nachrangdarlehen beschrieben, werden zur Bestimmung des Unternehmenswertes des Startups im Falle der Kündigung (seitens des Startups oder des Investors) häufig Multiples herangezogen, die sich beispielsweise auf Umsatz oder EBIT beziehen. Diese Multiples müssen im Vertrag fixiert werden. Die Höhe der Multiples sollte sich am Durchschnitt für kleine Unternehmen der jeweiligen Branche des Startups orientieren. Dabei werden üblicherweise sogenannte „Trading Multiples" herangezogen, also solche, die auf den Börsenkursen von Unternehmen beruhen, anstatt „Transaction Multiples", welche aus Unternehmenskäufen abgeleitet werden und üblicherweise deutlich höher ausfallen. Aktuelle Durchschnittswerte können problemlos online gefunden werden.

2. **Der Dienstleistungsvertrag**

Der Dienstleistungsvertrag regelt das Vertragsverhältnis zwischen dem Startup und der Plattform. Dieser unterscheidet sich natürlich von Plattform zu Plattform und ist in der Regel nicht öffentlich einsehbar.

Der Vertrag regelt die Rechte und Pflichten der Parteien und enthält die Konditionen der jeweiligen Plattform, d. h. das Honorar oder sonstige Vergütung der Plattform sowie etwaige weitere Kosten, die je nach Plattform anfallen können. Es liegt in der Natur der Sache, dass bei einem solchen Dienstleistungsvertrag zumindest theoretisch mehr Verhandlungsspielraum besteht als beim Investmentvertrag. Allerdings sind auch hier in der Regel nur geringe bis keine Abweichungen möglich, da Plattformen generell ein standardisiertes Angebot zu festen Konditionen bieten.

Wie auch beim Muster-Investmentvertrag (und Verträgen im Allgemeinen) gilt: Nehmen Sie sich die Zeit, den Vertrag komplett zu durchdringen, und holen Sie sich eine rechtliche Einschätzung ein.

5.3.6 Presse- und Medienarbeit: Kommunikation für einen gelungenen Crowdfunding-Start

Die richtige Kommunikation vor dem Crowdfunding kann die Startdynamik des Crowdfundings in Schwung bringen und gleich zu Beginn einen großen Teil Ihrer angestrebten Summe realisieren!

Thomas Reimers von Protonet zur Kommunikation vor dem Crowdfunding:

> Wir hatten damals noch keine große PR-Agentur, was ich beim nächsten Mal definitiv anders machen würde, weil Presse im Vorfeld das Ganze nochmal deutlich einfacher macht und einfach die Erfolgs-Wahrscheinlichkeit steigert. Wir haben auch mit den Teams der ganz großen Kickstarter-Aktionen gesprochen. Also den Leuten, die 100.000 € einsammeln wollten und ‚aus Versehen' 10 Mio. € eingesammelt haben. Bei allen zeigt sich eindeutig, dass es essenziell für den Erfolg war, dass sie Monate im Vorfeld schon massiv PR-Arbeit gemacht haben. Richtig exponentiell erfolgreiche Crowdfunding-Kampagnen sind niemals Zufall, weil es einfach ein cooles Produkt ist und auf einmal ganz viele Leute dieses zufällig sehen und investieren. Dahinter steht immer monatelange PR- und Community-Arbeit im Vorfeld, sodass die Leute

schon wissen, wann das Ding ins Crowdfunding startet. Da sind dann schon ein paar Hundert oder ein paar Tausend Leute, die sich schon im Vorfeld entschieden haben, dass sie das machen werden, und sie machen es dann einfach direkt innerhalb der ersten Stunden.

Auf die Interviewfrage, wieso die erste Crowdfunding-Runde von Protonet so erfolgreich war, erzählt Philipp Baumgaertel, der das Business Development bei Protonet leitet: „Weil wir am Anfang viel kommuniziert haben. Da haben wir festgestellt, dass es wichtig ist, dass man sich viel Zeit nimmt, viel PR macht, viel mit Leuten ins Gespräch kommt, die sich gegenseitig davon erzählen."

In diesem Zusammenhang ist zu betonen, dass viele Crowdfunding-Plattformen Sie bei Ihrer Kommunikationsarbeit unterstützen werden. Sie sollten mit Ihrer Plattform eng zusammenarbeiten und vor allem PR-Maßnahmen gründlich absprechen. Jedoch wird bzw. kann Ihre Plattform aufgrund der Vielzahl an Projekten und parallel laufenden Fundings nicht all Ihre Kommunikationsmaßnahmen übernehmen. Mit hoher Wahrscheinlichkeit erhalten Sie Unterstützung bei der Journalisten-Ansprache, im Bereich Social Media und E-Mail-Marketing. Größere Aktionen wie besondere Events oder Produkt-Test-Aktionen zum Crowdfunding-Start oder während des Crowdfundings können Sie natürlich zusätzlich zu den Aktivitäten der Crowdfunding-Plattform organisieren.

Die richtige PR-Arbeit ist für ein erfolgreiches Crowdfunding unerlässlich, deshalb haben wir im Folgenden ein paar ausführlichere Erläuterungen für Sie zusammengestellt.

Ein paar theoretische Grundlagen

▶ „Media Relations umfassen die direkte externe Kommunikation der Unternehmung mit der Zwischenzielgruppe ‚Medien', beziehungsweise deren Akteuren, den Journalisten. Sie zielen auf eine positive Beeinflussung von Meinungen, Einstellungen, Erwartungen und Verhaltensweisen der Journalisten in Bezug auf die Unternehmung ab. Sie umfassen damit auch die indirekte externe Kommunikation mit dem eigentlichen Ziel und den Anspruchsgruppen des Unternehmens ([Investoren], Kunden, Mitarbeiter etc.), die auch über Medien erreicht werden." (Meckel und Schmidt 2008, S. 293).

Redaktionen stehen untereinander im Wettbewerb und suchen immer die nächste spannende Geschichte für die Zielgruppe: den Leser. Wie bei einem Investor müssen auch Journalisten überzeugt werden, über das eigene Startup und dessen Crowdfunding zu schreiben, und ihnen muss aufgezeigt werden, wieso dieses Startup eine Recherche und einen Artikel wert ist.

Um mit Ihrer Medienarbeit erfolgreich zu sein, sollten Sie sich jedoch zeitlich, sachlich und auf einer sozialen Ebene an die journalistische Arbeitslogik anpassen. Im Folgenden haben wir für Sie ein paar Hinweise zusammengefasst, damit Ihre Chancen steigen, auch tatsächlich einen Artikel in Ihrem Wunschmedium wiederzufinden.

Ergänzend ist noch festzuhalten, dass die Möglichkeit, Ihr Thema in den Medien zu verankern, z. B. durch die Anpassung an journalistische Nachrichtenfaktoren, begrenzt ist – d. h., Themen können nicht beliebig generiert werden. Nachrichtenfaktoren sind beispielsweise (Ruhrmann und Göbbel 2007, S. 41):

- Reichweite eines Ereignisses (Anzahl der Personen, die direkt von ihm betroffen sind/sein werden/waren/sein können);
- Überraschung (ein Ereignis, das nicht ankündbar ist/bestehenden Erwartungen widerspricht);
- Personalisierung (Personen stehen im Fokus und werden als Einzelpersonen dargestellt);
- positive Folgen/Nutzen/Erfolg (Ereignisse, deren positive Folgen dargestellt werden);
- Verfügbarkeit von Bildern (Ereignis wird erst zur Nachricht, WEIL Bilder verfügbar sind).

Sie können sich also an generelle journalistische Arbeitskriterien im Zuge der Themengenerierung anpassen, über die Akzeptanz Ihres Angebotes entscheidet die journalistische Seite jedoch autonom (Bentele 2008, S. 214).

Medienarbeit im Social Web
Crowdfunding findet hauptsächlich im Internet statt. Deshalb sollten Sie in „diesem Raum" auch bei Ihrer Medienarbeit agieren. Das Social Web hat auch die journalistische Arbeitsweise verändert. Beispielsweise nutzen Journalisten Social Software sowohl zur Publikation als auch zur Recherche von Inhalten (Neuberger und Welker 2008, S. 24). Dies belegt auch eine Studie der news aktuell GmbH aus dem Jahr 2011, nach der 41 % der befragten Journalisten in Deutschland mindestens einmal wöchentlich auf Social-Media-Dienste bei der Recherche zurückgreifen (Liebich 2012, S. 13). Am häufigsten werden Facebook, YouTube, Google+ und Twitter genutzt (ebd., S. 14).

In der Google-Welt wird dieser Prozess von „neuen Meinungsmachern" (Zerfaß und Boelter 2005) mitbestimmt. Beispielsweise ist die Reichweite von bekannten Weblogs bzw. „Meinungsmacher-Blogs" wie „netzwertig.com" durchaus vergleichbar mit der von Lokal- oder Fachzeitungen (businessAD 2014). Da diese Blogs oftmals als Recherchequelle von Journalisten dienen, ist es wahrschein-

Tab. 5.2 Gute Medienarbeit im Social Web. (Bernet 2010, S. 23)

Inhalt	Übermittlung	Dialog
Aktuell	Direkt	Zuhören
Kurz	Schnell	Authentisch
Wahr	Verfügbar	Transparent
Verlinkt		Begegnen
Individuell		Dranbleiben

lich, dass ein Thema, welches in einem Meinungsmacher-Blog aufgegriffen wurde, durch klassische Massenmedien wahrgenommen wird (Eck und Pleil 2006, S. 86 ff.). Auch feste Publikationsfrequenzen oder eine kontinuierliche Berichterstattung treffen auf das Social Web meist nicht zu (Pleil 2010, S. 12).

Um den kommunikativen Anforderungen des Social Web und den neu entstandenen Bezugsgruppen (z. B. Blogger) gerecht zu werden, sollten Sie Ihre Medienarbeit an die neuen Mechanismen anzupassen.

PR-Berater Marcel Bernet charakterisiert drei Dimensionen „guter Medienarbeit" im Social Web: Inhalt, Übermittlung und Dialog (vgl. Tab. 5.2).

Der Inhalt guter Medienarbeit im Social Web sollte nach Bernet kurz, wahr und immer aktuell sein. Zusätzlich sollten in Bezug auf die Suchmaschinenoptimierung Kernaussagen in Texten wiederholt und Webinhalte durch Links zu weiterführenden Hintergrundinformationen, Bildern oder Videos ergänzt werden. Mit „individuell" beschreibt Bernet, dass die Medienarbeit auf die Bedürfnisse von Medium und Leserschaft abgestimmt sein muss, da die wachsende Vielfalt des Netzes nach angepassten Inhalten und speziellem Timing verlangt (Bernet 2010, S. 19 ff.).

Den größten Umbruch im Vergleich zur klassischen Medienarbeit erlebt nach Bernet die Übermittlung: Das Web hat die Zugangsmöglichkeiten zu Unternehmensinformationen geöffnet, Reichweite und Geschwindigkeit haben zugenommen. „Direkt" beschreibt in diesem Zusammenhang, dass Mitteilungen möglichst persönlich bei den Stakeholdern ankommen müssen, und zwar auf dem von ihnen bevorzugten Kanal. Inhalte sollten zudem schnell online verfügbar, rund um die Uhr abrufbar und idealerweise auch abonnierbar sein. Antworten auf Fragen werden von den Empfängern zeitnah und unabhängig von Bürozeiten erwartet (Bernet 2010, S. 21 f.). Die mobilgerechte Anpassung von Informationen wird zunehmend bedeutender (ebd., S. 46).

Die dritte Dimension, Dialog, umfasst das Zuhören, um herauszufinden, wer in welcher Form wo im Internet über unternehmensrelevante Themen spricht und was Anspruchsgruppen beschäftigt. Der Begriff „authentisch" umfasst den Grundsatz, nur dort Gespräche aufzunehmen, wo ein Unternehmen sie selbst führen kann und will bzw. bereit ist, auf Antworten einzugehen.

5.3 Funding-Vorbereitung

Dabei ist die Transparenz für Bernet entscheidend, unter der er das Ausweisen des Absenders und seiner Interessen versteht. Er beschreibt weiter, dass erst der persönliche Kontakt (sich zu begegnen) Tiefe schafft, die nachhaltig gegenseitige Interessen erkennen lässt. Schließlich zeichnet sich gute Medienarbeit dadurch aus, dass sie langfristig angelegt ist. Nur wenn die beschriebenen Dimensionen gepflegt werden, ist ein Vertrauensaufbau und offener Dialog möglich (Bernet 2010, S. 22 f.).

Und jetzt ganz konkret: Eine Pressemitteilung verfassen
Über dem eigentlichen Text Ihrer Pressemitteilung sollte zunächst stehen, dass es sich um eine Pressemitteilung handelt. Also bevor Sie überhaupt etwas schreiben, schreiben Sie groß Pressemitteilung über Ihren Text.

Die Überschrift:
Mit der Pressemitteilung wollen Sie Aufmerksamkeit erreichen. Die Überschrift ist hier ganz zentral und soll zum Weiterlesen anregen. Sie sollte die Neuigkeit – den Kern des Textes – widerspiegeln und klar formuliert sein.

Der Vorspann:
In diesem einführenden Abspann sollten Sie das Wesentliche der Pressemitteilung auf den Punkt bringen. Beantworten Sie hier die typischen W-Fragen: Wer? Was? Wann? Wo? Wie? (Womit? Woher?) Zudem sollte hier unbedingt klar werden, was die Neuigkeit – die Kernaussage – ist! Versetzen Sie sich in die Rolle des Lesers, wenn Sie eine Zeitungsmeldung lesen. Sie fliegen über die ersten Sätze, wenn Sie aufhören zu lesen, war die Meldung wohl uninteressant. Generell sollten die Überschrift und der Vorspann das Wichtigste der Pressemitteilung schon beinhalten.

Haupttext:
Fügen Sie hier zunächst eine Orts- und Datumsmarke ein („Berlin/28.09.2014"). In diesem Abschnitt geht es um die Hintergründe Ihrer Neuigkeit, hier können Sie auf bedeutende Teilaspekte eingehen. Wichtig dabei ist, dass Sie den roten Faden nicht verlieren und nicht wahllos für Sie bedeutende Punkte aneinanderreihen. Stellen Sie sich immer die Frage, warum der Sachverhalt wichtig ist. Zitate der Geschäftsführung lockern den Text auf. Achten Sie bei diesen aber trotzdem darauf, dass diese Zitate keine Phrasen sind, sondern einen Mehrwert bieten und ebenfalls relevante Fakten beinhalten.

Unternehmensporträt:
Am Ende der Pressemeldung können Sie die wichtigsten Fakten Ihres Unternehmens als Firmenporträt in ein paar Sätzen zusammenfassen. Dies können beispielsweise Informationen zu Ihrem Kerngeschäft sein, zu Ihren Erfolgen oder zu allgemeinen Unternehmensdaten wie der Gründung, der Mitarbeiterzahl oder dem Sitz Ihrer Firma.

Dieses Unternehmensporträt dient Journalisten vor allem dazu, nicht aufwendig nach grundlegenden Informationen suchen zu müssen.

Link zu weiteren Informationen:

Geben Sie Links zu Bildmaterial oder weiteren Informationen zum Thema oder Ihrem Unternehmen an. Falls sich ein Journalist wirklich für den Inhalt Ihrer Pressemitteilung interessiert, wird er froh sein, wenn er direkt weiß, wo er weiterführendes Material findet. Optimalerweise liegt dies gebündelt auf der Presseseite Ihrer Website oder in Ihrem Social Media Newsroom.

Kontaktdaten:

Vergessen Sie nicht deutlich zu machen, wer der Absender der Pressemitteilung ist, geben Sie neben dem vollständigen Namen auch den Titel, Ihre Telefonnummer und Ihre E-Mail-Adresse an, sodass ein Redakteur Sie bei Nachfragen einfach kontaktieren kann.

Viele Crowdfunding-Plattformen unterstützen die Startups bei der Kommunikation und helfen beispielsweise bei der Erstellung der Pressemitteilung für das Funding. Hier beispielhaft die Pressemeldung zum Crowdfunding von e-volo:

PRESSEINFORMATION

Luftfahrtgeschichte made in Germany: der erste elektrische Hubschrauber der Welt

Der Volocopter – der „Tesla der Lüfte" – ist der erste emissionsfreie Privathubschrauber, welcher durch 18 einzelne Elektromotoren angetrieben wird. Mit dem rein elektrisch betriebenen Volocopter hat die e-volo GmbH in der Luftfahrt-Branche weltweit für Aufsehen gesorgt. Das Verkehrsministerium hat eigens für den Volocopter ein Programm zur Schaffung einer neuen Luftfahrtklasse beauftragt. Am vergangenen Mittwoch (20.11.2013) hat der elektrobetriebene Hubschrauber seinen Jungfernflug erfolgreich absolviert (http://vimeo.com/80050676). Um den Volocopter serienreif produzieren zu können, möchte e-volo insgesamt 1,2 Mio. € auf der Crowdfunding-Plattform Seedmatch einsammeln. Das Crowdfunding startet dort am 27. November. Privatpersonen können bei Seedmatch ab 250 € in e-volo investieren.

Karlsruhe/Dresden, 25. November 2013 – Der Volocopter von e-volo ist ein völlig neuartiges, senkrecht startendes Fluggerät, das Personen tragen kann und in keine bekannte Luftfahrtklasse einzuordnen ist. Im Gegensatz zu herkömmlichen Luftfahrzeugen ist der Volocopter von Anfang an als Fluggerät mit Elektroantrieb konzipiert. Mit seinen Propellern kann der Volocopter starten und landen wie ein Hubschrauber. Ein wesentlicher Vorteil neben der einfachen Bauweise ohne aufwendige Mechanik und den sehr geringen Wartungskosten ist die Redundanz der Antriebe. So kann selbst beim Ausfall von mehreren Motoren der Volocopter noch sicher landen.

Im Oktober 2011 hat das Karlsruher Unternehmen e-volo mit dem weltweit ersten, rein elektrisch angetriebenen und bemannten Flug Luftfahrt-Pioniergeschichte geschrieben. Im vergangenen Jahr hat das Team den internationalen Lindbergh Foundation Prize für seine Innovation erhalten.

Der Volocopter
Einen Hubschrauber zu fliegen erfordert eine umfangreiche Ausbildung, erhebliche finanzielle Mittel und ein gewisses Talent. Der Volocopter besitzt alle Vorteile eines Helikopters, ist aber wesentlich einfacher zu fliegen als ein Helikopter. Eine langwierige und teure Hubschrauber-Pilotenausbildung ist mit dem Volocopter nicht mehr notwendig. Pilotenfehler sollen durch die einfache Steuerung vermieden werden. Die redundanten Systeme und die Sicherheitsausrüstung sollen einen Absturz nahezu unmöglich machen. „Aufgrund der sehr großen eingebauten Redundanzen wird er eines der einfachsten und zugleich sichersten Fluggeräte der Welt sein. Der Volocopter kann auf fast jedem Gelände senkrecht starten und landen und benötigt dafür nur wenig Platz. Die Betriebskosten werden gegenüber einem Kleinsthubschrauber um bis zu 80 % verringert", so Alexander Zosel, CEO von e-volo. Der Anschaffungspreis für einen Volocopter liegt bei ca. 250.000 €.

Mittelfristig will das Team von e-volo folgende technische Leistungsmerkmale realisieren:

- Reisegeschwindigkeit ca. 100 km/h;
- maximale Starthöhe >4.000 m, maximale Flughöhe ca. 7.000 m;
- reiner Batteriebetrieb ca. 40 min bei zwei Personen, ca. 60 min bei einer Person, bei Verwendung des Hybridantriebs mit Wankelmotor ca. 2 h Flugzeit;
- Startgewicht 450 kg.

„In vielen übervölkerten Großstädten werden Helikopter für Kurzstrecken genutzt, da die Straßen völlig verstopft sind. Der hierdurch entstehende Fluglärm ist enorm. Auch gegen die Luftverschmutzung der Verbrennungsmotoren in den sowieso schon von Smog geplagten Metropolen regt sich Widerstand. Für den Volocopter ein ideales Einsatzgebiet!", erklärt Alexander Zosel.

Das Team hinter e-volo
Zum Gründungsteam von e-volo gehören die Gründer Alexander Zosel, Stephan Wolf, Thomas Senkel sowie Thomas Ruf.

Alexander Zosel ist seit 2012 Geschäftsführer der e-volo GmbH und verantwortlich für die Strategie und Gesamtkoordination bei e-volo. Zosel ist ein „Serial Entrepreneur" und gründete verschiedene Unternehmen in der Werbe- und Dienstleistungsbranche.

Stephan Wolf ist CFO und einer der Geschäftsführer von e-volo. Er ist zuständig für die Finanzen, Fördermittel und für die Entwicklung der Steuerungssoftware.

Thomas Senkel agiert bei e-volo als Verantwortlicher für die Entwicklung der Elektronik-Hardware. Nach dem Diplom gründete er ein Forschungsbüro und entwickelte zusammen mit Stephan Wolf den ersten Volocopter.

Thomas Ruf ist Business Angel bei e-volo. Ruf war Entwicklungsleiter bei der SysKonnect GmbH, die er erfolgreich an Marvell (http://www.marvell.com/company/) verkaufte. Seitdem agiert er als Business Angel und Investor.

Zudem stehen siebzehn Partner aus Forschung und Industrie an der Seite von e-volo. Darunter die DG Flugzeugbau GmbH, das Institut für Angewandte Forschung der Hochschule Karlsruhe und das Institut für Aerodynamik und Gasdynamik der Universität Stuttgart.

Mit der Crowd zum Erfolg
Ab dem 27. November 2013 können Privatpersonen die Geschäftsidee von e-volo unterstützen und ab 250 € bei Seedmatch in das Karlsruher Startup investieren (http://www.seedmatch.de/e-volo). E-volo möchte mit dem Crowdfunding bei Seedmatch insgesamt 1,2 Mio. € einsammeln. Das Kapital der Seedmatch-Investoren soll u. a. für die Fertigstellung des Produkts und den Aufbau des Vertriebs verwendet werden. Die Unternehmensbewertung des jungen Karlsruher Unternehmens beläuft sich zum gegenwärtigen Zeitpunkt auf 6,9 Mio. € (Abb. 5.2).

Es folgen die Kontaktdaten von e-volvo und Seedmatch.

10 Hinweise für erfolgreiche PR-Arbeit
Es gibt zahlreiche PR-Praktiker (Jaworski 2013; Wohlert 2012; Theodoridis 2014; Pichel 2010)), die praktische Tipps zur PR-Arbeit im Internet veröffentlicht haben. Hier eine Zusammenfassung, gepaart mit unseren wichtigsten Erfahrungen:

Die Zielgruppe in der Zielgruppe
Schreiben Sie nicht wahllos irgendwelche Redakteure an – erkundigen Sie sich, welche Medien zu Ihrem Thema passen. Passen Ihre Neuigkeiten zur Zielgruppe des Mediums? Achten Sie dabei auch darauf, ob das Medium bereits schon ein paar Mal ein ähnliches Thema aufgegriffen hat. Fragen Sie sich, ob Sie mit Ihrer Pressemitteilung wirklich einen Mehrwert für die Redaktion bieten.

5.3 Funding-Vorbereitung 135

Abb. 5.2 Der Volocopter-Jungfernflug. (Quelle: Presseinformation zum Crowdfunding von e-volo bei Seedmatch, November 2013)

Das Storytelling

Eine interessante Geschichte ist das „A und O", wenn Sie mit Ihrer Pressemeldung Journalisten oder Blogger erreichen möchten. Wie bereits im Kap. 5.3.1 beschrieben, sollte sich das Storytelling oder vielmehr die dort definierten „Reasons Why" auch in der Pressemitteilung widerspiegeln. Dabei ist es möglich, spezifische Punkte Ihrer Story aufzugreifen, diese auszubauen bzw. zu stärken und mit anderen interessanten Aspekten ihres Unternehmens zu kombinieren.

Wie kam es zur Gründung Ihres Unternehmens? Wie sind Sie auf Ihre Geschäftsidee gekommen? Wer steckt hinter Ihrem Team? Welche Experten verbergen sich hinter dem Produkt? Warum ist Ihr Produkt bzw. Ihre Dienstleistung so besonders? Welches gesellschaftliche Problem lösen Sie damit?

Werden Sie kreativ! Erzählen Sie Anekdoten oder generieren Sie durch prominente Unterstützung Aufmerksamkeit.

Auch die Betreffzeile Ihrer E-Mail ist sehr wichtig, denn Journalisten bekommen täglich zahlreiche Presseinformationen. Wenn der Betreff schon sitzt und prägnant formuliert ist, haben Sie die Chance, dass Ihre Pressemitteilung tatsächlich gelesen wird.

Individuelle Ansprache
Genau wie Sie wollen auch Journalisten keine Massen-E-Mail erhalten. Schreiben Sie die Journalisten mit Ihrem direkten Namen an. Falls zeitlich möglich, individualisieren Sie sogar Ihre Pressemitteilung und passen Sie diese auf das jeweilige Medium an. Bieten Sie auch ein persönliches Gespräch an.

Nerven Sie Journalisten nicht – finden Sie die Balance
Sie haben Ihre Pressemitteilung verschickt, Ihre Story findet jedoch kein Interesse bei den Redaktionen? Es klingt jetzt vielleicht sehr profan, aber dann war Ihre Story nicht gut genug. Wie bereits weiter oben im Text beschrieben, wollen Journalisten Menschen mit Neuigkeiten versorgen, sie lassen nicht von Fremden bestimmen, über was sie schreiben sollen.

Was können Sie tun?

Versuchen Sie regelmäßig interessante Storys mit unterschiedlichem Fokus zu anzubieten. Idealerweise sollten diese auch aktuelle Themen aufgreifen. So können Sie sich beweisen und vielleicht sogar irgendwann als Experte auftreten. Mehrwert ist das Wichtigste für Redakteure. Versenden Sie lieber keine Pressemitteilung, wenn diese einen schwachen Inhalt hat!

Generell gilt auch: Geben Sie Journalisten Zeit. Sie können gern noch einmal einen Versuch per Telefon wagen. Dies sollte jedoch frühestens nach etwa einer Woche passieren und ein anderes Thema in den Fokus stellen. Fragen Sie z. B. ob noch zusätzliches Material wie Bilder oder Grafiken benötigt werden. Nach zwei Tagen nachzuhaken, ob die Pressemitteilung angekommen ist, ist äußerst unprofessionell – so werden Sie mit hoher Wahrscheinlichkeit Ihre Geschichte nicht im Medium wiederfinden.

Medienarbeit ist Handwerk
Wenn Sie mit Medien kommunizieren möchten, müssen Sie verstehen, welchen Alltag Redakteure haben und welchen Strukturen sie unterliegen. Im vorherigen Abschnitt wurden deshalb ein paar grundsätzliche Mechanismen der Medienstrukturen und die Veränderungen durch das Social Web beschrieben.

An dieser Stelle geht es jedoch nicht nur um den grundsätzlichen Aufbau einer Pressemeldung oder den perfekten Versandzeitpunkt. Sie sind Gründer eines Startups. Das bedeutet, dass Sie idealerweise eine Geschäftsidee ins Leben gerufen haben, die etwas verändern will. Jedoch ist es nicht selten, dass Journalisten das Bewusstsein für ein bestimmtes Problem – welches bei Ihnen schon lange verinnerlicht ist – noch gar nicht haben. Wecken Sie dieses Bewusstsein!

Verwenden Sie wenige Substantive und Adjektive und setzen Sie vermehrt Verben ein. Schreiben Sie aktiv statt passiv.

Des Weiteren sollten Sie auf gar keinen Fall fachsimpeln. Versuchen Sie, Ihre Geschichte mit einfachen Worten wiederzugeben und auch komplizierte Sachverhalte zu vereinfachen. Hier geht es um Fakten, achten Sie auf eine einfache Sprache – vermeiden Sie zudem lange Schachtelsätze (maximal 17 Wörter pro Satz). Achten Sie auf Umgangssprache. Ein Tipp: Denken Sie beim Schreiben an Ihre Großmutter. Würde diese verstehen, um was es geht?

Vermeiden Sie außerdem Superlative und Konjunktive. Journalismus zeichnet sich in der Regel durch Objektivität aus. Phrasen wie „die besten, die gesündesten etc." oder Wörter wie „revolutionär" werden sowieso gestrichen. Driften Sie nicht ins Werbliche ab.

Beschönigen Sie Ihre Zahlen und Texte nicht. Denken Sie daran, was passiert, wenn ein Redakteur gründlich recherchiert und Ihre vielleicht harmlos gemeinte Schönfärberei entdeckt. Nennen Sie z. B. bei Wachstumszahlen immer konkrete Zahlen und keine überdimensionalen Prozentwerte.

Bilder sagen manchmal mehr als Worte
Egal ob online oder gedruckt, Journalisten benötigen oft Bildmaterial für ihren Artikel. Versetzen Sie sich in die Rolle des Lesers – natürlich sind Sie neugierig, wie ein bestimmtes Produkt aussieht oder wer die Menschen hinter einer Innovation sind. Versenden Sie zudem nicht immer das gleiche Bildmaterial. Achten Sie darauf, dass Ihr Bild zum Text passt. Zudem sollten Sie Bilder in einer sehr guten Qualität – das heißt in einer hohen Auflösung – anbieten (mindestens 300 dpi für den Druck und mindestens 72 dpi für die Verwendung im Internet).

Achten Sie darauf, dass die Menschen auf Ihren Bildern sympathisch wirken. Nichts ist langweiliger als ein Porträtfoto, auf dem Sie ernst schauen, oder gestellte Fotos vor einem leeren Schreibtisch mit einem Computer, an dem Menschen arbeiten. Lassen Sie sich etwas einfallen und stellen Sie dabei am besten einen Bezug zu Ihrer Geschäftsidee her. Zeigen Sie Ihr Team z. B. in einer typischen Handlung, die Ihr Unternehmen prägt, oder lassen Sie sich vor einem besonderen Hintergrund fotografieren.

Informieren Sie nicht kurzfristig
Ein Redaktionsalltag ist oft sehr zerstückelt und Journalisten erreichen unzählige Neuigkeiten pro Tag. Sie können nicht erwarten, dass Sie Ihre Pressemitteilung aussenden und diese am nächsten Tag in all Ihren Wunsch-Medien erscheint. Geben Sie Journalisten ein bisschen Zeit. Senden Sie, wenn möglich, Ihre Meldung ein paar Tage eher (ein bis drei Tage). Falls Ihr Crowdfunding beispielsweise an einen Donnerstag startet, können Sie Ihre Pressemitteilung zum Beispiel am Montag- oder Dienstagvormittag versenden.

Bieten Sie Ihre Informationen auch online an
Stellen Sie auf Ihrer Website Pressebilder in einer hohen Auflösung und in unterschiedlichen Formaten zur Verfügung. Auch die Pressemeldung sollte digital verfügbar sein. Verweisen Sie auch auf Zusatzinformationen, wie z. B. Ihren Unternehmensblog oder aktuelle Studien zum Thema. Viele Hinweise zu diesem Aspekt konnten Sie bereits unter dem Gliederungspunkt Medienarbeit im Social Web nachlesen.

In diesem Zusammenhang ist es noch wichtig zu erwähnen, dass Sie Ihre Pressemitteilung nicht nur als Anhang einer kurzen förmlichen E-Mail versenden sollten. Schreiben Sie den Text gut strukturiert direkt in die E-Mail an den auserwählten Redakteur. Die wenigsten Journalisten werden den zusätzlichen Schritt tun und Ihren Anhang öffnen – interessieren Sie diese also direkt mit Ihrem Text.

Exklusivität bringt manchmal mehr
Da Redakteure möchten möglichst oft die Ersten sein, die über ein Thema berichten, denn so haben Sie die Möglichkeit, sehr viele Leser zu erreichen. Um in bestimmten Medien zu erscheinen, ist es deshalb manchmal besser, eine Geschichte exklusiv anzubieten.

Termine, Termine, Termine
Halten Sie sich unbedingt an abgemachte Deadlines für schriftliche Interviewfragen, Abmachungen zu Telefonterminen oder sonstige Versprechen. Redakteure arbeiten in der Regel unter Zeitdruck. Wenn Sie nicht liefern – ein anderer freut sich bestimmt über den Platz im Medium.

Langfristiges Medieninteresse durch ein erfolgreiches Crowdfunding
Ein Funding-Erfolg ist auch langfristig für Medien bedeutsam. Beispiele dafür sind die Startups Protonet, BLOOMY DAYS oder SugarShape. Auch nach bis zu zwei Jahre nach den Crowdfunding-Erfolgen dieser Unternehmen wird dieses in der Medienberichterstattung immer wieder thematisiert. Natürlich ist dies dann oft nicht mehr das Kernthema, aber zumindest ein Fakt oder der Einstieg. Der Europa-Rekord von Protonet, die es im November 2012 schafften in 48 min 200.000 € einzusammeln, wird noch regelmäßig in der Presse als Erfolg des Unternehmens bewertet.

BLOOMY DAYS

Was macht das Startup? BLOOMY DAYS ist Deutschlands erstes Abonnement für Blumen. Ausgesuchte saisonale Schnittblumen werden je nach Wunsch des

Kunden wöchentlich, 14-tägig oder aller vier Wochen zugeschickt. Das Abonnement kann jederzeit pausiert, beendet oder an andere Personen oder soziale Einrichtungen verschenkt werden. BLOOMY DAYS erhielt nach dem Crowdfunding eine Anschlussfinanzierung im hohen sechsstelligen Bereich.

SugarShape

Was macht das Startup? SugarShape ist eine Dessousmarke mit dem Fokus auf Frauen mit größerer Oberweite. Ein neuartiges Design- und Maßkonzept sorgt für die perfekte Passform und Sex-Appeal. Ihre Idee stellten Laura Gollers und Sabrina Schönborn aus Stelle (Niedersachsen) im Februar 2012 bei Seedmatch vor. Innerhalb von knapp vier Stunden hatten die Gründerinnen 100.000 € zusammen. Inzwischen erhielten die studierte Germanistin Gollers und die Wirtschaftspsychologin Schönborn eine Anschlussfinanzierung und bekommen Anfragen aus ganz Europa.

Es gibt zudem Redakteure, die speziell auf Crowdfunding-Plattformen nach Startups einer bestimmten Branche suchen oder nach Erfolgsgeschichten von Unternehmen einer bestimmten Region. Eine Crowdfunding-Plattform dient hier auch als Pool für spannende Geschichten deutscher Gründer. Viele Plattformen, vor allem die etablierteren, besitzen auch ein über Jahre aufgebautes Netzwerk an Journalisten, von dem Sie profitieren können.

5.3.7 Die eigene Crowd aktivieren

In Kap. 4 haben wir gesehen, wie die Crowd denkt und handelt. Der Schwarm kann durch bestimmte Anreize beeinflusst werden: die richtige Präsentation der Inhalte, Goodies, richtige Antworten auf kritische Fragen. Ein weiter wichtiger Baustein ist die eigene Crowd bzw. das eigene Netzwerk an Privatpersonen, die sich beim Crowdfunding aktiv einbringen und zu Investoren werden, wie die folgenden beiden Zitate zeigen.

Philipp Baumgaertel von Protonet: „Wir haben natürlich sehr, sehr lange darauf hingearbeitet. Wir haben alle unsere Bekannten, alle unsere Freunde angerufen. Wir haben wirklich jedem gesagt: ‚Komm auf unsere Crowdfunding-Seite bei Seedmatch, erzähle es allen deinen Freunden, investiere selbst.' Denn wir wussten ja nicht, ob das Funding erfolgreich wird oder nicht. Dann ging es aber so schnell, dass Leute an der Autobahn rechts rangefahren sind, um nochmal investieren zu können. Das ging alles so schnell, diese ganzen Emotionen, das war echt krass!"

Oliver Beste von TOLLABOX berichtet: „Unser Netzwerk hat insofern eine wichtige Rolle gespielt, dass viele unserer Bekannten sich dazu entschieden haben, direkt am Tag des Funding-Starts oder in den Tagen danach zu investieren, sodass das Kapital für das erste Funding-Limit recht schnell zusammenkam. Zusätzliche Beobachter bekamen das Gefühl, ‚Wenn da jetzt doch so viele investieren, dann scheint es ja ein ganz gutes Team oder ein gutes Angebot zu sein…'"

Wir empfehlen jedem Startup, den Herdeneffekt gezielt zu nutzen und zu unterstützen. Wenn Sie als Gründer ein attraktives Netzwerk haben, aktivieren Sie es so, dass es in den ersten Stunden, bestenfalls Minuten investiert. Diese ersten Stunden nach dem Funding-Start sind für den Erfolg eines jeden Fundings extrem kritisch. Sie entscheiden über den weiteren Verlauf und damit auch über die finale Höhe des eingesammelten Kapitals. Es gibt nur einige wenige Beispiele dafür, dass Crowdfunding-Kampagnen, die einen sehr schwachen Start hatten, im weiteren Verlauf plötzlich anzogen. Dies lag dann in der Regel an besonderen Storytelling-Maßnahmen, die wir in Kap. 5.4 beleuchten werden.

Machen Sie Ihr Netzwerk deswegen sensibel für diesen Effekt und erklären sie, welche positiven Wirkungen ein frühes Investment auf den Rest der Crowd hat. Gleichzeitig sollte bei dieser Ansprache auch das Finanzierungskonstrukt Crowdfunding mitsamt Renditechance und Risiko vorgestellt und die Plattform mit einigen Statistiken als seriös präsentiert werden. Als Medium bietet sich natürlich eine E-Mail an, aber auch die Kontakte bei XING oder Facebook sollten nicht vergessen werden. Bei potenziell besonders hochwertigen Kontakten lohnt auch ein Anruf, der den Sinn des Fundings erklärt und die Angst vor dem für viele ja noch ungewohnten Startup-Investment nimmt. Da Startup-Investments ja Investments in Personen sind, ist die Komponente Vertrauen einfacher aufzubauen bzw. schon vorhanden. Das sollten Sie nutzen.

Roadshow
Ziel einer Roadshow ist es, potenzielle Investoren persönlich kennenzulernen und diese ggf. direkt zu überzeugen, in Ihr Unternehmen zu investieren.

Eine Roadshow dient als Marketing-Event bzw. als Promotiontour für das Crowdfunding. Diese sollte gut geplant sein, damit Sie, wenn Sie sich und Ihr Unternehmen oder Ihre Innovation präsentieren wollen, am Ende nicht allein in einem Raum stehen. Fokussieren Sie sich auf die deutschen Großstädte – hier finden sich auch zahlreiche Investoren. Natürlich sollten Sie auch die Stadt, in der sich Ihr Unternehmenssitz befindet, als Standort einplanen – hier können Sie beispielsweise in Ihre Geschäftsräume einladen und so den Blick hinter die Kulissen ermöglichen. Bereiten Sie für Ihre Roadshow bzw. die jeweiligen Stationen eine Unternehmenspräsentation ähnlich eines Pitchdecks vor und stellen Sie vor allem Ihr Kernteam vor. Potenzielle Investoren sollen die Möglichkeit bekommen, persönliche Fragen an dieses zu stellen. Geben Sie einen Einblick in Ihr Unternehmen und in Ihr Management. Die Stärke einer Roadshow liegt vor allem darin, dass Sie durch Präsenz Ihre Zielgruppe direkt erreichen und man so nicht teuer um Aufmerksamkeit ringen muss.

Laden Sie nicht nur Ihr bestehendes Netzwerk (Kunden, Interessierte etc.) ein, sondern versuchen Sie z. B. auch „Freunde von Freunden" zu aktivieren bzw. Menschen, die Sie noch nicht kennen. Eine Einladung erfolgt am besten via E-Mail. Natürlich sollten Sie auch auf Ihrer Website Informationen zu Ihren geplanten Terminen bekanntgeben und dort ggf. eine unverbindliche Anmeldemöglichkeit vornehmen – das verschafft Ihnen Planungssicherheit.

Tipp: Fakten, die in Ihrem Text zur Roadshow nicht fehlen sollten:

- Wann wollen Sie wo in welchen Städten sein – Datum und Uhrzeit.
- Müssen sich Interessierte dafür vorher anmelden oder ist es möglich, auch spontan vorbeizukommen? Wenn ja, wo melden sich diese bis wann an? Gibt es ggf. eine begrenzte Anzahl von Anmeldungen?
- Was wird dort genau passieren? (z. B. Vorstellen des Business Case)
- Wer wird vor Ort sein? Lernen Interessierte die Gründer kennen?
- Wer sind ggf. Kooperationspartner bei der Roadshow?

Eine Roadshow lohnt sich vor allem bei Crowd-Anschlussfinanzierungen oder wenn Sie als Unternehmen ohnehin schon ein großes Netzwerk mitbringen, denn als Neuling im Crowdfunding ist es schwierig, überhaupt ausreichend Gäste für das Event zu erreichen. Eine Roadshow erfordert in der Regel viel Aufwand vorab. Überlegen Sie genau, ob Sie dies zusätzlich zu den Crowdfunding-Vorbereitungen stemmen können.

5.4 Während des Fundings: Auf dem Weg zum Limit

Das Funding hat begonnen: Nun liegt es in Ihrer Hand! Laden Sie Freunde und Bekannte ein und machen Sie über Social Networks auf Ihr Funding aufmerksam. Kommen Sie über die Plattform mit Interessenten in Kontakt, beantworten Sie Fragen und sammeln Sie Kapital ein.

5.4.1 Der Austausch mit der Crowd: Fragen beantworten

Das Beantworten von User-Fragen im Crowdfunding beginnt bei den meisten Plattformen mit dem Freischalten einer Preview-Phase vor dem eigentlichen Funding-Start, um den Herdeneffekt verstärken zu können. Wen man vor Funding-Start schon überzeugen konnte, der wird auch sehr früh investieren, so die naheliegende Denkweise. Das Fragen-Beantworten wird häufig unterschätzt, weil es nicht so öffentlich ist wie die Videos und gut strukturierten Investment-Storys. Diese Einschätzung ist ein Fehler. Es hat sich gezeigt, dass einige Startup-Crowdfundings gerade beim Beantworten der häufig sehr kritischen Fragen den Unterschied ausgemacht haben und so zum Erfolg wurden. Lesen wir noch einmal, was Crowd-Investor Prof. Dr. Rüdiger Zarnekow in Kap. 4.4 auf die Frage „**Was für eine Rolle spielt Vertrauen, wenn sie ein Investment tätigen?**" antwortete:

> Vertrauen spielt eine wichtige Rolle. Unabhängig davon, wie man Vertrauen wirklich definieren kann – oft ist es nur ein Bauchgefühl, ohne messbare Kriterien –, kann man zum Beispiel bei Seedmatch schon einen Unterschied in der Art und Weise erkennen, wie sich die Gründer in den Foren bei der Beantwortung der Fragen verhalten. Dort gibt es deutliche Unterschiede, die für meine Entscheidungsfindung auch ein Kriterium sind.

Und auf die Frage, wie ein Unternehmen im Crowdfunding Vertrauen beim Investor aufbauen könne, antwortete er:

> Ich glaube vor allem dadurch, dass die Gründer sehr umfassend und schnell die Interaktion und Diskussion mit den potenziellen Investoren suchen und pflegen. Dass sie viel Wert darauf legen, die Fragen, die dort gestellt werden, auch möglichst offen zu beantworten. Natürlich kann man nicht jedes Detail offenlegen, aber man kann versuchen, sich so gut wie möglich auch bei kritischeren Fragen konstruktiv in die Diskussion einzubringen.

Deutlicher kann ein Aufruf nicht formuliert sein. In Kap. 4 haben wir erfahren, dass Vertrauen Grundlage der Investmententscheidung ist. **Dieses Vertrauen schaffen Gründer im Crowdfunding, indem sie ausführlich, verbindlich, zügig und auf Augenhöhe auf alle Fragen der Crowd eingehen.** Keine Frage sollte zu absurd sein, um eine seriöse Antwort darauf geben zu können. Alle eingeloggten Nutzer der Plattform können die öffentlichen Antworten einsehen. Man darf daher nicht den Fehler machen und denken, man antworte nur einer Person. Es lesen sehr viel mehr Menschen passiv mit und bilden sich aus den existierenden Fragen ihr Urteil.

5.4 Während des Fundings: Auf dem Weg zum Limit

Oliver Beste von TOLLABOX erzählt aus Gründerperspektive:

Die Fragen waren fair, aber wirklich kritisch. In der Crowd gibt es immer welche, die sich recht intensiv mit dem Geschäftsmodell beschäftigen und sowohl sehr fachmännische als auch sehr kritische Fragen stellen. Insofern ist die sogenannte Schwarmintelligenz aus meiner Erfahrung tatsächlich vorhanden. Die Fragen gingen von ‚Hey, deine Frau scheint sozusagen der kreative Teil bei der Firma zu sein, und diese Firma scheint extrem von kreativen Spiel- und Ideenentwicklungen abhängig zu sein: Wie seid ihr denn aufgestellt, wenn deine Frau gegen den Baum fährt?' bis hin zu ‚Erklär mir mal die Zahl hier, die passt nicht so richtig mit der und der Zahl zusammen: Wie löst sich denn dieser Widerspruch?'. Wirklich viele Fragen, die uns rund um die Uhr beschäftigt haben, um sie zu beantworten. Ich habe von Plattform-Seite das Feedback bekommen, dass unsere Art der nachvollziehbaren Fragenerklärung und der umfassenden, respektvollen Erklärung der Fragen zusätzlich Vertrauen geschaffen hat.

Welchen Zeitaufwand Gründer bei der Beantwortung der Fragen einplanen müssen, berichtet Lottohelden-Gründer Matthias Höfer: „Es waren sehr viele Fragen. Da überlegt man natürlich erst mal: Hat man da vorher etwas falsch erklärt? Auch hierfür muss man viel Zeit einplanen, denn die Fragen muss man ja innerhalb weniger Stunden beantworten."

Dass Fragen kurzfristig, d. h. binnen weniger Stunden beantwortet werden, empfinden die Investoren inzwischen als Standard. Da die meisten Fragen zu Beginn einer Crowdfunding-Runde gestellt werden, muss man bei wochenlangen Laufzeiten nicht fortwährend verfügbar sein. Insbesondere vor und zum Funding-Start sollte man hierfür aber die Kapazität freiräumen, denn zum Funding-Start zählt jedes Investment, das den Herdeneffekt verstärkt.

Wie geht man aber mit Fragen um, deren Inhalt nicht für die Öffentlichkeit bestimmt ist? Hier sollte man als Gründer freundlich darstellen, warum man nicht öffentlich allzu ausführlich dazu Stellung nehmen möchte. Sachkundige Investoren werden das verstehen und im Sinne des Erfolgs des Startups, in das sie ja gerade investieren wollen, gern das Angebot annehmen, das Thema in einem privaten Kanal weiter zu erörtern. Häufig bieten Gründer private Telefonate an und nutzen so die Chance, Investor (und einen Teil der Crowd) besser kennenzulernen. Gerade dieser Austausch kann bei der ein oder anderen Crowdfunding-Kampagne noch einen Anstoß für einen neuen Storytelling-Akzent oder ein Update geben, wenn bestimmte Punkte extern einfach nicht so ankamen, wie man sich das vorstellte.

5.4.2 Updates – erzählen Sie die Story weiter

Viele Crowdfunding-Plattformen bieten die Möglichkeit, während des laufenden Fundings Updates Ihres Unternehmens einzuspielen. Bei diesen Updates sollten

Sie darauf achten, nicht jedes kleine Detail, das gerade in Ihrem Unternehmen passiert, an die Crowd weiterzugeben. Sammeln Sie lieber Neuigkeiten und Fakten bringen Sie diese gebündelt.

Bei der Veröffentlichung von Updates geht es vor allem darum, potenzielle Investoren zu überzeugen, die sich noch nicht sicher in Bezug auf ein Investment in Ihr Unternehmen waren. Deren Interesse wird so optimalerweise reaktiviert, sie setzen sich erneut mit Ihrem Angebot auseinander und entscheiden sich ggf. für ein Investment. Dies funktioniert natürlich nur mit fundierten und guten Neuigkeiten. Diese sollten Sie im besten Fall schon vor dem Funding-Start im Hinterkopf haben, denn während des Crowdfundings Neuigkeiten zu produzieren, die direkt auf Ihre Unternehmensgeschichte bzw. -entwicklung einzahlen oder diese weitererzählen, ist oft nicht einfach. Natürlich sollte man keine USPs zurückhalten, die den Herdeneffekt zum Funding-Start weniger stark in Schwung bringen, als dies möglich gewesen wäre. Es geht bei dem „Vorausdenken" der Updates darum, mögliche Inhalte, die aber erst in den kommenden Wochen real werden, einzutakten und dann entsprechend kommunizieren zu können. Nichts ist schlimmer, als potenzielle Investoren mit uninteressanten „Neuigkeiten" zu nerven. Je nachdem, wie lange Ihr Crowdfunding läuft, sind Updates in Abständen von 10 bis 14 Tagen ratsam.

Matthias Höfer, Mitgründer von Lottohelden, erklärt:

> Um den Funding-Speed aufrechtzuerhalten, ist regelmäßige Kommunikation mit den Investoren notwendig! Es gibt einige Investoren, die mehrmals investieren: Die gehen mit einem kleinen Einstiegsbetrag rein und investieren dann in der Laufzeit noch ein-, zweimal nach. Wer es schafft, regelmäßig Erfolgsmeldungen zu platzieren, kann dadurch die Skeptiker noch abholen. Denn im Crowdfunding musst du in einem Zyklus von zwei Wochen neue Erfolgsfaktoren anbieten. Das fällt einem natürlich nicht immer ganz so leicht, aber wenn man es im Vorfeld einplant, kann man über den gesamten Zeitraum eine gute Dynamik entwickeln. Was man allerdings unterschätzt, ist auch der Aufwand für diese Updates während des laufenden Fundings. Ein Startup, das keine Lust auf Kommunikation hat, ist in der Crowd schlecht aufgehoben.

Lottohelden ist ein exzellentes Beispiel für ein Funding, das über einen längeren Zeitraum konstant Investoren überzeugte und final auf eine relativ hohe Funding-Summe gekommen ist, obwohl der Funding-Start selbst nicht übermäßig erfolgreich war. Dies zeigt sich in Abb. 5.3. Lottohelden verstand es, durch regelmäßige, überzeugende Inhalte nicht nur im Gespräch zu bleiben, sondern den Investoren zu suggerieren: Das Geschäft läuft, die Planzahlen sind realistisch, ein Investment ist eine interessante Chance. Die größeren Sprünge im Funding-Verlauf entstehen jedoch nicht nur durch Updates, sondern auch dann, wenn ein Verknappungseffekt

5.4 Während des Fundings: Auf dem Weg zum Limit

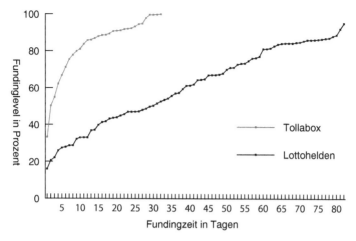

Abb. 5.3 Beispiele von zwei Fundingverläufen. (Quelle: Eigene Daten)

einsetzt: Im Verlauf sind das zum einen die zwischenzeitlichen Funding-Limits und zum anderen die zeitliche Verknappung durch die reguläre Fundinglaufzeit von 60 Tagen und das von Lottohelden festgesetzte Funding-Enddatum.

Mögliche Inhalte dieser Updates:

- **Aktuelle Umsatz- oder Nutzerzahlen**
  Falls Sie mit steigenden Zahlen in einem Update auf sich aufmerksam machen wollen, achten Sie darauf, immer auch konkrete, d. h. absolute Zahlen zu nennen und nicht nur Prozentwerte anzugeben. Potenzielle Investoren werden ohnehin danach fragen. Zudem schafft Transparenz Vertrauen. Gründer sollten es z. B. vermeiden, mit drei neuen Kunden eine Steigerung von 300 % anzugeben. Hier ist es besser, detaillierter auf die Kunden einzugehen und aufzuzeigen, welche Bedeutung diese auf den Weg zum nächsten Meilenstein des Unternehmens besitzen.

> **Beispiel Lottohelden**
>
> Update zur Umsatzsteigerung von Q2 2013 auf Q3 2013:
> „Lottohelden ist weiter auf Wachstumskurs. Das 3. Quartal konnte erfolgreich mit einem vermittelten Spielvolumen von 360.480 € abgeschlossen werden, die Planwerte wurden voll erreicht. Im Vergleich zum Vorquartal entspricht

Abb. 5.4 Update-Bild zum Q3 2013 bei Lottohelden

Vermitteltes Spielvolumen
Q2. 2013 vs. Q3. 2013

Rohertrag
Q2. 2013 vs. Q3. 2013

dies einer Steigerung um 477 %! Wir sind sehr stolz darauf, dass wir trotz „Jackpot-Flaute" den Umsatz im 3. Quartal im Vergleich zum Vorquartal-Q2 um 484 % auf 24.481 € steigern konnten." (Vgl. Abb. 5.4)

- **Neue Kunden**
Kunden bzw. Kundenzahlen, egal ob groß oder klein, können hier interessant sein – das Wichtigste ist, dass diese Relevanz haben. Kleine Neuigkeiten interessieren potenzielle Investoren nicht. Im Gegenteil, diese werden sich wahrscheinlich fragen, ob es nichts Spannenderes von Ihnen zu berichten gibt.

KERNenergie

Was macht das Startup? KERNenergie ist die erste Luxusmarke für frisch geröstete Nussmischungen in edler Qualität. Knapp 60 Nüsse, Kerne und Früchte werden bei KERNenergie zubereitet, aus denen Kunden ihre individuellen Nussmischungen im Online-Shop kreieren können. Luxushotels wie das Hotel Vier Jahreszeiten Kempinski in München und das Hotel Waldorf Astoria in Berlin führen die Premium-Nüsse von KERNenergie.

Update zu einem neuen Kunden im Crowdfunding von KERNenergie

„Während der letzten Wochen konnten wir unser Fundament nochmals stärken: Gerade ist es uns gelungen, bei Travel Charme als Lieferant gelistet zu werden. Die Hotelgruppe ist klar im Qualitäts- und Premiumsegment positioniert. Sie betreibt in Deutschland und Österreich insgesamt zwölf Hotels und Resorts der Vier- bis Fünf-Sterne-Kategorie. Damit haben wir unseren festen Kundenstamm weiter ausgebaut – ein weiterer Meilenstein auf unserem Weg, der euch hoffentlich genau so begeistert wie uns."

- **Events und Wettbewerbe, an denen das Startup teilnimmt**

Lendstar

Was macht das Startup? Lendstar ist ein soziales Finanznetzwerk. Mit der Lendstar-App können Freunde sich schnell, mobil und sicher Geld leihen und in Echtzeit Überweisungen vornehmen.

Update zu einem Wettbewerb

„Wir sind im Finale der Best of Mobile Awards! Eine über 20-köpfige Jury aus Medien- und Marketingfachleuten sowie Technik- und Telekommunikationsexperten hat uns in der Kategorie Payment zu einem der fünf Finalisten gekürt! Ob wir uns gegen die anderen, u. a. payleven und PayPal, durchsetzen können, erfahren wir am 24. Oktober im Berliner Spreespeicher. Wir sind besonders stolz, mit Unternehmen wie PayPal im Finale zu stehen. Lendstar ist erst seit fünf Monaten live und dennoch werden wir in diesem Umfeld schon so gut wahrgenommen, dass wir neben großen Playern ins Finale einziehen."

Die Best of Mobile Awards sind ein Branchenpreis für Menschen, die im Mobile Business tätig sind, und werden von mobilszene.de und der Haymarket Media GmbH veranstaltet. Mit den Awards werden „die besten Apps, Websites, Services oder Kampagnen, die es ohne Mobile nicht gegeben hätte" gewürdigt, heißt es auf der Website der Best of Mobile Awards.

- **Außergewöhnliche Presseberichterstattung**

OvulaRing

Was macht das Startup? Der OvulaRing ist ein weltweit einzigartiger Biosensor zur Bestimmung der fruchtbaren Tage der Frau und lässt den Kinderwunsch Wirklichkeit werden. Entwickelt wurde der OvulaRing von führenden Reproduktionsmedizinern.

Update zu einem Bericht bei Punkt 12, RTL

„Pünktlich zum Wochenstart bescherte uns RTL mit einem Beitrag über den OvulaRing einen Besucherrekord auf unserer Webseite. Der Beitrag, in dem Romy ihren persönlichen Weg zum Wunschkind schildert, ist unter folgendem Link zu finden."

- Neue Kooperations- bzw. Distributionspartner

eTukTuk

Was macht das Startup? eTukTuk hat sich zum Ziel gesetzt, das aus Asien bekannte dreirädrige „TukTuk" umweltfreundlich in Deutschland und Europa zu etablieren. Das eTuk ist das weltweit erste voll elektrische „TukTuk" und wird von einem holländischen Hersteller nach EU-Sicherheits- und Qualitätsstandards produziert. Neben der Distribution der Fahrzeuge in Deutschland ist die eTukTuk GmbH in drei weiteren Geschäftsfeldern tätig: als Marketingagentur, als Medienagentur und als Tour Operator.

Update zu einem neuen Distributionspartner auf den Seychellen

„eTukTuk hat für die Inselgruppe der Seychellen exklusive Distributionsrechte erhalten und konnte mit einem deutschen Partner vor Ort einen Händlervertrag abschließen. Dieser wird zukünftig das komplette Vermiet- und Verkaufsgeschäft für die eTukTuk GmbH aufbauen. eTukTuk hat bereits eine Sondergenehmigung von der Regierung der Seychellen bekommen, ein eTuk für Präsentationszwecke importieren zu können. Wenn alles reibungslos abläuft, werden eTuks ab Ende 2013 auf der Inselgruppe zu sehen sein.

Die Erstbestellung für die Seychellen liegt bei fünf eTuks. Mit den Fahrzeugen soll ein Shuttleservice entlang eines 13 km langen Touristen-Boulevards entstehen. Dieser Service bringt Hotelgäste zu einem im Meer treibenden Restaurant, welches als altes Piratenschiff im Hafen vor Anker liegt.

Die eTuks passen perfekt zu den Seychellen: Mehr als 240.000 Touristen haben die Inselgruppe 2012 besucht. Die eTuks tragen zu einem umweltbewussten Tourismus bei. So können sich die Seychellen auch in Zukunft mit einer intakten Umwelt und ohne störenden Autolärm als Reiseziel präsentieren."

- Neue Lead-Investoren

Achten Sie bei Updates mit diesem Inhalt darauf, zu erwähnen, ob sich für bestehende Investoren etwas ändert – ob beispielsweise ihre Anteile am Startup verwässern o. ä..

GEILE WEINE

Was macht das Startup? GEILE WEINE ist das erste Online-Portal, das die Frage „Wie finde ich den richtigen Wein?" explizit aus der Perspektive von Menschen, die sich mit dem Thema „Wein" nicht auskennen, beantwortet. Den Online-Weinhändler durchstöbern Kunden nicht nach klassischen Parametern wie Herkunft, Rebsorte oder Lage, sondern z. B. nach dem Moment, in dem der Wein getrunken werden soll.

Update zu einem neuen Lead-Investor

„Wie schon angekündigt, hat GEILE WEINE einen Lead-Investor in Form einer Beteiligung an der Gesellschaft an Bord genommen. Ein Weingut in Familienbesitz aus der Nähe von Mainz hat sich mit einem niedrigen sechsstelligen Betrag an GEILE WEINE beteiligt und ist vor allem bei der Entwicklung und dem Ausbau der Eigenmarken behilflich. Mit dem strategischen Partner steht GEILE WEINE nun die gesamte Infrastruktur eines großen Familienweinguts zur Verfügung. Das bedeutet: Eigene Weine, neue Marken und jede Menge Wein-Know-how aus einer langen Tradition von Weinmachern gehören nun zusätzlich zu GEILE WEINE und machen uns noch besser.

Ganz wichtig für alle Investoren dieser Crowdfunding-Runde: Selbstverständlich führt die Beteiligung des Weinguts nicht zu einer Verwässerung der Seedmatch-Investitionen."

- **Neue Produkte**

Saustark Design

Was macht das Startup? Das Münchener Startup Saustark Design individualisiert Ikea-Möbel und verkauft handgefertigte Mode (z. B. Sitzbezüge, Möbeltattoos oder Couchüberzüge) passend zu den schwedischen Klassikern.

Update zu neuen Stoffen

„Durch neue Stofflieferanten ist es uns möglich, das Stoffsortiment um zwei weitere Stoffkollektionen zu erweitern. Insgesamt haben wir 17 neue Stoffe ergänzt. Die neuen Stoffe sind bereits über unseren Online-Shop verfügbar und kommen bei unseren Kunden sehr gut an."

Abb. 5.5 WILDE SUSI.
(Quelle: Crowdfunding für
GEILE WEINE bei Seedmatch, April 2014)

Beispiel GEILE WEINE

Update zu einem neuen Produkt

„Ein neues Produkt für den anstehenden Sommer haben wir prompt umgesetzt und noch rechtzeitig zur Open-Air-Saison abgefüllt. Wir präsentieren unsere WILDE SUSI – die natürliche Weinschorle in der praktischen Glasflasche. Genau das Richtige für die anstehende WM-Saison und eine perfekte Alternative für alle Nicht-Biertrinker! Hier erfahrt ihr mehr zur Susi" (Abb. 5.5).

Warum die WILDE SUSI „Wilde Susi" heißt und was wir noch von ihr erwarten können, werden wir demnächst auf unserer Facebook-Fanseite und unserer Homepage bekannt geben.

5.4 Während des Fundings: Auf dem Weg zum Limit

- **Aktionen oder Besonderheiten für bisherige Investoren**

MyCleaner
Was macht das Startup? Das Autowäsche-Startup myCleaner ist die erste Online-Plattform, bei der man eine umweltfreundliche und mobile Fahrzeugreinigung an seinem Wunschort buchen kann. Das bedeutet: online buchen und vor Ort zum Wunschtermin bequem das Auto sowohl innen als auch außen waschen lassen. Zudem benötigt myClenaer für die komplette Reinigung einer Limousine maximal 250 ml einer 100 % biologisch abbaubaren Wachsemulsion – ohne Schmutz und Abwasser.

Update zu einer exklusiven Aktion für Investoren
Starten Sie mit einem Frühlingsputz Ihres Autos mit den myCleaner-Reinigungsmitteln: Wer bei myCleaner ab 500 € investiert, erhält (nach Ablauf der Widerrufsfrist von 14 Tagen) ein Probierpaket der Mittel als Geschenk nach Hause. Testen Sie unsere 100 % biologisch abbaubaren Reinigungsmittel und schonen Sie die Umwelt – denn für eine Wäsche mit myCleaner-Mitteln benötigen Sie keinerlei Wasser!

PS.: Investoren, die bereits 500 € investiert haben, erhalten dieses Paket selbstverständlich auch. Investoren, die 250 € investiert haben und noch einmal nachlegen möchten, profitieren ebenfalls vom myCleaner-Set.

- **Neue, strategisch bedeutsame Mitarbeiter/Schlüsselpositionen**

Beispiel allbranded
Update zu einem neuen Mitarbeiter

„… eine gute Position unserer Website zu relevanten Keywords bei Google ist für unsere Umsatzziele von entscheidender Bedeutung. Wir freuen uns, mit Marco Krahmer einen SEO-Profi gewonnen zu haben, der uns beratend zur Seite steht. Mit seiner Hilfe wird allbranded.de den Point of Sale „Google" erfolgreich erschließen, mehr Traffic und potenzielle Kunden generieren sowie die Bekanntheit der Marke stärken.

Marco ist ein alter Hase in der Online-Szene, die er schon seit 15 Jahren in verschiedensten Unternehmen vom Konzern bis zum Startup begleitet hat. In verschiedenen Führungspositionen hat er sich ein umfangreiches Fachwissen im Online-Marketing und E-Commerce aufgebaut. Unter anderem auch in einem der wichtigsten Online-Vertriebskanäle: der Suchmaschinenoptimierung. Hier hat Marco zahlreiche Unternehmen erfolgreich bei Google platziert und so zu einer deutlichen Umsatzsteigerung beigetragen."

Auch Coskun Tuna, Geschäftsführer von rankseller, einem Online-Marktplatz für redaktionelles Blog-Marketing, erklärt in einem Interview nach dem Crowdfunding (Lanzsch 2012):

> Wir hatten durch [die lange Funding-Laufzeit] die Möglichkeit, Interessenten zweimal über Umsatz-Updates informieren zu können. Damit konnten wir die positive Unternehmensentwicklung demonstrieren, die das Vertrauen in rankseller gestärkt und schließlich zu einem guten Endspurt geführt hat.

Denken Sie bei Ihrem Update daran, Ihren bisherigen Investoren für ihr Vertrauen zu danken, welches sie bisher mit einem Investment in Ihr Unternehmen ausgedrückt haben. Werden Sie ruhig persönlich und sprechen Sie in Ihrem Update auch Investoren an, die noch nicht investiert haben.

So zum Beispiel

Wir hoffen, dass noch zahlreiche weitere Menschen so viel Leidenschaft für unsere Idee aufbringen können wie wir!

Weitere Update-Möglichkeiten sind solche, die direkt mit dem Funding zusammenhängen.

Beispielsweise könnten Sie ein Update schreiben, wenn Sie einen bestimmten Kapitalbedarf einsammeln konnten und ihre Funding-Summe erhöht wird.

Beispiel TOLLABOX

„Ihr habt uns mit dem enormen Betrag von 300.000 € in nur 36 Stunden den größten Vertrauenszuspruch geschenkt, den ein so junges Startup sich erhoffen kann! Ihr seid eine toll(a) Crowd:
- gemessen an Euren Fragen kritisch prüfende Investoren,
- gemessen an Euren Kommentaren sehr ermutigende Investoren,
- und sowohl potenzielle Kunden wie tatsächliche Kunden.

Wir sind einfach nur begeistert.

Und wir freuen uns sehr, dass wir kurzfristig die Möglichkeit wahrnehmen durften, die Funding-Summe bei Seedmatch von 300.000 auf 450.000 € zu erhöhen.

Mit zusätzlichen Werbeinvestitionen von 150.000 € sinken die Kosten pro Neuabonnent: Jeder zusätzliche Euro Werbeinvestition bringt überproportional

5.4 Während des Fundings: Auf dem Weg zum Limit

mehr Umsatz. Durch mehr Umsatz können die Fixkosten schneller gedeckt werden und wir gehen schneller Break-even.
Wichtig
Für die bisherigen und zukünftige Seedmatch-Investoren ändert sich nichts. Die Konditionen für ein Investment und die Bewertung bleiben unverändert, sodass ein Investment von 250 € nach wie vor einem Anteil von 0,009 % entspricht. Eine Verwässerung durch Erhöhung des Funding-Limits findet nicht statt."

Eine weitere Möglichkeit für ein Update und damit der Chance auf Aufmerksamkeit bei potenziellen Investoren besteht zudem, wenn die reguläre Funding-Zeit auf der Plattform abgelaufen ist, ihr Startup aber die Möglichkeit hat bzw. nutzen möchte, das Funding zu verlängern:

Beispiel allbranded

„273 Investoren haben uns bereits das Vertrauen geschenkt. In unser Fundingzeit bei Seedmatch ist viel passiert, wir sind in ein größeres Büro gezogen, unser Team hat sich im Bereich Sales und Online-Marketing vergrößert, die Presse ist auf uns aufmerksam geworden und es wurde über uns in Fachmagazinen wie Werben & Verkaufen berichtet.

Auch unsere Sales Performance hat zugenommen, im Vergleich zum Vorjahr konnten wir unseren Umsatz im Januar und Februar mehr als verdoppeln. Wir sind also auf einem gutem Weg, unsere Ziele zu erreichen. Dafür werden wir in den nächsten Monaten unsere Seite neu strukturieren und deutlich mehr SEO-Optimierung betreiben, unser SEO-Experten Marco Krahmer leistet hier tolle Arbeit.

Die komplett überarbeitete Seite werden wir Ende April live schalten und in diesem Zuge auch die Internationalisierung weiter vorantreiben. Unser erstes Ziel wird Österreich sein, schon jetzt kommen ca. 5 % unserer Kunden, auch ohne Marketingmaßnahmen, aus dem Nachbarland.

Der Launch von allbranded.at wird im Mai erfolgen. Um aber auch weitere attraktive Länder schnell erschließen zu können, haben wir uns entschlossen, das Funding bei Seedmatch zu verlängern und offen zu halten, bis wir das Maximum von 250.000 € erreicht haben."

Wenn Ihr Funding erfolgreich abgeschlossen ist, können Sie sich außerdem bei allen Investoren bedanken, die Sie unterstützt haben:

Beispiel TOLLABOX

„Béa, Sarah, Tobias und ich sind vom Erfolg des Seedmatch-Fundings mit 600.000 € ganz überwältigt und möchten uns auf das Herzlichste bei euch, unseren knapp 600 Crowd-Investoren, bedanken.
- Die besondere Höhe des Fundings verbessert noch einmal die Erfolgschancen der TOLLABOX.
- Der Erfolg beschert uns Presseaufmerksamkeit und spürbare Achtung bei potenziellen Geschäftspartnern.
- Ihr helft uns sogar persönlich mit Marketingideen, Ratschlägen und Verbreitung im Bekanntenkreis, das Geschäftsmodell und die Bildungsmission der TOLLABOX zu einem nachhaltigen Erfolg zu machen! DANKE!"

Blog-Beiträge und und -Interviews

Blog-Beiträge und -Interviews dienen vor allem dazu, Hintergrundinformationen zu einem spezifischen Thema zu geben oder auch Personen in den Fokus zu stellen und sie so für potenzielle Investoren nahbarer zu machen.

Dabei gilt es, zwischen einem Blog-Beitrag auf der Crowdfunding-Plattform zu unterscheiden, falls dort ein „Corporate Blog" vorhanden sein sollte, indem Sie sich präsentieren können, oder einem Blog-Beitrag auf Ihrer eigenen Website. Aspekte, die Sie in einen Blog-Beitrag im Zusammenhang mit Ihrem Crowdfunding in Ihrem eigenen Blog aufgreifen könnten, sind:

- Warum haben Sie sich für ein Crowdfunding entschieden?/Was ist das überhaupt und wie funktioniert es?
- Warum sollte man in Ihr Unternehmen investieren?
- Was haben Investoren davon? Erklären Sie die Grundzüge des Vertragsmodells (hier finden Sie bestimmt auch aufschlussreiche Informationen bei der jeweiligen Crowdfunding-Plattform).
- Machen Sie deutlich, dass Kunden und Fans jetzt ein Teil Ihres Unternehmens werden können.
- Zeigen Sie auf, wie viel Kapital Sie für was benötigen und wie Sie wachsen wollen.

Themen, auf die Sie mit einem Gastbeitrag eingehen könnten oder die Sie in einem Interview im Blog der Crowdfunding-Plattform veröffentlichen könnten, auf der Sie sich präsentieren, haben wir hier beispielhaft für Sie in Form von Links zu bestehenden Blogbeiträgen dieser Kategorien zusammengefasst.:

- Ihre Entstehungs-/Entwicklungsgeschichte: http://bit.ly/Lendstar_;
- ein Interview mit Ihrem Managementteam: http://bit.ly/Protonet_;

5.4 Während des Fundings: Auf dem Weg zum Limit

- ein Marktüberblick, der die Wachstumspotenziale aufzeigt: http://bit.ly/Markt_Cloud;
- ein Interview mit einem Business Angel: http://bit.ly/Lottohelden_oder http://bit.ly/miBaby2_;
- ein Fachbeitrag zu einem Bereich, in dem Sie Expertise aufweisen, z. B. E-Commerce: http://bit.ly/Startup-Branding.

Durch diese Beiräge haben potenzielle Investoren die Möglichkeit, einen noch besseren Einblick in Ihr Unternehmen zu bekommen und Sie kennenzulernen. Interessierte können ggf. kommentieren und Ihnen im Blog Fragen stellen – so zeigen Sie Dialogbereitschaft und Offenheit.

Checkliste – 6 Dinge, auf die Sie während des Fundings achten sollten

- Nur relevante Informationen bringen Ihren Investoren einen Mehrwert, es nützt nichts, „des Updates wegen" irgendwelche Informationen zu verbreiten. Denken Sie an die in Kap. 5.3.1 vorgestellten „Reasons Why": Stärkt ein Update einen der Punkte?
- Ihre Updates sollten keine falschen oder noch nicht hundertprozentig sicheren Informationen enthalten. Schüren Sie keine Erwartungen, die Sie nicht halten können z. B. im Hinblick auf potenzielle neue Großinvestoren („VC-Gesellschaft Musterventure meldet Interesse"). Das ist nicht nur ein Ratschlag, auf den jeder mit gesundem Menschenverstand selbst käme, sondern er ist auch rechtlich von Belang: Man darf ein Investmentangebot nicht offerieren, indem man Investmentaspekte als Fakten darstellt, die aber erst in Verhandlungen oder in einem noch viel früheren Stadium sind.
- Gehen Sie auf Fragen, die über zahlreiche Kanäle an Sie herangetragen werden, ausführlich und kurzfristig ein.
- Veröffentlichen Sie Zitate von Testimonials d. h. zufriedenen Kunden, bisherigen Investoren oder Experten zu Ihrem Thema. Diese schaffen Glaubwürdigkeit und zeigen, dass Sie sich schon ein großes Netzwerk aufgebaut haben. Um Ihre Testimonials wirksam zu platzieren, können Sie diese auch mit einem Foto oder sogar in einem Video zeigen.
- Versuchen Sie stetig in Ihrem Netzwerk und Ihrer Umgebung für Aufmerksamkeit für das Crowdfunding zu sorgen und in diesem Umfeld Multiplikatoren zu finden. Hier ist viel Eigeninitiative und Kreativität gefragt.
- Stimmen Sie jede Art der externen Kommunikation mit Ihrer Plattform ab. Arbeiten Sie als Team, um die größtmögliche Aufmerksamkeit in den Medien zu erlangen. Sie sollten mit einer einheitlichen Geschichte bzw. den selben Kernaspekten nach außen gehen.

Die Crowd investiert nicht – was ist passiert?
Nicht jedes Startup im Crowdfunding kann ein Rekord-Funding erreichen. Manchmal dauert die Kapitalakquise mehrere Wochen, weil sich nicht ausreichend viele Investoren für ein Projekt begeistern können und sich mit ihren Investments zurückhalten.

Bei Seedmatch beispielsweise hat bisher ein Startup die Funding-Schwelle, also die Mindestsumme, die ein Startup einsammeln muss, nicht erreicht: das junge Unternehmen Roomsurfer aus Berlin.

Roomsurfer

Was macht das Startup? Roomsurfer bietet eine Alternative zu Airbnb und Couchsurfing und richtet sich vor allem an junge Leute, die mehr als nur einen günstigen Schlafplatz suchen. Mit einem einzigartigen Matching-Verfahren bringt Roomsurfer Reisende und private Gastgeber mit ähnlichen Interessen zusammen.

Das Startup sammelte in 60 Tagen nur 24.750 € von benötigten 50.000 € ein und das Crowdfunding scheiterte. Die Gelder wurden nach den üblichen Crowdfunding-Regeln an die Investoren zurückgezahlt und Roomsurfer musste auf andere Art und Weise Kapital akquirieren.

Das Team selbst stellte in einem Interview fest (Meyer 2013):

> Wir haben für uns im Wesentlichen zwei Gründe identifiziert. Zum einen waren wir mit unserem Pitch noch sehr früh dran, d. h., wir konnten noch keine echten Umsätze und damit auch noch keinen richtigen Proof nachweisen. Da sind wir mittlerweile zum Glück schon wieder etwas weiter. Das zweite Problem für uns war, dass wir unser vorwiegend internationales Investoren-Netzwerk für das Funding nicht aktivieren konnten. Damit hat uns insbesondere zum Start Geschwindigkeit gefehlt. Wenn das eigene Netzwerk am Start ordentlich loslegt, zieht die Crowd in der Regel nach.

Dass ein länger andauerndes Funding jedoch kein Makel sein muss, zeigen diese Aussagen von Coskan Tuna, dessen Startup rankseller 28 Tage für das Funding-Limit von 100.000 € brauchte (Lanzsch 2012):

> Seit längerer Zeit waren wir das erste Startup, welches das Funding nicht innerhalb weniger Stunden oder Tage abschloss. Das machte uns stutzig und wir fragten uns: Ist unser Geschäftsmodell nicht interessant genug? Alles in allem dauerte es einen Monat, bis die Investitionshöchstgrenze erreicht war. Im Nachhinein mussten wir feststellen, dass es das Beste war, was uns passieren konnte. Je länger das Funding lief, desto mehr konnten wir die werbliche Wirkung auf Seedmatch nutzen.

Das sich länger erstreckende Funding führte dazu, dass auch wir uns die Frage gestellt haben, ob unser Leistungsangebot vielleicht nicht richtig rüberkommt. Dementsprechend holten wir uns Rückmeldungen dazu ein. Die Mehrheit wusste zwar grob, worum es geht, aber einige waren gar nicht dahintergestiegen. Vor allem, da wir uns auf einen Bereich spezialisieren, der für viele Neuland ist, hat uns das nicht wirklich gewundert. Aber wir haben fleißig Fragen beantwortet, und es gab auch ab und zu Anrufe von potenziellen Investoren, die sich persönlich informieren wollten, und so haben wir Stück für Stück Licht ins Dunkel gebracht.

Zweifeln Sie also nicht sofort, falls Ihr Projekt nicht innerhalb der ersten zwei Wochen finanziert ist. Mit den in diesem Kapitel beschriebenen Maßnahmen haben Sie eine gute Chance, bei den Investoren auch im Laufe der gesamten Funding-Laufzeit Aufmerksamkeit zu erlangen.

5.5 Nach dem Funding: Die Crowd einbeziehen

Herzlichen Glückwunsch – Ihr Startup ist finanziert worden, Sie haben (im Idealfall) nicht nur die Ziele „Bekanntheit steigern" und „Unterstützer gewinnen", sondern auch das finale Funding-Limit erreicht und können nun mit dem gewonnenen Kapital arbeiten und Ihr Unternehmen voranbringen.

Dieses Kapitel gibt einen Überblick, was nach dem Funding auf Sie zukommt.

5.5.1 Die Crowd nutzen

Die Crowd langfristig informieren und damit binden
Bevor Sie aus der Crowd einen Wettbewerbsvorteil machen, müssen Sie diese durch regelmäßige Informationen an sich binden. Wir haben im Porträt der Crowd erörtert, dass viele Investoren in Ihr Unternehmen investieren, weil Sie an Ihrer Unternehmensgeschichte teilhaben wollen. Um das Optimum der Crowd auch nach dem Funding nutzen zu können und Ihre Crowd als Multiplikatoren und Markenbotschafter zu gewinnen, ist es wichtig, dass Sie diese regelmäßig über den aktuellen Stand Ihres Unternehmens informieren. Nur so haben Sie auch in Krisenzeiten oder bei besonderen Herausforderungen wie Anschlussfinanzierungen, Beta-Tests usw. die Möglichkeit, durch „Ihre Investoren" zusätzliche Unterstützung in Form von Kontakten, Tipps oder auch Kapital zu erhalten. Um dies in einer einfachen Art und Weise für Gründer umsetzen zu können, bieten beispielsweise die Plattformen Companisto und Seedmatch einen geschlossenen Investor-Relations-Bereich, über den Sie mit Investoren kommunizieren können, der aber auch die Möglichkeit für Investoren bietet, untereinander zu kommunizieren. Investoren erwarten,

dass sie hier wichtige Updates zum Unternehmen erhalten. Bei einigen Plattformen gehört es sogar zu Ihren vertraglichen Pflichten, Ihre Investoren regelmäßig zu informieren. So haben Seedmatch-Investoren ein Recht auf einen quartalsweise erstellten Report sowie den Jahresabschluss ihres Startups. Bei Companisto müssen Startups ebenfalls ein jährliches Reporting abliefern. Die Geschäftsentwicklung fokussiert sich in solchen Reportings vor allem auf die finanziellen Kennzahlen des Unternehmens, wichtige Meldungen zwischendurch sollen aber kurzfristig bekanntgegeben werden.

In diesem Zusammenhang gibt es bisweilen kritische Diskussionen unter den Investoren. Dies hängt vor allem damit zusammen, dass Startups ihre Berichte gar nicht oder verspätet abliefern. Das kann ggf. sogar zu einer außerordentlichen Kündigung der Investoren führen, wenn damit Vertragspflichten nicht eingehalten wurden. Abgesehen davon, dass dies eine Respektlosigkeit den Personen gegenüber ist, die das Startup mit privatem Kapital unterstützt haben, hat es auch rationale Gründe, die für ein fristgerechtes und ausführliches Informieren der Crowd sprechen: Falls Sie eine Anschlussfinanzierung via Crowdfunding ins Auge fassen, ist es natürlich nicht von Vorteil, Ihrer Pflicht nicht nachgekommen zu sein. Investoren werden genau prüfen, wie Sie Ihre Informationspflichten erfüllen, und auch darauf achten, wie wichtig Sie Ihre Crowd-Investoren nehmen: Beantworten Sie Fragen außerhalb der Reportings? Wie lange dauert es, bis Investoren eine Antwort haben? Wenn Sie offen und ehrlich mit der Crowd umgehen, wird diese Sie auch entsprechend unterstützen. Diese Chance sollten Sie nutzen, auch wenn es mit einem zusätzlichen Aufwand verbunden ist – er wird sich langfristig auszahlen.

Die Crowd als Wettbewerbsvorteil: der Investor als Kunde, der Kunde als Investor
Wie wir schon in Kap. 3.5 eingeführt haben, ist ein großer Vorteil des Crowdfundings, dass der Investor nicht nur Geldgeber ist, sondern seine Rolle sehr viel weiter geht, wie ein Blick in die Marketing-Wissenschaftshistorie zeigt: War die Rolle des Kunden in der Literatur zum Thema Marketing in den 70er-Jahren noch die des reinen Käufers, wuchs seine Bedeutung über die Jahrzehnte mit zunehmendem Servicegedanken hin zum Co-Creator (Lusch, Vargo und Tanniro 2010). Mit dem Crowdfunding befindet er sich nun auf einer neuen Stufe: Der Kunde wird mit zum Investor und kann Produkte oder Dienstleistungen, die ihm zusagen, nicht nur als Verbraucher konsumieren, sondern deren Entstehung, Erhalt und Wachstum mit Kapital unterstützen (Ordanini et al. 2011) – das bestätigt auch die in Kap. 4 vorgestellte Charakterisierung der Investoren, bei der die Aussage „Ich investiere, weil ich das Produkt toll finde" der wichtigste Investmentgrund war.

5.5 Nach dem Funding: Die Crowd einbeziehen

Die Crowd ist sowohl intrinsisch als auch extrinsisch motiviert: Das Investment geschieht aus Leidenschaft und Interesse, soll aber gleichermaßen eine Rendite erwirtschaften. Durch die Unterstützung eines Startups wird zum einen die intrinsische Motivation durch eine Interaktion oder Weiterempfehlung des Produkts umgesetzt, zum anderen verspricht man sich dadurch eine finanzielle Auswirkung: Jeder Bekanntheitsgewinn des „eigenen" Startups ist für den Investor auch ein Gewinn für das eigene Portfolio, sorgt doch jeder Umsatz für eine Wertsteigerung des eigenen Investments.

Als Gründer sollte man dieses Potenzial vor dem Funding grob abschätzen: Wer Frauenmode vertreibt, dürfte unter den männlichen Investoren wohl eher Probleme bekommen, die Zielgruppe zu identifizieren. Wer aber etwa Finanzprodukte, Autozubehör oder andere klassische Männerdomänen bespielt, der sollte sich einen Plan zurechtlegen, wie man die Potenziale nutzt. Eine Möglichkeit sind die Goodies. Das Startup Protonet war sowohl in seinem Funding 2012 als auch 2014 auch (oder sogar gerade) deswegen so erfolgreich, weil es jedem Investor, der 2.000 € investierte, einen Server als kostenlose Zugabe versprach. Der Investor bekam zu seinem Investment (im Wert von 2.000 €) also noch einmal ein Produkt dazu – und kann als Multiplikator den Mehrwert der Protonet-Soft- und Hardware heute an Kollegen und Bekannte weitergeben. Andere Startups vergeben Gutscheine oder rabbatierte Angebote, um die Investoren zu Kunden zu machen.

Langfristig sollte man seine Investoren clustern – hier vermischen sich die Disziplinen Investor-Relations und Customer-Relationship-Management (CRM): Wer kommt als Kunde in Frage? In welchem Rhythmus sollte ich sie anschreiben und versuchen, neue Angebote zu machen? Dazu ist es hilfreich, mehr über die eigene Crowd zu erfahren: Nutzen Sie XING, Facebook, Google und kontaktieren Sie Ihre Investoren direkt: Was wünschen Sie sich von Ihrem Unternehmen? Wie könnten Sie sie zum Kunden machen? Die meisten Investoren sind offen für diesen direkten Austausch und freuen sich, mal mit dem Geschäftsführer direkt sprechen zu können.

Crowdsourcing im Crowdfunding

Die Crowd, so haben wir bereits in Kap. 3.5 dargelegt, ist nicht nur potenzielle Kundengruppe, sondern stellt auch eine wertvolle Ressource für Feedback und Input dar. „Einige unserer Investoren empfehlen uns proaktiv weiter, wenn sie Bedarf bei ihren Kontakten erkennen. Es ist, als hätten wir weitere Mitgründer, die teils im Verborgenen, teils im Offenen mit uns zusammen daran arbeiten, die erfolgreiche Entwicklung von rankseller noch weiter zu forcieren", berichtet der Gründer des gleichnamigen Startups (Lanzsch 2012).

Empfehlungen für ein effizientes Crowdsourcing gibt es bereits in ausreichender Fülle in der Literatur. Für das Crowdfunding gilt: Wer seine Investoren mit Unternehmensperformance, Transparenz und Vertragstreue zufriedenstellt, kann sich auch auf mehr Wohlwollen bei diesen zusätzlichen und freiwilligen Aufwendungen einstellen. Die Crowd zahlt diesen Aufwand zurück.

Sie sollten das Crowdsourcing aber am besten persönlich, per E-Mail oder telefonisch anstoßen und einzelne, besonders aktive Investoren oder solche, von denen Sie besseres, d. h. qualifizierteres Feedback erwarten können, gezielt ansprechen. So verhindern Sie die Anonymität der Masse und haben einen direkten Kontakt zum Investor. Im Vorfeld empfiehlt sich ein öffentlicher Aufruf, um in Erfahrung zu bringen, wer generell Interesse an solchen Aktionen hat. Im nächsten Schritt gehen Sie auf die interessierten Investoren zu. Sie sollten darüber hinaus nach Funding-Ende und bei der Begrüßung der eigenen Investoren bereits signalisieren, wo und in welcher Form Ihnen Feedback weiterhilft: E-Commerce-Startups freuen sich über User-Input beim Kaufprozess, Produkt-Startups brauchen Hinweise zur Qualität, zur Nutzerfreundlichkeit etc. Insbesondere wenn Sie Ihrer Crowd kostenlose Produkte oder Dienstleistungen aus Ihrem Angebot versprochen und dies realisiert haben, sollten Sie im Nachgang die Nutzer dazu befragen. Denn im Gegensatz zum anonymen Kunden hat Ihr Investor ein sehr viel höheres Interesse daran, dass aus der eigenen Kundenerfahrung eine Verbesserung abgeleitet wird: Während der Kunde einfach zum nächsten Anbieter wechseln kann, muss Ihr Investor auf eine langfristige Verbesserung Ihres Angebots hoffen. Als Gründer sollte man diese Motivation nutzen.

5.5.2 Anschlussfinanzierungen kommunizieren

Anschlussfinanzierungen können auf verschiedenen Wegen realisiert werden, sei es über Venture-Capital-Gesellschaften und andere institutionelle Investoren, Business Angels oder strategische Investoren und/oder die Crowd selbst. Eines steht fest: Anschlussfinanzierungen sind eine wichtige Voraussetzung für Startups, um weiter zu wachsen und sich am Markt zu etablieren. Denn bei Startups ist es, selbst bei gut funktionierenden Geschäftsmodellen, die Regel, zu Beginn Verluste zu schreiben und neues Kapital für das Wachstum einwerben zu müssen.

Mit dem Startup LeaseRad im Dezember 2012 konnte die Startup-Crowdfunding-Szene beweisen, dass diese Art der Finanzierung nicht nur für die Seed-Phase geeignet ist, sondern auch in späteren Finanzierungsrunden Einsatz finden kann. Für Investoren sind mehrere Funding-Runden mit einem Startup in der Zwischen-

5.5 Nach dem Funding: Die Crowd einbeziehen

zeit keine Seltenheit mehr: Entwickelt sich ein Startup nach dem Funding gut und benötigt eine weitere Finanzierungsrunde für das Unternehmenswachstum, um beispielsweise Produktentwicklungen voranzutreiben, kann die Crowd auch die Zweit- und Drittrunde finanzieren. Die Crowd, die schon in der ersten Crowdfunding-Runde als Frühphaseninvestor die Idee unterstützt hat, und das Startup können so gemeinsam weiter voneinander profitieren.

Anschlussfinanzierungen in späteren Phasen, wenn die Startups bereits eine erfolgreiche Entwicklung vorweisen konnten, waren bis Ende 2012 vor allem Venture-Capital-Gesellschaften vorbehalten. Diesen Bruch gibt es jetzt nicht mehr. Das Vertragsmodell des partiarischen Nachrangdarlehens ermöglicht auch weitere Finanzierungsrunden von Startups. Damit haben Sie die Möglichkeit, Ihr Unternehmen in mehreren Runden komplett über die Crowd zu finanzieren und vom Mehrwert eines Crowdfundings in allen Phasen zu profitieren.

Grundlage für eine Anschlussfinanzierung über die Crowd ist, dass Sie idealerweise seit Ihrem ersten Funding kontinuierlich Ihre Planzahlen, z. B. für Umsatz, Rohertrag und Ergebnis, erfüllt und ggf. sogar übertroffen haben.

Die Crowd will natürlich genau wissen, wie Sie sich entwickelt haben, bevor sie erneut investiert. Sie wird die Prognosen bzw. die Planungen, die Sie im Businessplan im ersten Funding gemacht haben, genau mit Ihrem jetzigen Stand vergleichen. Falls sich Ihr Unternehmen im Hinblick auf die eine oder andere Kennzahl nicht wie erwartet entwickelt hat, müssen Sie dies plausibel erläutern, um eine reale Chance zu haben, erneut finanziert zu werden.

Ein weiterer Punkt ist die Verwässerung. Egal, welche Anschlussfinanzierung Sie anstreben, Ihre bisherige Crowd wird durch die zusätzliche Kapitalerhöhung mit hoher Wahrscheinlichkeit verwässern. Das bedeutet, dass neue Investoren ebenfalls am Unternehmen beteiligt werden und so der prozentuale Anteil bzw. die Beteiligungsquote der bestehenden Crowd-Investoren sinkt. Diese Verwässerung betrifft nicht nur die Gewinnanteile der Investoren – auch die „Beteiligung am Exit" wird prozentual geringer. Jedoch gilt dies nicht nur für die Crowd-Investoren, auch die Gründer und andere bestehende Business Angels oder Venture-Capital-Gesellschaften verwässern in der Regel.

Bei einer Anschlussfinanzierung durch die Crowd ist noch anzumerken, dass Investoren, die in der ersten Crowdfunding-Runde in das Startup investiert haben, bei einem erneuten Investment in der zweiten Runde die Möglichkeit bekommen, erneut zu investieren und ihre Verwässerung auszugleichen.

Dabei ist festzuhalten, dass eine Kapitalerhöhung durch neue Investoren in der Regel auch den Unternehmenswert erhöht. Die implizite Annahme, dass durch eine Verwässerung der Absolutwert eines Investments (Investmentquote × Unternehmenswert) automatisch sinkt, ist falsch. Die neuen liquiden Mittel können gewinnbringend und wertsteigend eingesetzt werden, in der Regel steigt bei einer Fianzierungsrunde auch der Wert des Unternehmens als Ganzes, sodass ein geringerer relativer Anteil absolut immer noch größer ist als zuvor. Optimalerweise führt eine Verwässerung für bestehende Investoren also nicht dazu, dass durch neue Investoren der Wert ihres Investments sinkt.

Eine Anschlussfinanzierung sollte positiv bewertet und kommuniziert werden, da das Unternehmen eine reale Chance hat, durch die Kapitalerhöhung weiter zu wachsen und den Unternehmenswert kontinuierlich zu steigern.

Ist es möglich, eine Anschlussfinanzierung bei einer anderen Plattform durchzuführen als der ursprünglichen?
Grundsätzlich ist dies möglich. Natürlich muss sich jeder Gründer überlegen, welche Vor- und Nachteile dies mit sich bringen kann. Zum einen werden sich die bestehenden Investoren fragen, warum Sie nicht die Plattform verwenden, die ursprünglich für Ihr Crowdfunding genutzt wurde. Manche Investoren verliert man dadurch vielleicht, weil diese die Hürde überwinden müssen, sich bei einer zusätzlichen Plattform anzumelden, die ggf. ein anderes Vertragsmodell nutzt, in das diese sich erst einlesen müssen.

Zudem kommt mit hoher Wahrscheinlichkeit die Frage auf, ob man für eine Anschlussfinanzierung auf der ursprünglichen Plattform abgelehnt wurde.

Vielleicht gibt es auch vertragliche Klauseln im Vertrag mit der ersten Plattform, die man im Hinblick auf eine Anschlussfinanzierung mit einem Wettbewerber beachten muss.

Die **Chance** einer Anschlussfinanzierung auf einer weiteren Plattform liegt darin, ggf. andere (Arten von) Investoren oder auch eine größere Investoren-Crowd treffen zu können und sich noch einmal „neu" zu präsentieren. Zudem könnte die Plattform einen spezifischeren Investmentfokus haben und Sie im Hinblick auf Serviceaspekte wie Marketing- und PR-Arbeit besser unterstützen.

Einen Abgleich mit den bisherigen Erfolgen vor allem im Vergleich zur ersten Crowdfunding-Runde wird man dennoch nicht ganz vermeiden können. Investoren werden das Startup natürlich an erreichten Meilensteinen messen und sich fragen, ob es seine Planzahlen erfüllt hat. Bei einem Wechsel der Plattform muss man sich zudem in die Prozesse der anderen Plattform einarbeiten. Überlegen Sie daher genau, welche Vorteile Ihnen der Wechsel bringt und welche Nachteile sich ergeben (neue Prozesse, andere Strukturen auch nach dem Funding, Spekulationen über den Wechsel).

5.5.3 Das Startup scheitert: Der Umgang mit der Crowd

In einer Welt, in der Wertschöpfung zunehmend durch Innovation und Anpassungsfähigkeit bestimmt wird, sind Unternehmen, die klein und agil sind, gut positioniert, um ihre größeren, langsameren Wettbewerber im Markt zu übertreffen. Jedoch haben nur wenige Startups nachhaltig Erfolg. Es gibt unterschiedliche Studien zum Thema „Scheitern von Startups". Wie schon beschrieben sind Startups junge, innovative und noch nicht etablierte Unternehmen auf der Suche nach einem nachhaltigen Geschäftsmodell. Das Risiko, dass ein Startup scheitert, ist hoch. Denn der langfristige Erfolg eines Startups hängt von einer Vielzahl von Faktoren, wie z. B. dem Team, der technologischen Entwicklung, Schutzrechten, neuen Vorschriften, Wettbewerbern, den Geschäftspartnern u. v. m. ab. Kurzum: Die Gründe für das Scheitern eines Startups sind vielfältig, und oft gibt es nicht „den" einen Grund, sondern eine Kombination aus verschiedenen ungünstigen Faktoren. Problematisch kann z. B. ein unausgereiftes Unternehmenskonzept sein, zu hohe Erwartungen, geringe Kompetenz der Gründer in bestimmten Bereichen, Probleme bei der Finanzierung, Forderungsausfälle oder gar familiäre Probleme. Startup Genome (2012) hat sich anhand von 3.200 weltweiten Unternehmen angeschaut, was erfolgreiche Jungunternehmen von erfolglosen unterscheidet. Ihr Ergebnis: zu schnelles Wachstum und ein zu starker Fokus auf die Kundenakquise sind oft Gründe für das Scheitern (Hofmann 2012). Die Studie ist sicherlich nicht repräsentativ, gibt jedoch eine Tendenz für potenzielle Gründe des Scheiterns.

Auch Forscher des Zentrums für Europäische Wirtschaftsforschung (ZEW) haben im Auftrag der Bundesregierung im Jahre 2010 mehr als 3.000 Unternehmer befragt, an welchen Schwierigkeiten sie letztlich scheiterten. Es handelt sich dabei um quantitative Telefoninterviews sowie vier qualitativ geführte Interviews mit ehemaligen Geschäftsführern insolventer junger Unternehmen (ZEW 2010).

Fünf Hauptgründe für das Scheitern:

1. **Finanzielle Probleme von Anfang an**
   Startups müssen zumeist mit einem Minimum an Kapital auskommen – Liquiditätsengpässe gibt es von Anfang an, Rücklagen können nicht gebildet werden. Die ZEW-Studie legt dar, dass die Fokusgruppen aus Gründungsberatern und Insolvenzverwaltern vor allem die „chronische Unterfinanzierung" von jungen Unternehmen bemängelten. Sie schätzten die Schwierigkeiten, Gründungska-

pital zu akquirieren, als „oft enorm" ein und benannten den Kapitalmangel als eine „Keimzelle späteren Scheiterns".

Sie beschrieben außerdem, dass Gründer bei der Kreditvergabe von Banken „runtergerechnet" werden und so kaum finanziellen Spielraum bei Schwierigkeiten haben. Treten finanzielle Probleme, wie z. B. Forderungsausfälle, auf, so kommt es schnell zu einer Verschuldung, die die Ablehnung weiterer Kredite zur Folge hat. Die ZEW-Forscher merken zudem an, dass dies zur Kreditvergabestrategie der Banken gehört. Die Höhe des Darlehens ist von vorhandenen Sicherheiten abhängig, nicht von der Chance, die das Geschäftsmodell des Startups ggf. bietet.

2. **Unternehmerische Fehlentscheidungen**

Vor allem bei kleinen Unternehmen hängt der Erfolg maßgeblich von der Qualifikation und den Entscheidungen des Gründers bzw. Geschäftsführers ab. Viele der befragten Unternehmer räumten als Ursache für ihr Scheitern Fehlentscheidungen in der Unternehmensstrategie ein. In diese Kategorie fielen z. B. ein zu starker Zielgruppenfokus, teure Fehlinvestitionen, eine zu riskante Wachstumsstrategie oder das Ansetzen zu niedriger, nicht kostendeckender Preise. Neben diesen Punkten der strategischen Fehlentscheidungen wurden auch unzureichende Kenntnisse im Bereich des Controllings genannt – eher selten wurde das Produkt oder die technische Expertise als mangelhaft wahrgenommen. Auch Kenntnissen in den Bereichen Marketing oder Markt sowie organisatorischen Fähigkeiten wurde eher nur eine mittlere Bedeutung für den Marktaustritt eingeräumt.

Tipp Externe (staatlich geförderte) Berater können hier helfen.

3. **Absatzrückgang – Umatzeinbußen**

„Schließlich hat die schlechte wirtschaftliche Lage dazu beigetragen, dass wir Insolvenz anmelden mussten." Diesen Satz hört man nicht selten von gescheiterten Geschäftsführern. Die Wirtschaftssituation ist jedoch nicht allein dafür verantwortlich, denn oft sind auch bei einer guten wirtschaftlichen Lage Auftragsrückgänge zu verzeichnen. Kurzum: Absatzprobleme kann man kaum losgelöst von den strategischen Entscheidungen eines Unternehmens betrachten. Es ist schwierig zu trennen, wo allein die Marktentwicklung verantwortlich für das Scheitern eines Startups ist und wo es an der mangelnden Anpassungsfähigkeit an die Bedürfnisse des Marktes lag. Oft sind es Probleme, wie eine zu enge oder weite Angebotspalette, die regionale Abgrenzung des Marktes oder fehlende Marketingkenntnisse, die zu Absatzschwierigkeiten führen. Die Verantwortung liegt daher oft beim Startup selbst.

4. **Externe Ursachen – Pech**
Ein unerwartetes Ereignis kann ein Unternehmen existenziell bedrohen: Hier sind z. B. Forderungsausfälle zu nennen, die vor allem Unternehmen mit einem relativ kleinen Kundenstamm treffen. Diese Ausfälle gehören laut der Studie der ZEW bei mehr als 50 % der aus dem Markt ausgeschiedenen Unternehmen zur Schließungsursache. Auch Auftragsrückgänge und steigende Kosten für Dienstleister oder externe Mitarbeiter führen zu Unternehmensschließungen, da die dadurch entstehenden höheren Preise nur selten an den Verbraucher weitergegeben werden. Hierzu zählen auch höhere Kosten für Rohstoffe oder Energie, die nicht weitergegeben wurden. Auch Schwierigkeiten bei der Personalakquise wurden als Grund angegeben. Fehlbesetzungen können sich Gründer oft nicht leisten – das Team ist in einer frühen Unternehmensphase oft entscheidend.
5. **Freiwillige Unternehmensaufgabe**
Gründer, die Unternehmen ohne wirtschaftliche Notlage geschlossen haben, gaben als häufigste Ursache enttäuschte Einkommenserwartungen aus der Unternehmertätigkeit an. Offenbar erwarten junge Unternehmer einen gewissen „Risikoaufschlag" für die Unsicherheiten gegenüber einer Festanstellung. Des Weiteren spielten oft eine Überlastung bzw. die mangelnde Zeit für die Familie eine Rolle. Bei Teamgründungen kommen als häufige Ursache Unstimmigkeiten im Management hinzu. Auch ein Wechsel der Geschäftsführung, der oft mit einer Abfindung einhergeht, kann zu einer Unternehmenskrise führen.

Ein von der Crowd finanziertes Startup ist gescheitert _ was dann?
Im Umgang mit den Investoren haben sich bereits folgende Strategien in solch einer schwierigen Situation bewährt:

- gegenüber den Investoren nicht „mauern", offen kommunizieren;
- die Initiative ergreifen bzw. zurückgewinnen;
- One-Voice-Policy: eine einheitliche Geschichte erzählen;
- nicht lügen – birgt die Gefahr, sich in Aussagen zu „verstricken", nichts Falsches, nichts Diskrepantes sagen;
- nichts vertuschen;
- Krisen sind „Chefsache" (Postings und Statements kommen vom Gründer bzw. Geschäftsführer).

Informieren Sie Investoren rechtzeitig
Informieren Sie Investoren so frühzeitig und offen wie möglich, natürlich, ohne Ihre Verhandlungsposition gegenüber Investoren und Partnern zu gefährden. Wie

Sie kommunizieren, ist ein Teil dessen, „wie Sie mit dem Problem umgehen". Es ist jetzt wichtig, zu zeigen, dass Sie professionell und verantwortungsbewusst mit der Situation umgehen. Evtl. können Sie Ihre Investoren schon im Vorfeld ansprechen. So können Sie noch Unterstützung bekommen oder diese auf die Situation vorbereiten. Ein persönlicher Brief, insbesondere falls die Situation vertraglich eine Zustimmung der Investoren verlangt, ist für den „Worst Case" eine Option.

Ziele der Kommunikation

1. **Transparenz und Orientierung für Ihre Investoren**
   Ihre Investoren haben Vertrauen in Sie gezeigt und Ihnen teilweise nicht unerhebliche Beträge zur Verfügung gestellt, damit Sie Ihre Vision umsetzen können. Sie haben ein nachvollziehbares Bedürfnis, zu verstehen, was passiert ist und wie es jetzt weitergeht.
   Wie kam es zu dieser Situation? Können Sie noch etwas tun? Müssen Sie noch etwas tun? Haben sie noch die Chance, etwas von ihrem Geld zurückzubekommen? Wann bekommen sie einen Nachweis für ihre Steuererklärung? Etc.
2. **Erzählen Sie Ihre Geschichte**
   Ihre Investoren haben leider nicht nur in eine nicht erfolgreiche Geschäftsidee investiert – wie sie nun schmerzhaft feststellen –, sondern auch in Sie als Team mit Ihrer Vision. Unterschätzen Sie diese emotionale Komponente nicht und sprechen Sie diese auch an. Gehen Sie für sich noch einmal die Geschehnisse der letzten Wochen und Monate durch und erzählen Sie Ihre Geschichte stringent. Verinnerlichen Sie auch die Details, damit Sie in der Kommunikation immer eine konsistente Geschichte erzählen. Werden Sie dabei konkret. Holen Sie Ihre Investoren ab.
3. **Selbstkritische, reflektierte Auseinandersetzung mit dem Geschehen**
   Sagen Sie, was Sie richtig und was Sie falsch gemacht haben. Seien Sie selbstkritisch und schieben Sie das Scheitern nicht nur auf andere!

Rechnen Sie mit folgenden Reaktionen der Investoren und bereiten Sie sich darauf vor:

1. Großes Informationsbedürfnis
   a. Wie reagieren: Transparenz ist das A und O – nur so können Sie als Gründerpersönlichkeit vorbildlich aus dieser Insolvenz herausgehen. Beispielsweise wurden die Gründer von betandsleep für ihre Kommunikation gelobt; ein weiteres Vorzeige-Startup im Umgang mit der Insolvenz ist Caterna.

Was macht das Startup? Die Carterna GmbH hat ein medizinisches Therapieverfahren auf der Grundlage von Online-Spielen für Kinder mit einer funktionalen Sehstörung (Amblyopie) entwickelt. Im Juli 2012 stellte das Unternehmen den Geschäftsbetrieb ein. 2013 wagte das Unternehmen einen Neuanfang.

    b. Brief von Caterna an Kunden, Partner und Unterstützer: http://bit.ly/Caterna_

    c. Berichterstattung über die Insolvenz von Caterna beim Online-Magazin deutsche-startups.de: http://bit.ly/Caterna_ds

2. Wut/Vorwürfe
   a. Reagieren Sie ruhig.
   b. Versuchen Sie nichts persönlich zu nehmen.
   c. Gehen Sie sachlich auf Argumente ein.
3. Verständnis/Hilfsangebote
   a. Prüfen Sie, inwieweit Ihnen mögliche Angebote von Investoren tatsächlich helfen.
   b. Suchen Sie das persönliche Gespräch – machen Sie ggf. ein Angebot persönlich zu telefonieren bzw. sich über Optionen auszutauschen.
4. Ratschläge von Investoren
   a. Auch wenn Ratschläge von Investoren nicht immer hilfreich erscheinen, gilt auch hier: Bedanken Sie sich und erklären Sie, was Sie schon versucht haben, greifen Sie ggf. Ideen auf.
5. Bösartige/unfaire Anschuldigungen
   a. Bleiben Sie in solchen Situationen ruhig und sachlich. Gehen Sie auch auf falsche Behauptungen ein und rücken Sie das Bild gerade, das andere gerade versuchen, zu zerstören.

5.6 Exit: Der Erfolg für alle

Sobald ein Investor die Mehrheit eines Startups übernimmt und die Gründer damit aus dem Unternehmen „herauskauft", endet beim partiarischen Nachrangdarlehen, so wie es derzeit eingesetzt wird, auch für die Crowd-Investoren der Investmentvertrag. Sie partizipieren über den sog. „Bonuszins nach Exit-Ereignis" (vgl. Kap. 3.4) mit ihrer Beteiligungsquote wirtschaftlich am Exit des Unternehmens. Somit profitieren am Ende alle Seiten.

Dabei ist es vor allem bedeutsam, zu welchem Unternehmenswert der Exit stattfindet und welchen Exiterlös die Gründer damit erzielen. Je höher diese Summe, desto höher die Rendite des Investors.

Der Exit ist für viele Investoren einer der größten Anreize, um in ein Startup zu investieren.

Denn von einem Startup zu erwarten, dass es in den ersten Jahren Gewinne erzielt, widerspricht dem klassischen Wachstumsverlauf eines Startups.

Hier zeigt sich auch der Vorteil eines Equity-based Crowdfundings gegenüber dem Reward-based Crowdfunding für die Crowd-Investoren. Ein Beispiel ist das US-amerikanische Startup Oculus VR: Vor nicht einmal zwei Jahren hat das Startup aus Irvine in Kalifornien seine Idee von einem innovativen Headset auf der Crowdfunding-Plattform Kickstarter vorgestellt. Die Vision des Unternehmens: Das Headset sollte das Erlebnis von virtueller Realität (VR) revolutionieren.

Diese Vision teilten viele Menschen: Im August 2012 konnte das Startup über 2,4 Mio. Dollar von fast 10.000 Unterstützern einsammeln. Im Frühjahr 2014 hat das soziale Netzwerk Facebook die Übernahme von Oculus VR für zwei Milliarden Dollar angekündigt. Die Gründer sowie die beteiligten Venture-Capital-Firmen können sich über neuen Reichtum bzw. eine ansehnliche Rendite freuen. Was aber ist mit der Crowd?

Bei dem Kickstarter-Funding von Oculus VR erhielten Unterstützer bei einem Beitrag von 300 Dollar, neben dem guten Gefühl, eine echte Innovation zu unterstützen, eine Beta-Version des VR-Headsets.

Rein hypothetisch: Was wäre gewesen, wenn Oculus VR ein Equity-based-Crowdfunding gewesen wäre?

Der Verkauf an Facebook hätte für den Crowd-Investor einen Exit bedeutet: Bei einem Investment von 300 Dollar hätte er die Chance auf jetzt gut 40.000 Dollar gehabt, wie die amerikanische Equity-based-Crowdfunding-Plattform We-Funder in einer einer Beispielrechnung zeigt (Belote 2014). Durch das Reward-based Modell bei Kickstarter haben aber nur sehr wenige Personen finanziell von der Idee profitiert, obwohl sehr viele Menschen an das Startup geglaubt und dieses unterstützt haben. Der Crowd bleibt voraussichtlich nicht einmal der Trost, die ursprüngliche Idee zum Erfolg geführt zu haben, denn mit der Übernahme von Oculus VR durch den Social Media-Primus Facebook ist es denkbar, dass sich der eigentliche Entwicklungsfokus des Produktes verschiebt, schreibt Martin Weigert (2014), leitender Redakteur des Blogs netzwertig.com.

Falls ein Exit-Ereignis bei einem Startup-Investment ausbleiben sollte, sind Crowd-Investoren bei den üblichen Verträgen der unterschiedlichen Crowdfunding-Plattformen nach Auslaufen der Mindestvertragslaufzeit auf Basis einer EBIT- oder Umsatz-Multiple-Regelung wirtschaftlich am Erfolg „ihres" Unternehmens beteiligt.

Exits in der deutschen Startup-Crowdfunding-Landschaft
In Bezug auf die bisher in Deutschland finanzierten Startups kann eine Einschätzung zu Beteiligungserlösen erst dann abgegeben werden, wenn ein wesentlicher

Teil der bisher finanzierten Startups die Mindestlaufzeit der Verträge erreicht hat, einen Exit realisiert hat oder gescheitert ist. Da Crowdfunding hierzulande erst 2011 startete, gibt es noch keine ausreichende Datenbasis, um die erzielten Renditen einschätzen zu können. Es werden noch mindestens ein paar Jahre vergehen müssen, ehe eine fundierte Aussage über tatsächliche Beteiligungserlöse erfolgen kann.

Literatur

Begner, J. (2012). Crowdfunding im Licht des Aufsichtsrechts. http://www.bafin.de/SharedDocs/Veroeffentlichungen/DE/Fachartikel/2012/fa_bj_2012_09_crowdfunding.html. Zugegriffen: 26. März 2014.

Belote, G. (2014). What if oculus crowdfunded for equity? 145x Return. http://wefunder.me/post/42-what-if-oculus-crowdfunded-for-equity. Zugegriffen: 15. April 2014.

Bentele, G. (2008). Intereffikationsmodell. In G. Bentele, R. Fröhlich, & P. Szyszka (Hrsg.) *Handbuch der Public Relations. Wissenschaftliche Grundlagen und berufliches Handeln. Mit Lexikon* (2., korrigierte und erweiterte Aufl., S. 209–222). Wiesbaden: VS Verlag für Sozialwissenschaften.

Bernet, M. (2010). *Social Media in der Medienarbeit: Online-PR im Zeitalter von Google, Facebook und Co.* Wiesbaden: VS Verlag für Sozialwissenschaften.

Blank, S. (2012). Part I: Validate your business model start with a business model, not a business plan. http://blogs.wsj.com/accelerators/2012/11/26/start-with-a-business-model-not-a-business-plan/. Zugegriffen: 23. April 2014.

businessAD. (2014). Mediadaten NETZWERTIG.COM. http://www.businessad.de/mediadaten/media_netzwertig.pdf. Zugegriffen: 15. Mai 2014.

Eck, K., & Pleil, T. (2006). Public Relations beginnen im vormedialen Raum. Weblogs als neue Herausforderungen für das Issues Management. In A. Picot & T. Fischer (Hrsg.), *Weblogs professionell. Grundlagen, Konzepte und Praxis im unternehmerischen Umfeld* (S. 77–94). Heidelberg: Dpunkt.

Etzold, V., & Ramge, T. (2014). *Equity Storytelling. Think – Tell – Sell: Mit der richtigen Story den Unternehmenswert erhöhen*. Wiesbaden: Springer.

Europäische Kommission. (2014). Mitteilung der Kommission an das Europäische Parlament, den Rat, den Europäischen Wirtschafts- und Sozialausschuss und den Ausschuss der Regionen: Freisetzung des Potenzials von Crowdfunding in der Europäischen Union. http://ec.europa.eu/internal_market/finances/docs/crowdfunding/140327-communication_de.pdf. Zugegriffen: 26. März 2014.

European Crowdfunding Network. (2013). Review of crowdfunding regulation 2013. http://www.europecrowdfunding.org/2013/10/review-crowdfunding-regulation-2013/. Zugegriffen: 26. März 2014.

Heilemann Ventures GmbH. (2014). Contact. http://heilemann-ventures.com/#contact. Zugegriffen: 12. Feb. 2014.

Hofmann, A. (2012). Warum Startups scheitern. KAFFEEPAUSE – Zu früh zu groß – und andere Startup-Fehler. http://www.gruenderszene.de/allgemein/warum-startups-scheitern. Zugegriffen: 14. Feb. 2014

IOSCO. (2014). Crowd-funding: An infant industry growing fast. http://www.iosco.org/research/pdf/swp/Crowd-funding-An-Infant-Industry-Growing-Fast.pdf. Zugegriffen: 26. März 2014.
Jaworski, L. (2013). Eine kleine Grammatik der Startup-Kommunikation. http://www.gruenderszene.de/allgemein/pr-tipps-startups. Zugegriffen: 23. März 2014.
Lanzsch, F. (2012). Rankseller: „Je länger das Crowdfunding lief, desto mehr konnten wir die werbliche Wirkung auf Seedmatch nutzen." http://blog.seedmatch.de/2012/10/20/rankseller-je-langer-das-crowdfunding-lief-desto-mehr-konnten-wir-die-werbliche-wirkung-auf-seedmatch-nutzen/. Zugegriffen: am 5. April 2014.
Liebich, S. (2012). Was Journalisten wollen – Ergebnisse unserer Umfrage „Recherche 2012 – Journalismus, PR und multimediale Inhalte". http://www.newsaktuell.de/blog/2012/02/15/was-journalisten-wollen-%E2%80%93-ergebnisse-unserer-umfrage-%E2%80%9Erecherche-2012-%E2%80%93-journalismus-pr-und-multimediale-inhalte%E2%80%9C. Zugegriffen: 14. April 2014.
Lusch, R. F., Vargo, S. L., & Tanniro, M. (2010). Service, value networks and learning. *Journal of the Academy of Marketing Science, 38*(1), 19–31.
Meckel, M., & Schmidt, B. F. (Hrsg.). (2008). *Unternehmenskommunikation* (S. 291–322). Wiesbaden: Gabler.
Meyer, K.-M. (2013). Interview mit Michael Walser zum nicht zustande gekommenen Crowdfunding für Roomsurfer. http://crowdstreet.de/2013/05/23/roomserfer-seedmatch/. Zugegriffen: 14. April 2014.
Neuberger, C., & Welker, M. (2008). Journalistische Recherche: Konzeptlos im Netz. In A. Zerfaß, M. Welker, & J. Schmidt (Hrsg.), *Kommunikation, Partizipation und Wirkungen im Social Web. Bd. 2: Strategien und Anwendungen: Perspektiven für Wirtschaft, Politik, Publizistik* (S. 19–46). Köln: Herbert von Halem.
Ordanini, A., et al. (2011). Crowdfunding: Transforming customers into investors through innovative service platforms. *Journal of Service Management, 22*(4), 443–470.
Pichel, D. (2010). Checkliste für die perfekte Pressemitteilung. http://www.deutsche-startups.de/2010/09/22/checkliste-fuer-die-perfekte-pressemitteilung-gastbeitrag-von-daniel-pichel-newsmax/. Zugegriffen: 7. Mai 2014.
Pleil, T. (2010). Social Media und ihre Bedeutung in der Öffentlichkeitsarbeit. In M. Kayser, J. Böhm, & A. Spiller (Hrsg.), *Die Ernährungswissenschaft in der Öffentlichkeit. Social Media als Herausforderung für die PR* (S. 3–26). Göttingen: Cuvillier.
Ruhrmann, G., & Göbbel, R. (2007). Veränderung der Nachrichtenfaktoren und Auswirkungen auf die journalistische Praxis in Deutschland. Abschlussbericht für Netzwerk Recherche e. V. http://www.netzwerkrecherche.de/files/nr-studie-nachrichtenfaktoren.pdf. Zugegriffen: 4. März 2014.
Startup, G. (2012). Why startups fail. http://visual.ly/why-startups-fail. Zugegriffen: 14. Feb. 2014.
Theodoridis, T. (2014). 10 Tipps, wie man die Pressearbeit mal so richtig verhunzt http://www.deutsche-startups.de/2014/04/10/10-tipps-fuer-erfolglose-pr/. Zugegriffen: 7. Mai 2014.
Venture, H. (2007). What should I send investors? Part 3: Business Plans, NDAs, and Traction. http://venturehacks.com/articles/plans-ndas-traction. Zugegriffen: 12. Feb. 2014.
Weigert, M. (2014). KICKSTARTER-UNTERSTÜTZER SIND SAUER: Facebooks Kauf von Oculus VR ist ein Argument für Crowdinvesting. http://netzwertig.com/2014/03/28/kickstarter-unterstuetzer-sind-sauer-facebooks-kauf-von-oculus-vr-ist-ein-argument-fuer-crowdinvesting/. Zugegriffen: 15. April 2014.

Wilson, F. (2013). Maximizing runway can minimize success. http://avc.com/2013/09/maximizing-runway-can-minimize-success/. Zugegriffen: 22. April 2014.
Wohlert, N.-V. (2012). Wie sich Journalisten in Startups verlieben. http://www.gruenderszene.de/marketing/startup-pr. Zugegriffen: 23. März 2014.
Zentrum für Europäische Wirtschaftsforschung (ZEW). (2010). Ursachen für das Scheitern junger Unternehmen in den ersten fünf Jahren ihres Bestehens. http://www.bmwi.de/BMWi/Redaktion/PDF/Publikationen/Studien/ursachen-fuer-das-scheitern-junger-unternehmen, property=pdf, bereich=bmwi2012,sprache=de, rwb=true.pdf. Zugegriffen: 17. März 2014.
Zerfaß, A., & Boelter, D. (2005). *Die neuen Meinungsmacher. Weblogs als Herausforderung für Kampagnen, Marketing, PR und Medien.* Graz: Nausner & Nausner.

Fazit 6

Crowdfunding bietet für Gründer eine neue Finanzierungsform, bei der sie unabhängig von Banken und anderen Kapitalgebern wie Venture-Capital-Gesellschaften Geld einwerben können, ohne zusätzliche Gesellschafter aufzunehmen und Mitspracherechte abzugeben. Geichzeitig haben Investoren mit dem Aufkommen des Crowdfunding-Trends Zugang zu einer Investmentklasse gefunden, die Renditestreben mit viel Leidenschaft verbindet und somit einzigartig im Portfolio ist.

Durch Crowdfunding für Startups ist es Gründern nicht nur möglich, durch viele Investoren an Kapital zu gelangen, diese Finanzierungsform kann vor allem auch als Marketing- und PR-Kampagne verstanden werden, da die Crowd auch als Multiplikator und Markenbotschafter auftreten kann. Es gibt zahlreiche Vorteile eines Crowdfundings, die im Kap. 3.5 zusammengefasst wurden.

Zu einem der größten Nachteile des Crowdfundigs gehört es, dass Gründer sich nie 100 % sicher sein können, dass das angestrebte Funding-Limit erreicht wird – und wie schnell das passiert. Falls der benötigte Kapitalbedarf durch das Funding nicht ausreichend gedeckt werden kann, müssen andere Geldgeber gesucht werden. Legt man kein Funding in wenigen Tagen hin, zieht sich die Crowdfunding-Runde mitunter über mehr als 100 Tage und verbraucht Kapazitäten. Weitere größere und kleinere Nachteile können im Kap. 3.6 noch einmal nachgelesen werden.

Wie bei allen anderen Formen der Unternehmensfinanzierung auch sollte jeder Gründer für sich prüfen, ob der Weg des Crowdfundings tatsächlich der richtige für das eigene Startup ist und ob die angebotenen Konditionen der Plattform nicht nur für das Gründerteam selbst, sondern auch für die potenziellen Investoren annehmbar sind.

Crowdfunding für Startups ist eine der spannendsten Entwicklungen, die es momentan in der deutschen Startup-Landschaft gibt. Der Markt wächst kontinuierlich und immer mehr Plattformen möchten sich etablieren. Die bisherigen Funding-Erfolge haben gezeigt, dass diese Finanzierungsform funktioniert und seriös ist. Es bleibt abzuwarten, wie sich der Markt weiterentwickelt.

Durch zahlreiche Anschlussfinanzierungen der von der Crowd finanzierten Startups zeigt sich, dass diese Art der Finanzierungsrunden auch Venture-Capital- und Business-Angel-kompatibel ist und Startups keine Befürchtungen haben müssen, danach kein Kapital mehr einsammeln zu können.

Die Europäische Kommission bemüht sich inzwischen um einen einheitlichen politischen Rahmen, „um einerseits all jene zu unterstützen, die Crowdfunding-Plattformen entwickeln, und andererseits die Risiken für all jene zu mindern, die derartige Plattformen für die Finanzierung ihrer Projekte nutzen", so Michel Barnier, zuständiges Kommissionsmitglied für den Binnenmarkt und Dienstleistungen. Diese Rahmenbedingungen bilden nicht nur die Grundlage für die Weiterentwicklungen der Gründerlandschaft in der Europäischen Union, sondern auch für deren zukünftige volkswirtschaftliche Entwicklung. Auch die deutsche Bundesregierung möchte Crowdfunding für Startups besser regulieren (Europäische Kommission 2013).

In einigen Jahren wird sich zeigen, ob sich Crowdfunding für Startups sowohl für Unternehmen als auch für Investoren lohnt bzw. gelohnt hat. Bis dahin werden noch einige von der Crowd finanzierte Startups scheitern. Es bleibt spannend, ob Investoren, aber auch die Plattformen selbst, die Ausdauer besitzen, die Chancen dieser Finanzierungsform weiterhin zu etablieren und zu nutzen und auch Misserfolge und Durststrecken zu überwinden. Dies ist natürlich vor allem von den Erfolgen der finanzierten Startups abhängig.

Einen wichtigen Anteil an dieser Entwicklung werden auch die Medien haben: Die Frage ist hier, ob eine ausgewogene und kompetente Berichterstattung zu den kommenden Startup-Pleiten stattfindet und ob positive Ereignisse wie Exits bzw. Renditen der Investoren genauso Anklang in den Medien finden werden.

Der gesamten Branche steht auf jeden Fall noch eine spannende Zukunft mit vielen Learnings und Veränderungen bevor, auf die sich alle Marktteilnehmer einstellen müssen.

Mit diesem Buch konnten Sie als Leser und womöglich auch als Gründer hoffentlich einen fundierten Einblick in die aktuellen Prozesse des Crowdfundings für Startups und dessen Hintergründe erhalten. Wir haben auf unserer Reise die Investoren aus der Crowd näher kennengelernt und ihre Motive und Ansprüche definiert. Wir haben Bewerbung, Vorbereitung und Durchführung Schritt für Schritt beschrieben und mit vielen kleinen und großen Tipps versucht, das Mysterium

Crowdfunding für jeden einfach und verständlich zu machen. Für Sie als Gründer heißt es jetzt nur noch, loszulegen: **Starten Sie Ihr eigenes Crowdfunding!**

Die Autoren wünschen jedem Gründer, der sich auf diese Art und Weise finanzieren lässt, alles Gute und viel Erfolg beim Crowdfunding! Wir hoffen sehr, Ihnen nützliche Tipps für sämtliche Phasen an die Hand gegeben zu haben. Wenn Sie Fragen, Anmerkungen oder Feedback zum Buch haben, können Sie diese gern an kontakt@crowdfundingbuch.de senden.

Literatur

Europäische Kommission. (2013). Pressemitteilung. Crowdfunding in Europa – Untersuchung des Mehrwertes potenzieller Maßnahmen der EU. http://europa.eu/rapid/press-release_IP-13-906_de.htm. Zugegriffen: 23. Mai 2014.

Glossar

BaFin-Lizenz (auch Banklizenz): Die behördliche Erlaubnis, Bank- bzw. Finanzdienstleistungsgeschäfte zu betreiben.

Business Angel Person, die Unternehmen i. d. R in einer frühen Unternehmensphase mit privatem Kapital, Kontakten und Know-how unterstützt.

B2B/Business-to-Business Geschäftsbeziehungen zwischen mindestens zwei Unternehmen; Gegensatz: B2C/Business-to-Consumer stellt Geschäftsbeziehung zwischen Unternehmen und Endkunden dar.

Crowd Menschenmenge, im Deutschen auch häufig Schwarm genannt; „eine große, organisierte Gruppe definiert, die sich im Internet zusammenfindet oder zusammengebracht wird, um ausdefinierte und lenkbare Projekte zu planen, zu organisieren und durchzuführen" (Kozinets et al. 2008); in diesem Buch: eine Vielzahl an Personen, die ein (oder mehrere) Projekt(e) mit finanziellen Mitteln unterstützen.

Crowdfunding „Crowdfunding is a collective effort by people who network and pool their money together, usually via the Internet, in order to invest in and support efforts initiated by other people or organizations." (Ordanini et al. 2011, S. 2). Sinngemäß: Crowdfunding ist ein gemeinsames Streben von Menschen, die sich zusammentun und Geld über das Internet einsammeln, um in Vorhaben anderer Menschen bzw. Organisationen zu investieren oder sie zu unterstützen.

Crowdinvesting Alternativer Begriff für ein Equity-based Crowdfunding, das sich vor allem im Deutschen als Alternative zum „klassischen" Reward-based Crowdfunding durcgesetzt hat. Bezeichnet eine bestimmte Art des Crowdfundings, bei der eine Vielzahl von Personen anhand eines Beteiligungsvetrags an der potenziellen Wertsteigerung eines Projektes beteiligt werden.

Crowdsourcing Auslagern von Aufgaben oder Projekten eines Unternehmens an freiwillige, meist außenstehende Personen i. d. R über das Internet.

Exit Verkauf eines Unternehmens; Ausstieg von Gründern und Investoren aus einem Unternehmen.

Funding-Limit Maximal mögliche Fundingsumme – Das Fundinglimit ist die obere Grenze der Investments, bis zu der das Startup Risikokapital einsammeln möchte. Sobald diese Summe erreicht ist, wird das Funding abgeschlossen und erfolgreich beendet.

Funding-Schwelle Der Geldbetrag, ab dem ein Crowdfunding erfolgreich, d. h. wirksam wird. Wird die Fundingschwelle während der Fundinglaufzeit nicht erreicht, scheitert das Funding. Erst ab diesem Punkt werden beim Equity-based Crowdfunding die Beteiligungsverträge wirksam und das eingesammelte Kapital wird an das Startup ausgezahlt.

Genussrecht Schuldrechtliche Anlageform, die eine Mischung aus Eigen- und Fremdkapital darstellt, i. d. R besteht eine Beteiligung am Gewinn oder Liquidationserlös.

Hybride Finanzierungsinstrumente Auch Mezzanine-Finanzierung; weisen Charakteristika aus Eigen- und Fremdkapital auf.

Investor-Relations-Bereich Meist geschlossener Bereich einer Crowdfunding-Plattform, den Unternehmen und Investoren zum Austausch von Informationen und zur Kontaktpflege nutzen.

Mezzanine-Kapital Kapital, das in seiner rechtlichen und wirtschaftlichen Ausgestaltungen eine Mischform zwischen Eigen- und Fremdkapital darstellt.

Mikroinvestor Alternativer Begriff für den Crowd-Investor, abgeleitet von seinem verhältnismäßig kleinen Investmentbetrag.

Nachrangdarlehen Gehören zum Mezzanine-Kapital; im Falle einer Liquidation oder Insolvenz eines Unternehmens führt der Nachrang dazu, dass Gläubiger hinter Forderungen anderer Kapitalgeber gegenüber dem schuldenden Unternehmen zurücktreten.

Partiarisches Darlehen Sonderform des Darlehens, bei dem der Gläubiger als Ausgleich für die Überlassung des Darlehens z. B. einen Anteil am Gewinn oder Umsatz des Unternehmens oder eine andere Erfolgskomponente z. B. Zinsen erhält.

Smart money Kapital, dass zusätzliche positive Transfers von Seiten des Investors mit sich bringt z. B. Know-how, Erfahrungen oder Geschäftskontakte; im Gegensatz zu „stupid money" (z. B. Bankkredite).

Startup Ein junges, innovatives und noch nicht etabliertes Unternehmen auf der Suche nach einem nachhaltigen, skalierbaren Geschäftsmodell.

Stille Beteiligungen Sind in die Gruppe der hybriden Finanzierungen bzw. Mezzanine-Kapital einzuordnen. Das Wesentliche an einer stillen Beteiligung ist, dass das Beteiligungsverhältnis zwischen Gesellschafter und Unternehmen nicht nach außen tritt (Innengesellschaft).

Venture Capital Risikokapital bzw. Wagniskapital, das Startups zur Verfügung gestellt wird, um das Wachstum zu finanzieren.

Literatur

Kozinets, R. V., Hemetsberger, A., & Schau, H. J. (2008). The wisdom of consumer crowds collective innovation in the age of networked marketing. *Journal of Macromarketing, 28,* 334–354.

Ordanini, A., et al. (2011). Crowdfunding: transforming customers into investors. *Journal of Service Management, 22,* 443–470.